Sinnliche Liebe
Sex und Partnerschaft

Dr. Andrew Stanway

Sinnliche Liebe

Sex und Partnerschaft

Titel der englischen Originalausgabe:
The Art of Sensual Loving.
A New Approach to Sexual Relationships,
1989 erschienen bei Headline Book Publishing PLC,
Headline House, 79 Great Titchfield Street,
London W1P 7FN

CIP-Titelaufnahme der Deutschen Bibliothek

Stanway, Andrew:
Sinnliche Liebe, Sex und Partnerschaft /
Andrew Stanway. [Übers.: Marita Haje. Zeich.: John Geary]. –
Niedernhausen/Ts.: FALKEN, 1989
    (Rat und Wissen)
    Einheitssacht.: The art of sensual loving <dt.>
    ISBN 3-8068-4436-4

ISBN 3 8068 4436 4

© der Originalausgabe 1989 by
Eddison Sadd Editions Limited,
St Chad's Court, 146B King's Cross Road,
London WC1X 9DH
© Text: Andrew Stanway 1989
© Zeichnungen: Eddison Sadd Editions 1989
© der deutschen Ausgabe 1989 by Falken-Verlag GmbH,
Niedernhausen/Ts.
Zeichnungen: John Geary
Übersetzung: Marita Haje
Satz: LibroSatz, Kriftel bei Frankfurt
Druck: Mandarin Offset, Hongkong

817 2635 4453 6271

Inhalt

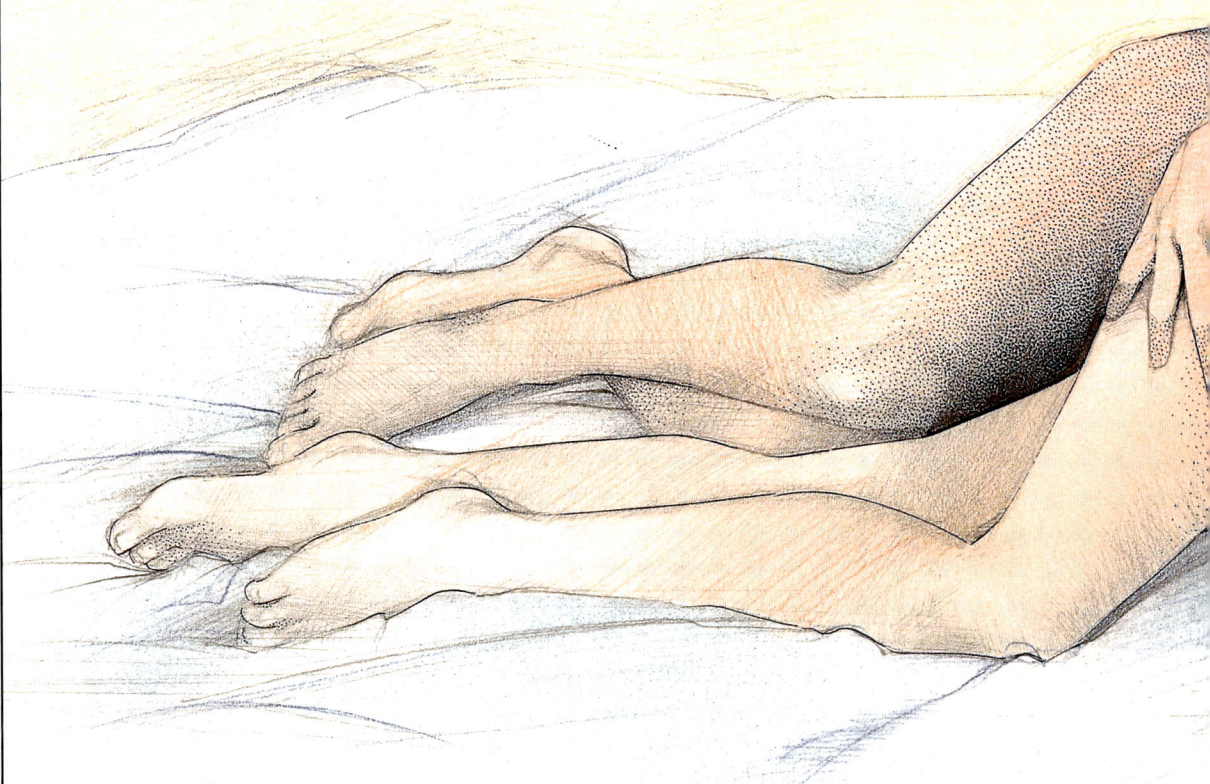

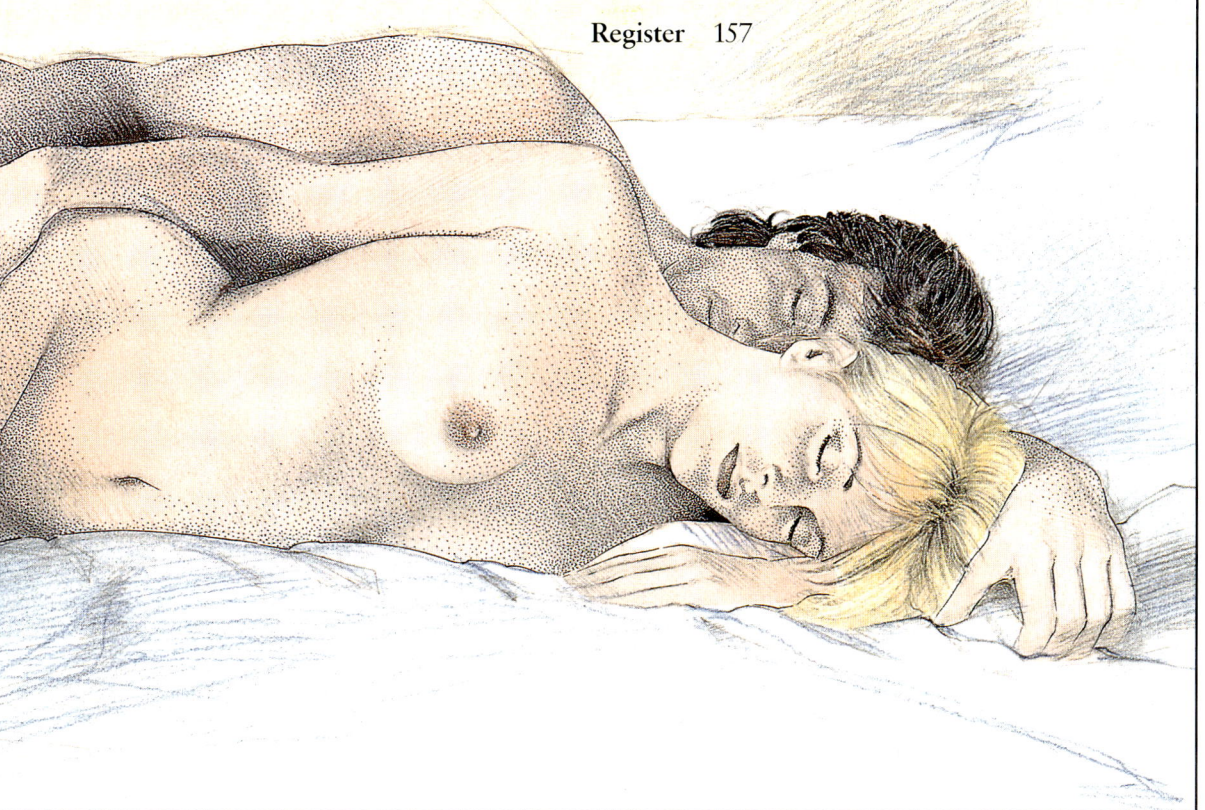

Vorwort

Während der letzten dreißig Jahre wurde das menschliche Sexualleben fast nur unter dem Aspekt des körperlichen Liebesaktes betrachtet. Die meisten Sexbücher der 60er und 70er Jahre konzentrierten sich auf die neugewonnene Freizügigkeit in der Liebe, die gleichbedeutend war mit mehr vorehelichem, ehelichem und außerehelichem Geschlechtsverkehr als früher. Gleichzeitig wurde die Pille eingeführt, so daß eine ganze Generation junger Menschen mit völlig anderen Sexualvorstellungen groß wurde als ihre Eltern.

Heute sind die Einstellungen wieder etwas anders: Die Selbstbezogenheit einer »Ich-Generation« nimmt rapide ab, und die Angst vor Krankheiten, die durch Geschlechtsverkehr übertragen werden, hat die Laissez-faire-Haltung zum Sex überholt. Besonders die Ausbreitung von Aids hat die Meinung vieler zu Promiskuität, dem häufigen Wechsel der Geschlechtspartner, stark verändert.

Vor diesem Hintergrund wurde es meiner Meinung nach Zeit für ein Buch, das auf einige Aspekte menschlicher Sexualität eingeht, die nichts mit dem eigentlichen Geschlechtsverkehr zu tun haben. Für die meisten Menschen ist Sex gleichbedeutend mit dem Liebesakt – vor allem für viele Männer. Dies ist aber eine sehr eingeschränkte Betrachtungsweise, die dem Thema nicht gerecht wird und durch die man sich selbst viele erfreuliche Liebeserlebnisse vorenthält. Während der letzten zwei oder drei Jahrzehnte war Sex schnell und problemlos zu haben, dadurch hatten viele Paare eine einseitige Beziehung – so, als ob es nichts anderes gäbe. Auch andere Ehe- und Sexualtherapeuten haben die Erfahrung gemacht: Die meisten Paare haben sich nie richtig umworben. Sie gingen Hals über Kopf miteinander ins Bett und verkürzten damit die Zeit des Sich-Kennen-und-Lieben-Lernens. Nach den Höhepunkten des Geschlechtsver-kehrs konnten sie das Flirten nicht nachholen und versäumten so die zärtlichen Vorstufen. Das Resultat ist Langeweile und führt dazu, daß viele sich nach anderen Partnern umsehen, um etwas Neues zu erleben und Abwechslung zu haben. Das ist äußerst bedauerlich, weil vermutlich die meisten Paare die größte Chance hätten, ihr Liebesglück in einer bereits bestehenden Beziehung zu finden, und nicht in einer neuen, unerprobten Partnerschaft.

In Anbetracht der heutigen Probleme, die durch die steigende Anzahl von Geschlechtskrankheiten auftreten, insbesondere durch den potentiell tödlichen Aids-Virus, sollten wir innehalten und uns fragen, wie wir unsere vorhandene Partnerschaft aufleben lassen und wieder mehr genießen können, statt verzweifelt anderswo Ersatz zu suchen für etwas, das uns scheinbar fehlt. Wie ich bereits angedeutet habe, ist das vermeintlich Fehlende oft die Fähigkeit, erkennen und schätzen zu lernen, daß Sex mehr ist als nur bloßer Geschlechtsverkehr. Das will dieses Buch vermitteln.

Es wird darin beschrieben, wie das erste zärtliche Kennenlernen abläuft, in welcher Beziehung Sex zur Liebe und zur romantischen Verliebtheit steht, worauf der Körper reagiert und wie man erwünschte Reaktionen hervorrufen kann, in welchen Situationen Flirts, Romanzen und Liebe gedeihen, wie körperliche Liebe ohne Geschlechtsverkehr sein kann, wie man die eigene Sinnlichkeit und die des Partners besser kennenlernt, wie man die Liebe aufregender macht – und vieles mehr. Das letzte und kürzeste Kapitel begleitet ein Paar bei der Liebe, die den herkömmlichen Beischlaf mit einschließt, und gibt Anregungen, wie man sich angesichts der aktuellen Probleme in dieser Situation verhalten kann. Ich hoffe, daß dieses Buch besonders die drei folgenden Lesergruppen anspricht. Zunächst die jungen Menschen, die noch unsicher sind und vielleicht Angst haben, im Aids-Zeitalter ihre eigene Sexualität zu entwickeln. Viele junge Leute sind einfach hilflos. Sexuelle Abstinenz ist eindeutig kein guter Vorschlag, aber sie wissen auch, daß sie nicht einfach die freizügige Einstellung ihrer Eltern übernehmen können. Das Buch soll ihnen helfen, mit diesem Dilemma zurechtzukommen.

Weiter betrifft es die heute 30- bis 40jährigen Paare, die die Zeit des befreiten Sex erlebt haben und denen jetzt bewußt geworden ist, daß Liebe mehr ist, als nur miteinander zu schlafen. Ich hoffe, dieses Buch wird ihnen neue Perspektiven eröffnen.

Drittens ist da das ältere Paar, das vermutlich aus Angst vor ungewollter Schwangerschaft wenig sexuelle Erfahrungen vor der Ehe gesammelt hat. Ich hoffe, solchen Paaren wird es Vergnügen machen, ihre zur Routine gewordenen Liebespraktiken aufzufrischen und zu erneuern. Vielleicht lassen sich neue hinzufügen, die das Liebesleben der mittleren und späteren Jahre bereichern.

»Die Kunst der sinnlichen Liebe« ist also kein Sexhandbuch im üblichen Sinne, denn es betont das Vergnügen an einer Sexualität, die nicht nur den herkömmlichen Beischlaf meint. Das soll Ihnen natürlich nicht den Liebesakt verleiden, sondern Ihnen helfen, auch alle anderen Möglichkeiten zärtlichen Beisammenseins auszuschöpfen und damit zu einem erfüllteren Liebesleben zu kommen. Dies ist also ein Buch darüber, wie Sex schöner werden kann. Dafür muß ich mich nicht rechtfertigen, besonders nicht in einer Zeit, in der Paare wieder bewußt versuchen, die Liebesbeziehung zum eigenen Partner zu erneuern. Ich würde mich freuen, wenn dieses Buch auch Ihnen hilft, das zu erreichen.

Begegnung
und Kennenlernen

Einen Menschen wirklich kennenzulernen – das braucht ein ganzes
Leben. Und selbst dann gelingt es uns noch immer nicht ganz. Die
Aufgabe scheint unlösbar, aber doch auch wunderbar im wahren
Sinne des Wortes. Wenn wir die Herausforderung annehmen, die
Persönlichkeit unseres Partners zu entdecken, lernen wir auch sehr
viel mehr über uns selbst und unsere Beziehung. Dieses Buch soll
daher allen Liebenden helfen, sich gegenseitig besser kennen- und
verstehen zu lernen.

Interesse und Verliebtheit

Obwohl Menschen natürlich körperliche Anzie-hungskraft aufeinander ausüben, geht es bei se-xuellem Interesse um sehr viel mehr als nur um den Körper. Am Anfang spielt das Körperliche si-cher die Hauptrolle, aber das ändert sich sehr bald, wenn uns bewußt wird, wie gut wir auch sonst übereinstimmen – und damit ist dann die Grund-lage für eine gute Zweierbeziehung gegeben.

In den westlichen Ländern gehen ungefähr 95 Prozent aller im heiratsfähigen Alter stehenden Menschen im Laufe ihres Lebens eine Ehe ein. Allen Meldungen zum Trotz, daß nicht mehr so viel geheiratet wird wie früher, gibt es keine An-zeichen einer wirklichen Veränderung. Im Ge-genteil, selbst nach einer mißglückten Ehe schei-nen die meisten Wert auf eine zweite Heirat zu legen.

Zweierbeziehungen sind ein fester Bestandteil unserer Gesellschaft, und die meisten Alleinle-benden haben das Gefühl, daß ihnen ein Partner fehlt. Aber was ist es überhaupt, das Partner zu-sammenführt?

Augenaufnahmen mit Spezialkameras zeigen dem Betrachter genau, wohin jemand – manch-mal nur für Sekundenbruchteile – blickt und be-weisen, daß wir die äußere Erscheinung einer Person des anderen Geschlechts überaus schnell einschätzen. Innerhalb von Sekunden beurteilen wir einen Menschen und entscheiden ganz un-bewußt darüber, ob es sich lohnt, ihn näher kennenzulernen.

Körperform und Auftreten, Kleidung, Größe, Körpergeruch, die Gesichtszüge und viele an-dere Faktoren spielen eine Rolle bei unserer Entscheidung, ob wir jemanden sexuell attraktiv finden oder nicht.

Warum für bestimmte Personen bestimmte die-ser Merkmale oder Kombinationen davon wich-tig sind, weiß man nicht, obwohl Tausende von Abhandlungen zu diesem Thema in psychologi-schen Fachzeitschriften und anderen Veröffent-lichungen erschienen sind.

Vielleicht fühlen wir uns unbewußt von Men-schen angezogen, die in gewisser Weise anato-misch unseren Eltern ähneln und uns daher ver-traut erscheinen. Vielleicht wählen wir auch nach Gesichtspunkten aus, die allgemein als attraktiv beim anderen Geschlecht gelten. Möglicherweise sind Äußerlichkeiten in Wirklichkeit gar nicht so wichtig, wie wir glauben, und es sind andere, nicht-körperliche Faktoren, die eine Rolle spie-len. In vieler Hinsicht ist die gegenseitige Anzie-hungskraft von Menschen ein großes Geheimnis und entzieht sich exakter wissenschaftlicher Untersuchung.

Es ist klar, daß wir nicht jeden Menschen, dem wir begegnen, näher kennenlernen können. Wir entwickeln daher spezielle Fähigkeiten der Part-nerwahl. Genaugenommen gibt es nur für we-nige von uns eine größere Anzahl von möglichen Lebensgefährten. Mit Hilfe unserer Lebenserfah-rung suchen wir also aus einer relativ kleinen Personengruppe unbewußt die Menschen aus, die für uns am attraktivsten sind. Wenn wir zum Beispiel eine temperamentvolle Frau mit langen Fingernägeln und rotgefärbtem Haar sehen oder einen Mann mit einem breiten Goldarmband, schließen wir aufgrund eigener oder übernom-mener Erfahrungen sofort auf ihre oder seine Persönlichkeit. Sich auf stereotyp gefällte Urteile zu verlassen, kann zwar gefährlich sein, ist aber praktisch die einzige Möglichkeit.

Jetzt beginnt der eigentliche Aufbau einer Zwei-erbeziehung. Wir versuchen, die Person unserer Vorauswahl näher kennenzulernen, um heraus-zufinden, ob es jemand ist, mit dem wir etwas gemeinsam haben.

Hier findet sehr viel mehr als nur ein Körperkontakt statt. Sich an den Händen halten bedeutet: Wir gehören zusammen.

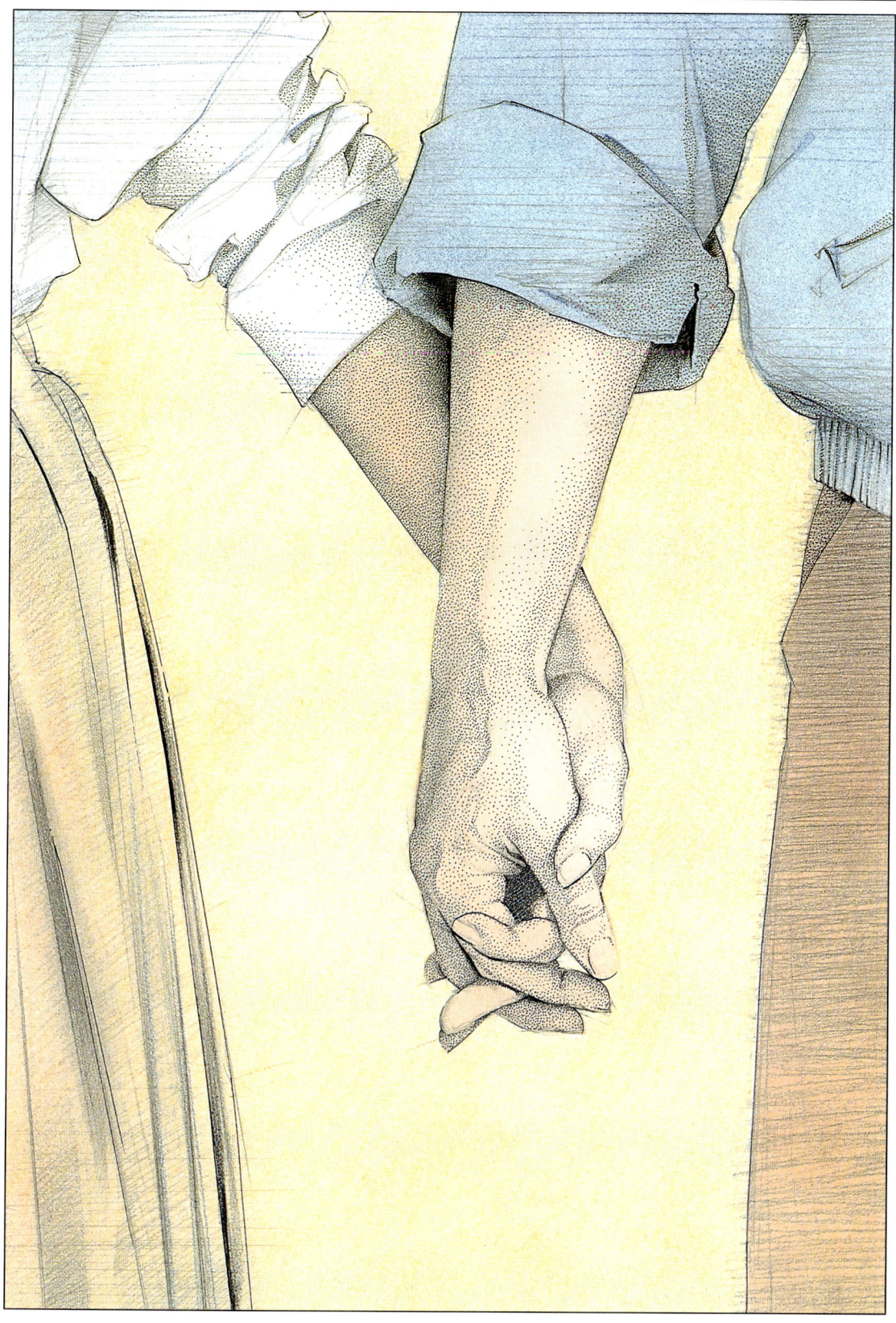

Denn Gemeinsamkeiten und die Möglichkeit, die Bekanntschaft auszubauen, sind die Grundlage für unsere Partnerwahl. Wir alle benötigen ein Mindestmaß gemeinsamer Interessen, um auch nur für kurze Zeit miteinander glücklich zu sein. Ich sage Paaren immer, daß der beste Partner für die meisten von uns ein Mensch ist, mit dem wir soviel gemeinsam haben, daß wir nicht alle zehn Minuten unsere Standpunkte klären müssen. Er sollte sich aber trotzdem in vielem von uns unterscheiden, um die Beziehung interessant zu machen und neue Perspektiven zu eröffnen.

Das ist es, was die Partnerwahl so schwierig macht: Die Balance zu finden zwischen dem, was wir kennen und womit wir uns wohlfühlen, und dem Reiz des Abenteuers. Es gibt genügend Belege dafür, daß fast jeder Mann und jede Frau, die ähnliche Vorerfahrungen und einen gemeinsamen Hintergrund haben, einander gute Partner sein könnten. Demnach gibt es gewisse Richtlinien, die man bei der Auswahl eines Lebensgefährten berücksichtigen sollte. Sich in eine Beziehung hineinstürzen, die romantische Verliebtheit überbewerten, sich zu sehr auf das Äußere verlassen, eine zu kleine Auswahl oder übereilter Sex: Das alles wirkt sich wahrscheinlich negativ auf eine vernünftige Partnerwahl aus. Das ist schade, denn alle diese Dinge ließen sich leicht vermeiden, und viel Liebeskummer wäre unnötig.

Verliebtheit ist der Beginn, der für jedes Paar sehr wichtig ist. Während der langsamen, schrittweisen Entdeckung der Persönlichkeit des anderen erfahren wir, wie wir uns selbst in Gegenwart unseres Partners verhalten und er oder sie sich in unserer. Die Zeit des Verliebtseins ist eine Zeit der Wertschätzung, der Annäherung und des Einverständnisses. Wer diese Probezeit richtig nutzt, legt die Saat für einen romantischen, liebevollen, aber auch realistischen Umgang miteinander im gemeinsamen Leben. Zu viele junge Leute stürzen sich in sexuelle Aktivitäten, bevor sie sich richtig kennengelernt haben. Teilweise war dies vermutlich schon immer so,

aber da die Zeit »bis daß der Tod euch scheidet« heute im Durchschnitt für ein junges Paar 52 Jahre dauert, sollten sie ihre Hausaufgaben gründlich machen, bevor sie die Ringe wechseln. Paare, die die Zeit des Verliebtseins zu früh beendet haben, berichten, daß es fast unmöglich sei, dies später auszugleichen. Es ist deshalb eine meiner Hauptaufgaben als Ehetherapeut, 40jährigen und älteren Paaren beizubringen, sich wieder um den Partner zu bemühen. Sie sind nach Freundschaft und körperlicher Anziehung zu schnell dazu übergegangen, miteinander zu schlafen, und haben so alle anderen Möglichkeiten ausgelassen, sich gegenseitig zu entdecken. Das Bedürfnis nach Sex ist oft so stark, daß die meisten dem Gefühl nachgeben, ohne vorher die weniger zufriedenstellenden Persönlichkeitsmerkmale des neuen Partners oder seine Eignung für ein gemeinsames Leben vernünftig beurteilt zu haben.

Aber es kann schwierig sein, sich nach vielen Jahren des Zusammenlebens wieder umeinander zu bemühen, denn mit der Zeit wird man träge und nimmt den Partner wie selbstverständlich hin. Das Wesentliche am Verliebtsein ist, daß wir uns aufrichtig um den anderen bemühen und dies auch wirklich gern tun. Kurz gesagt, wenn wir verliebt sind, zeigen wir uns von unserer besten Seite, denn wir wollen ja, daß der andere nur Gutes über uns denkt.

Für viele ist es so problematisch, die Zeit der Verliebtheit nachzuholen, weil sie vergessen haben, wie begeistert man von seinem Partner sein kann. Der Alltag macht nachlässig, das Verhalten läßt nicht nur im Bett zu wünschen übrig, es werden Vermutungen angestellt, die oft Schaden anrichten und gar nicht richtig sind, das Denken ist eher nach innen gekehrt und nicht offen, die Aufmerksamkeit schließlich richtet sich mehr auf die Vergangenheit als auf die Zukunft. Für ein Liebespaar sind jedoch die Gegenwart und die Erwartungen an die Zukunft am wichtigsten. Die meisten von mir betreuten Paare haben es in ihrer zweiten Lebenshälfte verlernt, sich umeinander zu bemühen, sie sind nicht mehr neugierig auf die Zukunft, weil sie irrtümlich glauben, schon zu wissen, was noch kommen wird. Natürlich können sie den Rest ihres Lebens nach diesem Muster gestalten. Aber es gibt auch für sie genauso viele neue und aufregende Zukunftsperspektiven wie für Partner, die sich von Anfang an um den anderen bemühen. Ein Mann und eine Frau, die sich auch während der Ehe immer noch mit Aufmerksamkeit umgeben, brauchen nicht zu befürchten, daß ihr Leben nach einem immer gleichen, vielleicht langweiligen Muster verlaufen wird. Sie betrachten verliebtes Verhalten als erneute gegenseitige Zuwendung – ein Zeichen, daß es auch für sie immer noch etwas aufregend Neues gibt und daß ihr zur Zeit gültiger Lebensplan sich so verändern kann wie sie selbst – jeder für sich und gemeinsam.

Da ich auch als »Briefkastenonkel« für ein Ehemagazin arbeite, bekomme ich viele Briefe von Menschen, die kurz vor der Heirat stehen. Hauptinhalt dieser Briefe ist, daß zukünftige Ehefrauen irgendwie um ihren Partner besorgt sind und sich fragen, ob er sich nach der Hochzeit wohl noch verändern läßt. Im Gegensatz zur herkömmlichen Meinung ist sich fast jede Briefschreiberin sicher, ihren Partner in der Ehe ändern zu können.

Eine ähnliche Kolumne für Lebensberatung schreibe ich auch für eine Frauenzeitschrift und erhalte Zuschriften der gleichen Art, die nach meiner Erfahrung zeigen, daß diese Frauen Wunschdenken oder sogar Überheblichkeit an den Tag legen. Die meisten Männer bleiben – jedenfalls im wesentlichen – wie sie sind, und eine Frau, die glaubt, sie könne ihren zukünftigen Partner nach der Hochzeit von Grund auf ändern, muß sich auf eine unliebsame Überraschung gefaßt machen. Das bestätigt meine Ansicht, daß wir uns zu Beginn die Zeit nehmen sollten, einander besser kennenzulernen – einschließlich unserer Unzulänglichkeiten. Für mich ist das gleichbedeutend mit einer langsamen Entwicklung hin zum Sex, die vielleicht mehrere Monate dauert. Währenddessen sollte man so

intensiv wie möglich zusammenleben, wenn auch nicht unbedingt unter einem Dach, sich im Alltag in realistischen Situationen sehen und nicht als Schauspieler wie im Theater. Die Zeit des Verliebtseins sollte eine ehrliche Zeit sein, keiner der Partner sollte dem anderen etwas vormachen, wenigstens nicht absichtlich.

Wenn Sex dann ein Teil der Partnerschaft wird, ist es wiederum angebracht, sich Zeit zu lassen. Ich habe festgestellt, daß ein Paar, das seine Beziehung zärtlich und liebevoll beginnt, wahrscheinlich von Anfang an, aber besonders später, eine glücklichere Ehe führen wird. Wenn man Paare fragt, die sich scheiden lassen, sagen viele, daß sie bereits im ersten Jahr oder früher gewußt hätten, daß etwas in ihrer Beziehung nicht stimmt. Viele unglückliche Beziehungen könnten vermieden werden, wenn die Partner in der Zeit des Kennenlernens vorsichtig und ehrlich miteinander umgingen und auch den Mut hätten, die Beziehung zu lösen, wenn sie nicht funktioniert. Zum Wesen der Verliebtheit, zur Zeit des gegenseitigen Entdeckens, gehören gemeinsame Träume, romantische Liebesspiele und das Herausfinden der Dinge, die beiden wirklich Freude machen.

Keiner von uns kann sicher sein, daß die Wahl seines Lebenspartners die richtige ist, und ein Trauschein ist keine Garantieerklärung. Aber wenn wir sorgfältig und aufrichtig vorgehen, können wir ziemlich sicher sein, daß uns genügend Gemeinsamkeiten verbinden und andererseits ausreichend Unterschiede vorhanden sind, um das Interesse wachzuhalten. Dann müssen wir nicht mit schlimmen Überraschungen gleich zu Beginn der Ehe rechnen.

Wenn sich eine Partnerschaft von Anfang an auf Freundschaft, Verständnis und Vertrauen gründet, ist sie gut ausgestattet, um die unvermeidlichen Wechselfälle des Lebens zu überstehen. Auch eine gute und ehrliche sexuelle Beziehung hilft, dem Druck des Alltags standzuhalten. Ich werde immer wieder gefragt, was man tun kann, um eine Ehe erfolgreicher zu machen. Darauf gibt es viele Antworten, aber wenn ich die wich-

tigste aussuchen müßte, würde ich die Einrichtung von Kursen vorschlagen, in denen das Wer-
ben um den Liebespartner gelernt wird. Wenn
wir alle vor der Heirat einen solchen Kurs absol-
vieren würden, gäbe es sicher weniger Scheidun-
gen und mehr glückliche und zufriedene Paare.

Zärtlichkeiten eines Mannes
wirken ungeheuer anziehend.
Die Kombination von
körperlicher Kraft und
Gefühlsstärke mit Zärtlichkeit
ist unwiderstehlich.

Die Kunst der Verführung

Verführung ist ein Teil des Verliebtseins: Für frisch verliebte Paare ist sie ein sich selbst genügendes Spiel, für Paare, die schon ein Verhältnis miteinander haben, ist sie Bestandteil des Alltags. Man könnte meinen, daß das Verführungsspiel in beiden Situationen verschieden ist, aber es gibt mehr Gemeinsamkeiten, als man erwartet.

Sex ist ein starker Trieb und spielt in unserem Leben eine so große Rolle, daß wir uns alle damit auseinandersetzen müssen. Wenn wir hungrig sind, können wir einfach in ein Restaurant essen gehen, das sexuelle Verlangen ist jedoch nicht so leicht zu befriedigen. Dazu muß man sich auf ein recht kompliziertes Spiel mit einem Partner des anderen Geschlechts einlassen, ganz gleich, ob man erstmals um den anderen wirbt oder ob man bereits ein Liebesverhältnis hat. Das Ziel jeder Verführung ist der Liebesakt. Auch wenn zwei Menschen sich dieses Ziel zunächst nicht bewußt setzen, wird Sex das Ergebnis sein, sobald Verführung unbewußt im Spiel ist. Solche unbewußten Zielsetzungen sind kennzeichnend für eine Liebesaffäre und können sich als ehezerstörend erweisen. Wenn man sich in einer Verführungssituation wiederfindet, auf die man sich eigentlich nicht einlassen will, ist es besser, sie rechtzeitig abzubrechen. Sonst verstrickt man sich hoffnungslos und setzt die vorhandene Beziehung aufs Spiel.

Mit einem neuen Partner zu schlafen, ist nichts, um das man einfach so bittet. Es gibt einen gesellschaftlich anerkannten Ablauf, den wir alle einhalten, sei es auch nur unbewußt. Als erstes suchen wir den möglichen Partner aus, danach versuchen wir, sein Interesse an uns zu wecken und aufrecht zu erhalten, kommen im weiteren Verlauf zum Thema Sex und schlafen schließlich miteinander.

Wichtig ist, wie wir unseren neuen Partner aussuchen. Für manche Menschen ist die Suche selbst das Aufregendste. Wenn sie das Ziel ihrer Wünsche erreicht haben, läßt das Interesse nach. Diese Menschen sind oft ihrer selbst nicht sicher: Wenn sie einmal bewiesen haben, daß sie Anziehungskraft auf das andere Geschlecht ausüben können, ziehen sie sich zurück und beginnen wieder von vorn, um sich erneut zu beweisen. Andere ziehen sich zurück, weil sie bewußte oder unbewußte Hemmungen vor dem anderen Geschlecht haben. Schließlich gibt es, von der anderen Seite betrachtet, diejenigen, die sich gern umwerben lassen, aber nicht darüber hinaus gehen möchten. Auch diese Menschen haben Probleme, sich selbst oder möglicherweise sogar andere zu akzeptieren.

Untersuchungen haben bewiesen, daß wir selbst ziemlich genau wissen, wie attraktiv wir sind. Wir suchen daher unbewußt jemanden aus, von dem wir glauben, daß er vom Aussehen her mit uns auf der gleichen Linie liegt. Wir verschwenden also keine Zeit mit Personen, die wesentlich attraktiver sind als wir, aus Angst, zurückgewiesen zu werden. Die Forschung entdeckte die interessante Tatsache, daß die meisten einen Partner heiraten, der ihnen auch nach Meinung anderer an Attraktivität verhältnismäßig ähnlich ist.

Die Wahl des Partners, den wir verführen möchten, ist aber erst der Anfang. Als nächstes müssen wir den richtigen Moment finden, um uns mit unserem Anliegen der ausgewählten Person zu nähern. Das ist wesentlich schwieriger, und der Erfolg hängt sehr davon ab, ob dieser Moment richtig gewählt wurde. Die Chancen sind höher, wenn eine gefühlsmäßige Aufregung schon gegeben ist. Menschen scheinen sich häufiger nach Naturkatastrophen oder anderen tragischen Ereignissen zu verlieben, aber darauf sollte man besser nicht warten, geschweige denn, etwas heraufbeschwören. Sinnvoller wäre ein Treffen beim Tanzen, bei Popkonzerten, beim Sport oder auf so »unsicherem« Terrain wie einem Jahrmarkt. Aufregung und ein gewisses Maß an »Gefahr«, verbunden mit dem gemeinsamen Spaß an der Situation bringen es mit sich, daß Menschen ihren gegenseitigen Annäherungsversuchen eher zugänglich sind. Möglicherweise bewirkt der Adrenalinspiegel, der Abbau von Hemmungen oder schlicht der Eindruck des gemeinsam Erlebten, daß die Menschen sich einander näher fühlen und offener werden für Verführungsversuche.

Gemeinsame Erlebnisse, die für die Beteiligten eine besondere Bedeutung haben, sind die häufigsten Verführungssituationen. Darum ereignen sich so viele Annäherungsversuche auf Kursen und Seminaren aller Art: Die Teilnehmer haben hier einen gemeinsamen Gegner und gemeinsame Gefühle. Untersuchungen belegen, daß Gefahr oder auch nur das Drohen einer Gefahr besonders Männer anfällig für die Liebe zu machen scheint.

Die nächste Überlegung ist, ob die ausgewählte Person wohl auf unsere Annäherung eingehen wird. Untersuchungen haben gezeigt, daß Frauen, die rauchen, häufiger den Geschlechtspartner wechseln als Nichtraucherinnen. Zahlreiche weitere solcher Stereotypen sind festgestellt worden, die wir, allerdings unbewußt, anwenden. Unsere Körpersprache kann viele unserer Gefühle verraten, und sie ist kaum zu unterdrücken, selbst wenn wir es wollten. Eine »offene Haltung« spiegelt unsere innere Einstellung wider und zeigt eindeutig, daß wir für die richtige Person ansprechbar sind. Jemandem ein bißchen zu lange in die Augen schauen oder ihn sogar anstarren, über seine Witze lachen: Das sind nur ein paar Anzeichen dafür, daß eine Annäherung nicht unwillkommen sein wird.

So entscheiden wir also, ob jemand überhaupt zur Verfügung steht für weitere Bemühungen, ausreichend attraktiv ist, gut genug zu uns paßt und ob er oder sie überhaupt an uns interessiert zu sein scheint. Viele der Ergebnisse sind zwar höchst subjektive Entscheidungen, aber irgendwo muß man ja anfangen und sich eine Meinung über den anderen bilden.

Als nächstes müssen wir Einzelheiten über unsere Person preisgeben, uns als normalen, attraktiven, gesunden und guten zukünftigen Partner präsentieren. Das erfordert Selbstdarstellung. Die Mitteilung, daß man bei einer Bank arbeitet oder wo auch immer, reicht nicht aus; um Erfolg zu haben, muß man viel mehr von sich erzählen. Gefühle und Gedanken offenzulegen, scheint sehr wirkungsvoll zu sein, denn es läßt auf einen reifen, offenen, aufrichtigen Menschen schließen, mit dem auch Sex wahrscheinlich Spaß machen wird. Wenn Verheiratete denen, die sie verführen möchten, ihre Gefühle zeigen, ist das fast immer der Beginn einer Affäre. Studien haben gezeigt, daß Verheiratete, die offen über ihr Gefühlsleben und persönliche Dinge mit Vertretern des anderen Geschlechts reden, sich wahrscheinlich eher scheiden lassen als andere. Meistens fangen die Männer zuerst an, sich mitzuteilen, aber schon bald ziehen die Frauen nach: Die Verständigung beginnt. Ein erfolgreicher Verführer zeichnet sich dadurch aus, daß er es seinem Gegenüber ermöglicht, von sich zu erzählen, und ihn dazu ermuntert. Es erfordert viel Feingefühl und Einfühlungsvermögen zu erreichen, daß jemand mehr von sich preisgibt, als er eigentlich möchte. Das ist besonders bei Liebesaffären so. In dieser Situation präsentieren sich die meisten Menschen dem Liebespartner in einem sehr vorteilhaften Licht. Zum Beispiel sind sie wirklich daran interessiert, was der andere sagt. Das ist einer der Gründe, warum die Verführten von ihrem Verführer oft so fasziniert sind – denn es ist eigentlich zu schön, um wahr zu sein.

Wenn die Entwicklung bis hierhin gut verlaufen ist, kann man versuchen, das Interesse des Partners wachzuhalten. Jetzt sollte man besonders hellhörig für jedes Anzeichen von Ablehnung sein. Natürlich kann auch das Gegenteil passieren, daß jemand, den man zunächst für unbeteiligt hält, plötzlich Interesse zeigt. Dann gilt es, ein Gesprächsthema zu finden und auszubauen. Wichtig ist zusätzlich aufmerksames Zuhören. Die meisten Menschen sprechen am liebsten von sich selbst, und nichts wird mehr geschätzt als ein guter Zuhörer.

Im weiteren Verlauf, der beim Menschen recht langsam vorangeht, benutzt man das Flirten, um dem anderen nicht nur Interesse an seinen Gedanken, sondern auch an seinem Körper zu zeigen. Wenn das gelingt, bleibt die Möglichkeit für Sex offen, während beide Partner zunächst andere Bereiche ihrer Beziehung ausloten.

Ein beliebtes Spiel bei beiden Geschlechtern ist es, bewußt oder unbewußt so zu tun, als sei man schwer zu haben oder schon vergeben. Zu schnelle Bereitschaft schreckt viele Menschen ab, da Promiskuität zunehmend unmodern wird; aber ihr Gegenteil ist ebenso lästig.

Forschungen haben gezeigt, daß Männer besonders am Anfang Angst vor Zurückweisung haben, vor allem von attraktiven Frauen. Deshalb fördert jede zusätzliche, über das Normale hinausgehende Ermutigung der Frau die Entwicklung der Beziehung. Eine Frau, die einen Mann will, muß ihm zeigen, daß sie zu haben ist, sonst sucht er sich eine andere. Sowohl Männer als auch Frauen genießen die Zeit der Werbung um einen Partner, wenn aber keine Aussicht auf Erfolg besteht, geben sie auf.

In unserer Gesellschaft werden Mädchen und Frauen dazu erzogen, sich nicht so darzustellen, als seien sie leicht zu haben – eine heikle Angelegenheit, wenn nicht alle Männer verscheucht werden sollen. Ich rate Frauen zur Offenheit in Fragen der Sexualität, damit Männer von vornherein wissen, woran sie sind. Wer sich zu einem Mann hingezogen fühlt, sollte es ihm zeigen und ihm nichts vormachen. Wer nicht interessiert ist oder verheiratet und das Schicksal nicht herausfordern will, sollte die Beziehung sofort lösen und ihm damit Gelegenheit geben, sich anderweitig umzusehen.

Jetzt kommt gewöhnlich die sexuelle Erregung mit ins Spiel. Machen Sie deutlich, daß Sie be-

gehrenswert und auch zu haben sind, daß man sich aber um Sie bemühen muß. Das gilt gleichermaßen für Männer und Frauen.

In unserer Gesellschaft gehen wir nicht auf jemanden zu und bitten offen um Sex. Wir reden zunächst drumherum, nennen das Kind nicht beim Namen und prüfen erst einmal die Temperatur, bevor wir uns ins Wasser stürzen. In der weiteren Entwicklung eines Gesprächs wird deutlich, ob der Grad von Intimität erreicht werden kann, der für Sex notwendig ist. Gerade die Zweideutigkeit der ersten probeweisen Annäherung macht eine Zurückweisung weniger schmerzlich, weil der Versuch sehr zögernd und versteckt war. In dieser Phase erschüttert eine Ablehnung das Selbstbewußtsein kaum, aber wenn die empfangenen Botschaften positiv sind, können und werden die Dinge ihren Lauf nehmen. Wir erhalten in dieser Situation vermutlich etwa achtzig Prozent unserer Informationen über die Körpersprache. Deshalb sollten wir üben, mehr auf Gesten und Mimik zu achten als auf das gesprochene Wort.

Diese Frau läßt sich durch
zärtliche Berührung verführen.
Sie zeigt ihre innersten
Gefühle, ist bereits teilweise
ausgezogen und erwartet
weitere Zärtlichkeiten von ihm.
Sie fühlt sich offensichtlich
sehr wohl in der Situation. Das
sind die Zeichen für ihn, einen
Schritt weitergehen zu können.

Auch sprachlich sollte jetzt langsam Zustimmung ausgedrückt werden. In vertrautem Gespräch, in dem auch über Sex, Verhütung, die Zukunft und anderes gesprochen werden sollte, wird signalisiert, ob das Paar bereit ist, intim zu werden. Spätestens jetzt beginnen die Partner, dem anderen gefällig zu sein, sich seinetwegen Umstände zu machen, vielleicht den bereits vorhandenen Partner zu täuschen oder Vertretern des anderen Geschlechts aus dem Weg zu gehen. Dies fördert die Beziehung und erhöht den Wert der Partner füreinander. Jetzt werden auch die körperlichen Kontakte so eng, daß es schließlich zum Sex kommt.

Nach dem ersten Mal sprechen die meisten darüber, was sie empfunden haben und wieviel sie einander bedeuten. Frauen geben gewöhnlich Liebeserklärungen verschiedener Art ab und sei es nur, um mögliche, bei vielen auftretende Schuldgefühle zu beschwichtigen. Es werden Pläne für ein nächstes Mal gemacht, die gemeinsame Zukunft wird besprochen, auch wenn sie zu diesem Zeitpunkt nur von kurzer Dauer zu sein scheint.

Danach beginnt der Aufbau des Liebeslebens, und von diesem Tag an hat das Paar auch eine gemeinsame »Vergangenheit«. Langsam, vielleicht über mehrere Monate hinweg, benutzen sie ihr Wissen, um sich gegenseitig immer gekonnter zu verführen, bis sie zu erfahrenen Liebhabern geworden sind. Diese Art des Verhaltens ist auch für schon länger verheiratete Paare sinnvoll. Wenn ich mit Eheleuten über Verführung spreche, sehen sie mich oft an, als ob ich verrückt sei, denn sie denken, daß nur Unverheiratete einander verführen oder Paare, die außereheliche Affären haben. Aber das ist nicht so. Auch in einer wirklich erfolgreichen Partnerschaft kann man einander Jahr für Jahr durch gegenseitiges Verführen Vergnügen bereiten. Das kann sehr schön sein, und sei es nur deshalb, weil langjährige Partner sich so gut kennen. Es ist bedauerlich, daß so viele Paare nichts von dem Gedanken an Verführung zu halten scheinen, und zwar weil gerade die vermeintliche

»Unverführbarkeit« einen Partner langweilig oder weniger interessant erscheinen läßt als andere Vertreter seines Geschlechts. Meine praktische Erfahrung hat gezeigt, daß nur wenige Paare sich über Jahre hinweg die Mühe machen, ihren Partner zu verführen. Sie glauben, daß Verführung nicht mehr nötig ist, wenn man sich seines Partners erst einmal sicher ist. Alles sollte dann ohne Aufwand und Probleme automatisch weiterlaufen.

Diese Einstellung geht leider am Wesentlichen vorbei, dem sexuellen Vergnügen. Vorfreude ist die halbe Freude, und das Begehren macht oft mehr Spaß als seine Erfüllung. Wenn wir die Kunst der Verführung in einer langjährigen Partnerschaft vernachlässigen, geht auch eine Menge Spaß, freudige Erwartung und spannende Aufregung verloren.

Paare jeden Alters und in jedem Stadium einer Beziehung sind gut beraten, wenn sie sich häufig und bewußt die Mühe machen, den Partner zu verführen. Keiner von uns möchte wie selbstverständlich hingenommen werden. Verführen und Verführtwerden erhält nicht nur jung, indem man die aufregenden Momente der jugendlichen Verliebtheit immer wieder nacherlebt, es vermittelt dem Partner auch das Gefühl von Wertschätzung und erhält die Aufmerksamkeit für mögliche Alarmzeichen, falls das Liebesleben zur Routine erstarrt.

Wenn man Leute fragt, warum sie Affären haben, listen sie viele Gründe auf. Aber für die meisten ist der Hauptgrund das heimliche Abenteuer, das Spaß und Aufregung in ihren glanzlosen Liebesalltag bringt. Partner, die sich häufig verführen, kennen diese Probleme nicht, denn sie finden das Abenteuer in ihrer eigenen Partnerschaft – ohne den Nachteil, die Wünsche eines neuen Partners erraten oder herausfinden zu müssen.

Aber verheiratet oder nicht – es ist sinnvoll herauszufinden, wie man selbst verführen möchte, was zum Erfolg führt und was nicht. Man sollte seinen Stil überdenken, beobachten, welcher Trick am besten funktioniert und wo es dem

Partner am meisten Spaß machen würde, und wenn man gerade einen neuen Partner sucht, welche Verführungsmethoden am besten geeignet sind, die erwünschte Person anzuziehen. Dies kann ein schwieriger Prozeß sein, wenn wir keine Erfahrung in der Kunst der Verführung haben, da wir alles lernen müssen und weil das, was wir uns einerseits wünschen, ganz etwas anderes sein kann als das, was wir andererseits wirklich brauchen. Besonders für einen jungen Menschen ist diese Unterscheidung schwierig, wenn nicht unmöglich. Das kann es uns sehr schwer machen, unseren Wunschpartner zu gewinnen, denn unsere eigene Persönlichkeitsstruktur hindert uns einfach daran, das gewünschte Resultat zu erzielen. So leiden manche unter starken Frustrationen und großem Liebeskummer, da sie es so schwer finden, den erwählten Partner für sich zu gewinnen.

Manchmal hilft es, die Angelegenheit mit wirklich guten Freunden durchzusprechen. Auch liebevolle Väter oder verständnisvolle Mütter können häufig wertvolle Hinweise oder Ratschläge geben, die helfen, sich über seine Bedürfnisse klar zu werden. Viele verschwenden ihre Zeit mit Verführungskünsten, die den Partner, den sie wirklich brauchen, nicht anziehen oder halten können. Dennoch scheinen solche Menschen nicht in der Lage zu sein, ihre Vorgehensweise zu ändern.

Mit zunehmendem Alter und durch wachsende Erfahrung lernen wir, welche Eigenschaften unser Partner haben muß, und können deshalb viel realistischer einschätzen, wie wir es anstellen müssen, einen uns angemessenen Partner zu gewinnen. Auch in bestehenden Zweierbeziehungen hilft dieser Lernprozeß, gute Erfolge zu erzielen.

Jemanden zu verführen, den man äußerst gut kennt, kann sehr reizvoll sein, gerade weil das Resultat vorhersehbar ist. Sex mit einem neuen Partner ist schließlich nicht unproblematisch. Ist er oder sie zufrieden mit mir? Bin ich genauso gut wie seine oder ihre anderen Partner? Werde ich zu früh oder zu spät kommen? Werde ich überhaupt kommen? Was ist mit meinem fetten Bauch? Alle diese verständlichen Befürchtungen sind in einer langjährigen, von Vertrauen geprägten Partnerschaft unbedeutend, weil jeder die Bedürfnisse des anderen kennt und auch seine weniger attraktiven Seiten akzeptiert. Diese Vorhersehbarkeit ist eine starke positive Kraft in einer stabilen Partnerschaft. Es ist zwar ein gesellschaftlicher Trend, alles gut zu finden, was neu und anders ist, aber dadurch wird ein Partner, mit dem man schon seit zehn Jahren zusammen ist, nur allzuleicht zum »Langweiler«. Das ist eine Verschwendung und angesichts der augenblicklichen Beunruhigung durch Aids auch ziemlich unklug.

Wenn sich jemand bei mir über seinen »unmöglichen« Partner beschwert, sage ich, daß der vorhandene meistens auch der beste ist – es sei denn, es gibt klare Beweise für das Gegenteil. Die meisten Menschen sind besser beraten, mehr Interesse für ihre existierende Partnerschaft aufzubringen, als immer wieder mit jemand anderem neu zu beginnen. Wenn viele Trennungswillige wüßten, wieviel Anstrengung es kostet, wieder von vorn anzufangen, ich bin sicher, sie würden sich mehr Mühe geben, ihre existierende Beziehung zu retten.

Dazu gehört, sich häufig gekonnt, einzigartig und begeistert zu verführen. Ein Paar, das das tut, ist immer verliebt, nie gelangweilt und baut eine starke, unangreifbare Partnerschaft auf.

Liebe in Gedanken

Da Menschen vom Gehirn bestimmte Lebewesen sind, erstaunt es nicht, daß Sex manchmal eher ein gedanklicher als ein körperlicher Vorgang zu sein scheint. Das Gehirn ist wahrscheinlich unser wichtigstes Geschlechtsorgan, gefolgt von der Haut. Die Genitalien nehmen einen vergleichsweise schlechten dritten Rang ein.

Wir alle besitzen Vorstellungskraft und Phantasie. Von frühester Kindheit an spielen Tagträume und Phantasien eine lebenswichtige Rolle. Eines der frühesten Spiele ist das »So-tun-als-ob«. Natürlich haben die meisten Menschen Phantasievorstellungen von allen möglichen Dingen, nicht nur von Sex. Unsere Gedanken beschäftigen sich in gleicher Weise mit dem Urlaub, dem neuen Wagen, unseren Kindern und dergleichen mehr. Ausschließlich in der Realität zu leben, ist für die meisten wohl kaum möglich, denn wir scheinen eine Art Sicherheitsventil zu brauchen, um ab und zu der Wirklichkeit zu entfliehen.

Fast jeder hat auch von Zeit zu Zeit erotische Phantasien. Das ist normal und nicht unbedingt ein Zeichen unerfüllter Wünsche und Sehnsüchte oder gar von Problemen in der Partnerschaft. Sexuelle Vorstellungen, die sich wiederholen und nicht verdrängen lassen, sind oft wichtig für den sexuellen Erfolg. Es können flüchtige Tagträume sein, nächtliche Episoden in Verbindung mit feuchten Träumen oder Erinnerungen an frühere erotische Begegnungen. Gelegentlich ersetzen sie die Realität, wenn das gewünschte Verhalten nicht möglich ist oder auf Ablehnung stoßen würde. Viele Frauen stellen sich zum Beispiel vor, von dem geliebten Mann grob, ja sogar brutal genommen zu werden. In Wirklichkeit wären sie äußerst entsetzt, aber in der Phantasie macht es Spaß, ist erregend und akzeptierbar. Erotische Phantasien begleiten häufig das Masturbieren. Dadurch werden Körper und Geist bewußt gleichzeitig angeregt, um soviel Lust wie möglich zu empfinden. Aus diesem Grund finden viele das Masturbieren befriedigender als Geschlechtsverkehr, denn hier ist alles perfekt. Für manche Menschen ist der Beischlaf ohne gleichzeitige Phantasien undenkbar, und seien sie noch so vage. Das ist ein völlig annehmbarer Weg, in Gedanken die Schwächen unseres wirklichen Partners auszugleichen. Nur so werden einige Menschen überhaupt mit dem Sex fertig, zum Beispiel homosexuelle Männer und Frauen, die verheiratet sind und es bleiben wollen, oder Menschen, die ihre nicht akzeptierten »perversen« Neigungen nur durch die Phantasie in Grenzen halten können.

Das Erfolgsgeheimnis unserer Phantasie besteht darin, daß unsere Traumpartner so wunderbar zu unserem Unbewußten passen, denn das hat sie ja selbst geschaffen. Sie bleiben immer attraktiv, sind sexuell leistungsfähig und begeistert und klagen nie über Kopfschmerzen. Kurz gesagt, sie werden idealisiert. Mit Hilfe des Traumpartners schaffen wir den Ausgleich für das, was uns im Leben fehlt. Wir können mit ihm in Gedanken sogar Ereignisse proben, die sich in unserer Beziehung ankündigen.

Es gibt ebenso viele verschiedene erotische Phantasien wie es Menschen gibt, aber gleichzeitig kehren bestimmte, von vielen bevorzugte Themen immer wieder. Besonders beliebt sind Vorstellungen vom Liebesakt im Freien oder in romantischer Umgebung, vom leidenschaftlichen Küssen, Masturbieren oder von oralem Verkehr mit dem eigenen Partner. Auch abenteuerliche Träumereien sind weit verbreitet, zum Beispiel von wilden Orgien, Partnertausch oder Sex mit Gleichgeschlechtlichen.

Dieses Paar steht gerade am Beginn einer sexuellen Begegnung. Einer von beiden hat sich vielleicht in Gedanken schon ausgemalt, was als nächstes kommt.

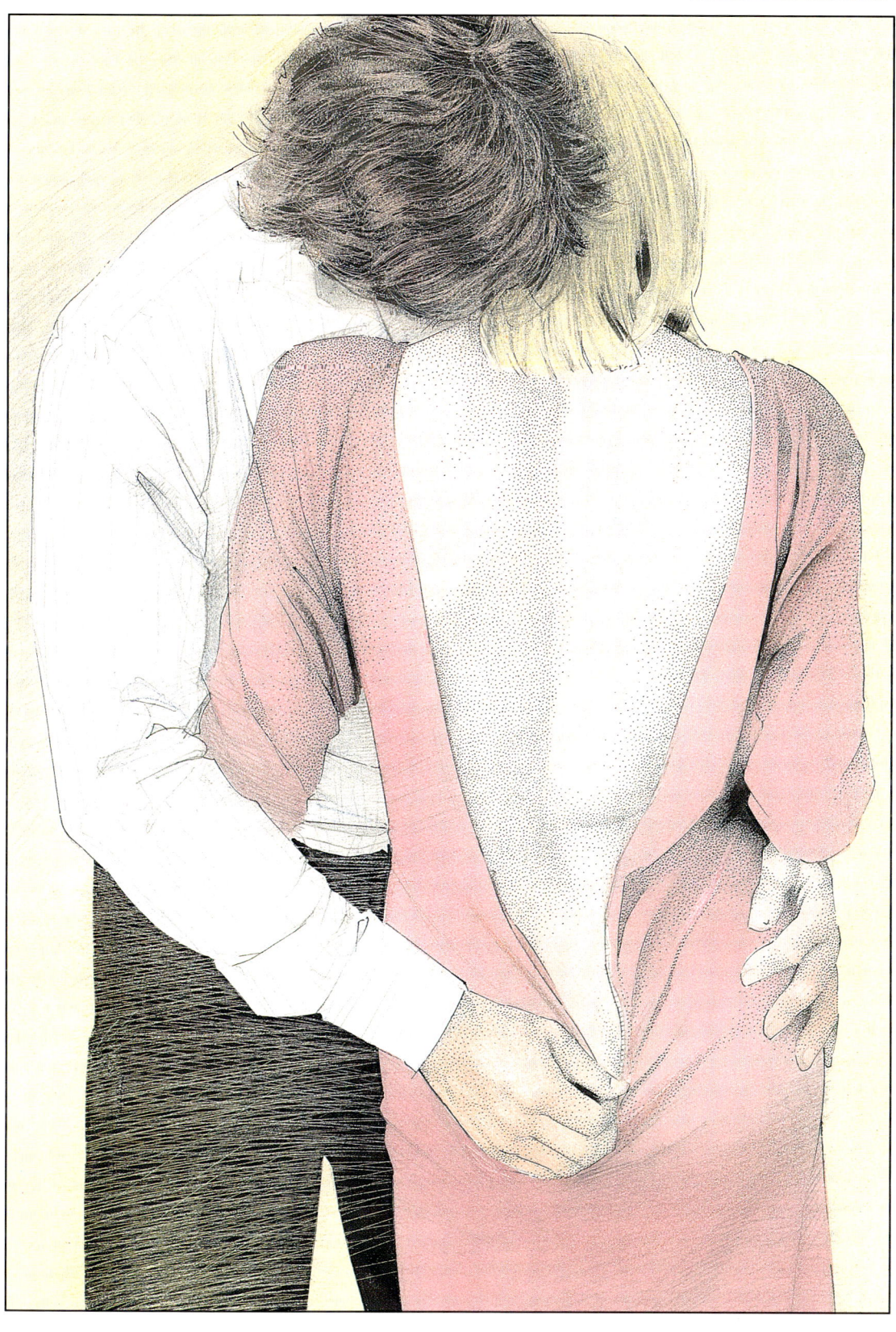

Wenn man den Untersuchungen Glauben schenken kann, enthält die Hälfte aller erotischen Vorstellungen eigene frühere Liebeserlebnisse. Zweithäufigste Phantasien sind solche, die erotisches Neuland erforschen. Obwohl die Behauptung, Frauen seien »masochistischer« veranlagt als Männer, die Dinge viel zu sehr vereinfacht, stimmt die Feststellung, daß Männer in ihren erotischen Phantasien aktiver sind und die Kontrolle haben, während Frauen »es mit sich geschehen lassen«. Aber wie bei allem, was die Geschlechter betrifft, gibt es auch hier große Überschneidungen. In Therapiesitzungen geben viele Männer an, daß sie sich ihre Frauen aktiver wünschten und nicht immer nur selbst der bestimmende Teil sein möchten.

Welches sind also die gängigsten erotischen Phantasien? Meist ganz oben in der männlichen Hitliste steht Gruppensex, wenn auch oft Sex mit höchstens zwei Frauen gleichzeitig gemeint ist. Favorit Nummer zwei ist die Phantasie-Peepshow, z. B. das Beobachten einer Frau in Strümpfen und Strumpfhaltern, bei besonders provozierenden Betätigungen wie Striptease, erotischem Tanz oder ähnlichem. Männliche Sexualphantasien sind oft vom Fetischismus geprägt, sie enthalten Schlüsselobjekte, die den Symbolwert fast magischer sexueller Talismane haben. Diese Art erotischer Phantasien kommt neuerdings häufiger bei Frauen vor, in dem Maße, wie ihre Einstellung zu Sex freizügiger wird.

Sexualphantasien von Frauen handeln vorwiegend von einem Geliebten, zweithäufigstes Thema sind Vorstellungen über Sex in romantischer oder exotischer Umgebung. Besonders beliebt sind frühere Begegnungen mit einer bestimmten Person. Phantasien, die von Geschlechtsverkehr im Zusammenhang mit physischer Gewalt handeln, stehen ebenfalls ganz oben auf der Liste. Beliebt sind überraschenderweise auch Vorstellungen von Sex mit Tieren. Studien haben gezeigt, daß Männer häufiger Sexualphantasien haben als Frauen. Ob dies der Wahrheit entspricht, sei dahingestellt. Wenn

Männer keinen Verkehr haben, phantasieren sie immer noch häufig, aber in Extremsituationen, wie zum Beispiel im Gefängnis, verliert sich diese Fähigkeit.

Bei Frauen sieht der Trend anders aus. Die meisten geben an, häufiger Phantasievorstellungen zu haben, wenn sie regelmäßig sexuell aktiv sind, und weniger bei Abstinenz. Die lebhafte Phantasiewelt einer Frau spiegelt gewöhnlich eher ihre allgemeine Aktivität, ihr Wohlbefinden und ihre Kreativität wider, als daß sie ein Zeichen von Unzufriedenheit mit dem Partner wäre. Dies wird von Männern häufig mißverstanden, und sie sind tief verletzt, wenn ihre Partnerin ihnen ihre reiche Traumwelt eröffnet. Ein einfühlsamer Mann sieht das anders, weil er weiß, daß dieses Maß an Phantasien sich auf die Partnerschaft bezieht und sie bereichert.

Wie kann ein Paar seine erotischen Phantasien nutzen, um sein gemeinsames Liebesleben zu verschönern und zu beschützen?

● Man kann in Gedanken etwas proben, was man innerhalb der Partnerschaft zu tun wünscht oder vorhat. Dies erhöht nicht nur die Freude daran, wenn es soweit ist, sondern löst auch praktische Probleme, so daß die Durchführung des Abenteuers dann auch gelingt.

● Phantasien können sexuelle und erotische Bedürfnisse auf harmlose Weise beim Masturbieren befriedigen, wenn ein Partner weiß, daß der andere seine Wünsche nicht erfüllen kann.

● Phantasievorstellungen haben den unschätzbaren Wert, Erregung zu fördern oder sogar hervorzurufen, wenn die äußeren Umstände das eher verhindern. Ein gerade arbeitslos gewordener Mann, eine Mutter, die zu wenig Schlaf bekommt, ein Paar mit Geldsorgen und dergleichen, sie alle können entweder durch eigene oder durch gemeinsame erotische Phantasien, auf die ich noch zu sprechen komme, sogar ziemlich hinderliche Umstände überwinden und zu einem schönen und befriedigenden Liebeserlebnis kommen.

● Wenn wir die Phantasie unseres Partners aktiv anregen, können wir ihm zu mehr Freude am

Sex verhelfen. Ein bißchen »Bettgeflüster« kann eine scheiternde sexuelle Begegnung innerhalb von Minuten in einen schönen Erfolg verwandeln, so daß keiner der beiden Partner frustriert sein muß.

● Das Verlangen, ungewöhnliche oder eigenartige Sexualbedürfnisse zu befriedigen, kann durch die Phantasie gestillt werden, ob der andere Partner nun mitmachen will oder nicht. Einiges, wie zum Beispiel der Wunsch nach gleichgeschlechtlichem Verkehr, kann ja beim besten Willen nicht erfüllt werden.

● Phantasievorstellungen erhöhen auch den Spaß beim Masturbieren. Der Wert der Selbstbefriedigung in einer Liebesbeziehung kann gar nicht hoch genug eingeschätzt werden, so daß alles hilfreich ist, was sie verschönert.

● Sexualphantasien, die von einem gleich- oder andersgeschlechtlichen Partner handeln, verringern das Bedürfnis nach einer tatsächlichen Begegnung, die die vorhandene Beziehung vielleicht gefährden würde.

● In unserer Vorstellung können wir vergangene romantische Episoden mit unserem jetzigen oder einem früheren Partner nachempfinden, fast genauso, wie wir alte Fotoalben mit Vergnügen wieder betrachten.

● Bei Langeweile oder Streß können Vorstellungen auch für eine Art Selbsthypnose benutzt werden. Einige meiner Patienten sind darin Experten. Sie begeben sich in ihre Lieblingsphantasie zum Beispiel beim Zahnarzt, auf dem Weg zu einer Prüfung oder in einer ähnlichen Streßsituation, wenn sie lange im Bus oder in einem verspäteten Zug sitzen müssen und so weiter.

● Schließlich haben wir die Möglichkeit, unser Liebesleben zu bereichern, indem wir unsere Phantasien miteinander teilen, in einer Weise, die uns einander näher bringt, unsere Vertrautheit fördert und unsere Verbindung stärkt.

Die Entscheidung füreinander

Wenn wir langsam mehr über die Persönlichkeit des anderen erfahren und feststellen, wie gut wir zueinander passen, macht uns das glücklich und ermutigt uns, die Beziehung zu intensivieren. Nach einigen Wochen oder Monaten wird daraus eine ernsthafte innere Bindung. Es entsteht ein Gefühl der Zusammengehörigkeit, das besagt: Du bist etwas Besonderes, mit Dir möchte ich eine Zweierbeziehung aufbauen.

Intimität und Nähe entdecken

Intimität ist ein vieldeutiger Ausdruck, der für man-
che schwer zu begreifen ist. Tatsächlich hat er so-
gar innerhalb derselben Partnerschaft verschie-
dene Bedeutungen. Es ist daher nicht verwunder-
lich, daß viele Paare Verständnisprobleme haben
und es schwierig finden, darüber zu reden. Für
manche Menschen bedeutet Intimität Nähe, für
andere körperliche Zuneigung und für wieder an-
dere seelische Gemeinschaft. Wie immer Sie es
sehen – Intimität ist lebenswichtig für jede Liebes-
beziehung.

Um Intimität wirklich zu verstehen, müssen wir
uns zunächst den Begriff der »Privatsphäre«
verdeutlichen. Damit ist nicht nur eine räumli-
che, sondern auch eine gefühlsmäßige, geistige
und seelische Sphäre gemeint. Wir alle brauchen
diesen persönlichen Freiraum, in dem wir ganz
wir selbst sein können, sogar oder besonders
dann, wenn wir in einer dauerhaften Zweierbeziehung leben. Wir können und werden nie mit
unserem Partner zu einer Person verschmelzen,
und trotz größter Nähe kann es sein, daß wir
doch niemals wirklich »intim« miteinander sind.
Wir wir sehen werden, ist allzu große Nähe sogar schädlich für wahre Intimität.
Durch unsere heutige Lebensweise sind wir sehr
viel mit anderen Menschen zusammen – zuhause in unserer Zweierbeziehung, im Betrieb
oder bei Spiel und Sport. Wir sind natürlich so-
ziale Lebewesen und brauchen menschliche Gesellschaft, aber allzu häufig können wir feststellen, daß andere nicht nur der Mittelpunkt unseres Lebens sind, sondern daß wir sogar für andere leben. Ein Extrem sind Menschen, die glauben, daß sie nur anerkannt werden, wenn sie im
Dienen und Helfen aufgehen. Sie meinen, daß
sie kein Recht haben, nur sie selbst zu sein, und
als Folge davon lernen sie sich oft selbst nicht gut
kennen. Das andere Extrem sind völlig selbstbe-
zogene Menschen, denen die Fähigkeit fehlt, Be-

ziehungen zu anderen aufzubauen. Irgendwo
zwischen diesen beiden Extremen müssen die
meisten von uns sich wiederfinden, um ein ge-
sundes und erfülltes Leben zu führen.
Die Privatsphäre ist mehr ein geistiger als ein
physischer Begriff. Es ist sogar möglich, sie in einem überfüllten Raum oder einem dicht besetz-
ten Zug zu erleben. Das liegt daran, daß Privatsphäre wenig mit der Gegenwart anderer zu tun
hat, aber viel damit, wie wir uns selbst sehen. Ein
Mensch, der mit sich selbst in Frieden lebt, kann
seine persönliche Sphäre genießen, schätzen
und ausbauen.
Ein gutes Selbstwertgefühl entsteht schon durch
die liebevolle Betreuung eines Babys durch seine
Mutter. Eine gute Mutter trägt dazu bei, daß ihr
Kind Selbstbewußtsein entwickelt und sich nicht
nur wegen der Dinge geschätzt und geliebt weiß,
die es tut oder läßt, sondern einfach seiner
selbst wegen. Diese sogenannte bedingungslose
Liebe – also eine Zuneigung, die nicht an Bedin-
gungen geknüpft ist – läßt Kinder glücklich auf-
wachsen und verschafft ihnen das Gefühl, einen
persönlichen Freiraum verdient zu haben. Wer
seinen Partner »bedingungslos« liebt, erlaubt
ihm, ganz er selbst zu sein, und es ist nicht notwendig, sich den Erwartungen anzupassen, um
seine Bedürfnisse zu befriedigen. Die Erfahrung,
geliebt zu werden, bedeutet, ganz und gar so
bleiben zu können, wie man ist, und nicht so
werden zu müssen, wie andere uns brauchen
oder haben wollen.
Nach meiner Erfahrung und auch nach den Erfahrungen anderer, die auf diesem Gebiet tätig
sind, entstehen die meisten emotionalen Schwierigkeiten aus dem Mangel an Liebe während der
Kindheit. Kinder, die nur unter der Bedingung
geliebt werden, daß sie den Vorstellungen der
Eltern entsprechen, haben später die größten
Probleme, sich ihre Privatsphäre zu schaffen.
Schon früh im Leben lernen wir, zu vertrauen

und Angst zu haben vor einer Trennung von der sorgenden Mutter. Aber genau dieses Vertrauen in andere macht uns auch verletzlich für Enttäuschungen und Schmerzen, die uns von denen zugefügt werden, die uns lieben. Das ist leider Teil des großen Spiels vom Lieben und Geliebtwerden, denn wir können nicht sicher sein, daß ein anderer Mensch uns nie im Stich lassen wird. Dadurch entsteht die Angst vor Zurückweisung, besonders, wenn wir als Kind einschlägige Erfahrungen gemacht haben. Und diese Angst kann dann unsere Liebesfähigkeit beeinträchtigen. Die Angst vor der Einsamkeit hindert uns, gute Liebesbeziehungen aufzubauen und macht uns ironischerweise noch einsamer. Wir lernen also schon als Kleinkinder, unseren persönlichen Freiraum zu erfahren, und erkennen dann als Erwachsene, daß wir in dieser Privatsphäre glücklich leben können, einfach indem wir ganz wir selbst sind.

Jemandem zu vertrauen, macht verletzlich – für viele Menschen eine gefährliche Vorstellung. In Wirklichkeit ist diese Verwundbarkeit aber nur dann eine Gefahr, wenn man dadurch Opfer seelischer oder körperlicher Mißhandlung wird. Leider haben viele in ihrer Kindheit oder Jugend diese Erfahrung gemacht. Sie vertrauten ihren Eltern, meist der Mutter, und wurden von ihr im Stich gelassen, aus Gründen, die diese nicht einmal selbst verantworten muß. Unabhängig von dem eigentlichen Grund: Solche Kinder wachsen mit der instinktiven Angst auf, enttäuscht zu werden, allen Liebesbeteuerungen zum Trotz. Aber die Fähigkeit, im Zusammenleben mit unserem Partner verletzlich zu sein, gehört andererseits unbedingt zur echten Intimität. Dazu muß ein tiefes Vertrauen zueinander geschaffen werden, das es möglich macht, Enttäuschungen und schmerzhafte Erfahrungen der Kindheit zu überwinden. Das alles erfordert Zeit, Mühe und viel Zuneigung, kann sich aber trotzdem als ein Hindernis auf dem Weg zu wahrer Intimität herausstellen. Solches Vertrauen wird hauptsächlich unbewußt aufgebaut, und es ist schwierig, manchmal sogar unmöglich, das ohne professionelle Hilfe verstandesmäßig zu schaffen. Viele Paare, die zu mir kommen, haben Probleme, die im Kern mit Vertrauen und Intimität zu tun haben, aber niemand hat es ihnen in dieser Deutlichkeit gesagt. Es ist erstaunlich, welche Veränderungen stattfinden können, wenn das Thema erst einmal auf dem Tisch liegt und versucht wird, die Probleme mit Liebe zu lösen.

Für die meisten Menschen hat Intimität mit sexueller oder körperlicher Nähe zu tun, aber es steckt viel mehr dahinter. Natürlich kann und soll sie auch dazugehören, aber eine derartig eingeschränkte Sichtweise von Intimität kann handfeste, praktische Alltagsprobleme mit sich bringen. Intimität ist nicht nur ein Stück psychologischer Theorie. Mit dem Partner intim zu sein bedeutet, daß beide in der gleichen persönlichen Privatsphäre ganz sie selbst sein können. Jemandem in seiner eigenen Sphäre begegnen zu können befähigt, sich selbst zu begegnen. Anders ausgedrückt: Wirklich ganz man selbst zu sein, ist am ehesten erfahrbar, wenn man die eigene Privatsphäre mit jemandem bedingungslos teilt. Diese Auslegung von Intimität bedeutet aber nicht, daß man seinem Partner jederzeit körperlich nah sein muß. Im Gegenteil, ständige Nähe kann der Feind wahrer Intimität sein. Gerade durch ständiges Zusammensein hindern viele ihren Partner daran, sich selbst zu finden, so daß sie immer nur als Teil einer Zweierbeziehung auftreten und die Nähe beengend wird.

Zu lernen, wie man miteinander intim sein kann, bedeutet also zu lernen, wie man den anderen befähigt, sich selbst zu finden, und seine eigene Sphäre aufzubauen, in der er seine Persönlichkeit entfalten kann. Daraus entsteht die paradoxe Situation, daß man voneinander getrennt sein muß, um wirklich miteinander intim zu sein. Ein Paar, das in der Lage ist, diese Distanz zu tolerieren, die dem Partner das Schaffen des eigenen Bereichs ermöglicht, kann leichter wirklich intim miteinander sein. Wahre Liebe heißt loslassen können und nicht festhalten wollen, um jemanden, wenn auch vielleicht unbewußt, zu besitzen.

Wenn diese Vorstellung neu für Sie ist, wird Ihnen das anfangs alles etwas unwahrscheinlich vorkommen, aber wenn Sie es ausprobieren, werden Sie feststellen, daß es funktioniert. Ermutigen Sie Ihren Partner, mal etwas allein zu unternehmen, und nehmen Sie dann Anteil daran, ohne die Sache selbst in die Hand nehmen zu wollen. Geben Sie ihm Gelegenheit, einen eigenen Freiraum zu entwickeln und akzeptieren Sie, daß er eine eigenständige Persönlichkeit ist, nicht nur ihr Anhängsel, die Hälfte eines Paares. Diese Einstellung kann eine erstaunliche Befreiung mit sich bringen.

Natürlich muß die geforderte Distanz durch entsprechend viel Zusammensein ausgeglichen werden, und ich kenne kaum eine bessere Möglichkeit für ein Paar, als in einem sinnlichen Urlaub Gemeinsamkeit zu finden und Intimität zu lernen. Es kann ein Wochenende oder auch eine Woche sein, die Sie Zeit füreinander haben und sich abseits der Alltagswelt wieder neu entdecken können. Sie könnten sich zuhause einen Urlaubsabend mit einem festlichen Essen gestalten oder vielleicht ein Wochenende im Hotel verbringen. Bereiten Sie sich sorgfältig darauf vor und treffen Sie die Vorbereitungen abwechselnd, damit jeder einmal die Chance hat, den Ablauf zu bestimmen. Das Geheimnis liegt darin, sich wieder umeinander zu bemühen und Vergnügen an neuen gemeinsamen Erlebnissen zu finden, nicht nur im Bett. Erhöhen Sie die Vorfreude auf ein Ferienwochenende dadurch, daß Sie sich Gutscheine ausstellen, die dann im Urlaub eingelöst werden können. Das kann z. B. für ein Frühstück im Bett sein, eine Massage zum gewünschten Zeitpunkt, ein Sexspiel nach Wahl, das Nachspiel einer Phantasie nach eigenen Angaben oder eine Lieblingsbeschäftigung wie ein Kino-

Obwohl diese Haltung vielen Männern ungewohnt oder sogar unmännlich erscheinen mag, können die meisten doch die Intimität genießen und sich wohl dabei fühlen, der Partnerin gegenüber Verletzlichkeit zu zeigen.

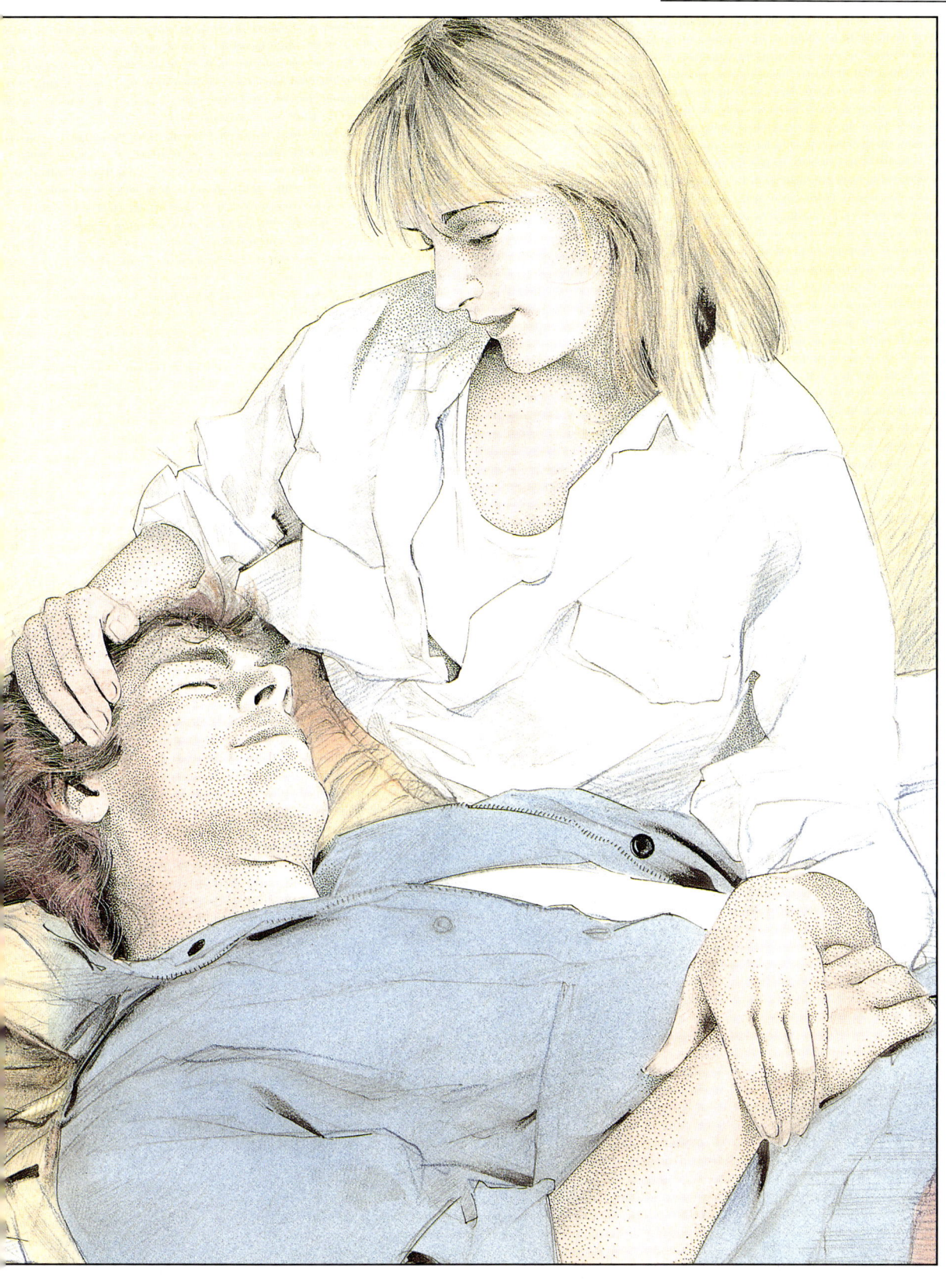

oder Galeriebesuch. Die Vorbereitung kann genauso aufregend sein wie das Ereignis selbst. Vielleicht wollen Sie den ersten Tag ganz ohne Sex gestalten. Der Versuch, diesen Vorsatz einzuhalten, kann Spaß machen, aber viele geben schon mittags auf! Was immer Sie auch vorhaben, versuchen Sie, die Zeit für das Zusammensein und für Gespräche zu nutzen und nicht unbedingt für irgendwelche Unternehmungen. Machen Sie einen langen Spaziergang, setzen Sie sich auf eine Wiese oder liegen Sie auf dem Bett, ohne zu reden. Umarmen Sie sich und verständigen Sie sich, indem Sie füreinander da sind. Einen großen Teil der Zeit werden Sie etwas tun und auch miteinander reden, aber lassen Sie sich nicht von Aktivitäten vereinnahmen. Ihr sinnlicher Urlaub muß sich nicht nur um Sex drehen oder romantisch sein. Genauso gut sind andere gemeinsame Unternehmungen: eine Bildergalerie besuchen, einen besonderen Einkauf machen, den Tag mit Segeln oder Bergwandern verbringen oder etwas, wozu Sie sonst nie kommen. Durch solche Aktivitäten können Sie verhindern, allzuviel Zeit damit zu verbringen, über Ihre Partnerschaftsprobleme nachzudenken oder sich in tiefschürfenden Diskussionen zu verlieren. Das könnte schädlich sein für die Intimität, die sich entwickeln soll. Es gilt offensichtlich, den rechten Mittelweg zu finden, aber wozu ich zu ermutigen versuche, ist eine Mischung aus Tun und Sein, aus Nachdenklichkeit und Vergnügen. Wenn Ihnen das gelingt, bringt Ihnen das Wochenende weit mehr als Abwechslung und Erholung.

Wieder zu Hause, sprechen Sie darüber, was gut war und was nicht, und planen Sie gleich den nächsten Urlaub, damit Sie sich beide darauf freuen können. Eine solche Unternehmung muß nicht viel Geld kosten, um ein fabelhaftes Ergebnis zu haben. Es ist ja nicht nur eine Erholung von unserer geschäftigen Welt, sondern bietet einem Paar die Gelegenheit, auf eine Weise zu zweit allein zu sein, die sonst schwierig oder gar nicht zu erreichen ist. Sie investieren so etwas sehr Wichtiges in Ihre Partnerschaft.

Es wird oft behauptet, daß es für Männer schwieriger sei als für Frauen, intim zu sein im Sinne innerer Gemeinsamkeit. Meine Berufserfahrung hat das nicht gezeigt. Es trifft zwar zu, daß viele Männer Anfangsschwierigkeiten haben, weil Jungen dazu erzogen werden, solche Dinge für unmännlich oder weibisch zu halten. In unserer Gesellschaft ist ein »richtiger« Mann noch immer ein Macho, er steuert sofort auf den Geschlechtsverkehr zu und sitzt nicht herum, einfach um nur mit ihr zusammen zu sein. Hier wird die Wahrheit verschleiert, denn auch Männer halten viel von Romanzen, Intimität und Liebe. In meiner Praxis habe ich festgestellt, daß sich Männer genauso schnell wie Frauen bei diesem Thema wohlfühlen, sobald ich sozusagen die Erlaubnis erteile, es anzuschneiden. Es stimmt, daß Männer am Anfang mehr Schwierigkeiten haben als Frauen, aber das liegt nur daran, daß es für sie ungewohnt ist, und nicht an einer angeborenen Unfähigkeit.

Ein Mann, der sich von seiner Partnerin bedingungslos geliebt und umsorgt fühlt, hat im Normalfall wenig Probleme, sich innerhalb dieser Beziehung zu öffnen und er selbst zu sein. Der Mythos, daß Frauen die Gefühle gepachtet hätten, hat vielen Zweierbeziehungen Schaden zugefügt und viele Männer zum Nachteil ihrer Partnerinnen entmutigt, es überhaupt zu versuchen. Es ist sicher sehr einfach, einen Mann in diesem Bereich zu lähmen, und es macht anfangs einige Mühe, ihn statt dessen zu ermuntern – aber diese Mühe lohnt sich. Mit Unterstützung lernen die meisten Männer durchaus, über Gefühle zu sprechen.

Was mich bei der Arbeit am Thema Ehe und Sex so fasziniert ist, daß der Liebesakt meiner Ansicht nach den Höhepunkt der Verständigung und Intimität zwischen zwei Menschen darstellen kann. In unserer weitgehend unreligiösen Welt ist das für viele eine Möglichkeit, sich einer spirituellen Erfahrung zu nähern. Leider erleben die meisten Paare den Beischlaf nur als Paarungsakt, als bloße Kopulation, und nicht als wahren Liebesakt und gehen so an wahrer Intimität, erst recht am geistigen Erleben weit vorbei. Es mag verwirrend sein, von Geschlechtsverkehr und Liebesakt zu sprechen, als seien dies zwei völlig verschiedene Dinge, aber genau das ist meine Erfahrung, vor allem, wenn man den Begriff Intimität realistisch betrachtet.

Der Weg, von der reinen Paarung zum Liebesakt zu gelangen, beginnt nicht im Bett, sondern mit allgemein besserer zwischenmenschlicher Verständigung. Ein Paar ohne wirkliche Gemeinsamkeiten wird immer nur bloßen Geschlechtsverkehr haben anstatt den Liebesakt kennenzulernen, der ein ganz individuelles, nach den Persönlichkeiten der Partner maßgeschneidertes Erlebnis ist. Die gegenseitige Bindung, die Festlegung auf den anderen, ist dabei ganz wichtig. Nicht nur die Geschlechtsorgane sind beteiligt, sondern die gesamte Persönlichkeit, denn der Liebesakt ist Teil der Lebenseinstellung eines Paares und keine isolierte Angelegenheit: Die Bedürfnisse des Partners stehen im Mittelpunkt, er erfordert Einsicht und Phantasie, er gewinnt mit der Zeit und erhöht die Wertschätzung des Partners. Die Perspektiven sind unbegrenzt, der Liebesakt übersteht auch gelegentliche Fehlschläge, ist auf Offenheit und Intimität gegründet und dem uneingeschränkten Bewußtsein, daß alles möglich ist. Ein solcher Liebesakt ist ein Baustein für die Zukunft.

Der Paarungsakt ist nichts von dem, kann aber in einer Liebesbeziehung von Zeit zu Zeit viel Freude bereiten. Der Begriff des vollkommenen Liebesaktes ist ein schädlicher Mythos, und selbst sehr erfahrene Paare, die wirklich miteinander intim sein können, erleben »phantastischen Sex« vermutlich nur in drei oder vier von zehn Fällen. Von diesem Standpunkt aus gesehen ist eine Paarung in einer wirklich guten Beziehung jederzeit möglich und der Liebesakt an der Tagesordnung. Aber auch ohne Sex ist solch ein Paar intim in einer Weise, die für beide angenehm und einmalig ist. Es besteht also kein Druck, Geschlechtsverkehr auszuüben, und manche Paare können lange Zeit ohne die üblichen sexuellen Aktivitäten auskommen.

Intimität zu pflegen ist etwas, wovon jedes Paar profitieren kann. Sie beinhaltet einen Grad von Selbstlosigkeit, Liebesfähigkeit und geistiger Übereinstimmung, der wahrscheinlich nicht von vielen Menschen erreicht wird. Viele Paare, mit denen ich zu tun habe, sind jedoch überrascht, was alles möglich ist, sobald ihnen neue Perspektiven eröffnet werden und die Erwartungen steigen.

Doch die meisten von uns finden es schwierig, von heute auf morgen Intimität zu entwickeln. Es erfordert Übung, und auch die Gelegenheit muß da sein, wie so oft in Liebesdingen. Wenn wir uns nicht selbst solche Gelegenheiten verschaffen, kann Intimität auch nicht entstehen. Das moderne Leben ist dabei nicht sehr hilfreich, denn um Intimität zu lernen, muß man viel Zeit miteinander verbringen und sich ausführlich über Wesentliches unterhalten können. Ein Paar, dessen Alltag mit den täglichen Schwierigkeiten ausgefüllt ist, hat kaum noch Zeit und Energie, sich ganz bewußt der Intimität zu widmen. Nach meiner Erfahrung kommt es allerdings auch vor, daß Paare einen aufreibenden Lebensstil entwickeln, um wahre Intimität zu vermeiden. Solche Menschen leben nebeneinander her, als Paar, in der Familie oder unter Freunden, sind aber nie wirklich intim. Auf der anderen Seite gibt es Paare, die sehr intim miteinander sind und denen es gelingt, sich den Sinn für Intimität zu wahren, ohne viel Zeit miteinander zu verbringen. Wie ich bereits ausgeführt habe, erfordert das Entstehen wahrer Intimität ein hohes Maß an Gemeinsamkeit und Zusammensein, wobei ein großer Teil der Gemeinsamkeiten eines Paares, das sich auf gleicher Wellenlänge befindet, im Unbewußten begründet ist. Manchmal liegt mehr Intimität darin, eine schöne Begebenheit oder einen Augenblick schweigend zu genießen als stundenlang darüber zu reden. Am Anfang haben jedoch viele noch das Bedürfnis, Erlebnisse durchzusprechen, um ihre Gefühle von Herz zu Herz weitergeben zu können. Später wird diese Kommunikation mehr intuitiv und macht Worte oft überflüssig.

Die Entwicklung der Intimität durchläuft mehrere Stadien, deren Anzahl und Komplexität von Paar zu Paar verschieden ist, je nach Lebenshintergrund und der Fähigkeit, intim zu sein. Für viele ist die Zweierbeziehung die erste Möglichkeit zu Intimität im Leben. In ihren Augen verläuft der Lernprozeß, einander zu vertrauen, zu langsam. Unter der Voraussetzung, daß Intimität bereits Teil der Persönlichkeit ist, geht die Entwicklung schneller voran. Natürlich passiert es auch, daß man einen Menschen mit völlig anderen Vorstellungen von Intimität heiratet und sich dann ein Leben lang damit herumquält – solange man keine Hilfe von außen in Anspruch nimmt.

Ich wünsche mir, daß sich viele meiner Leser dieses und auch andere Kapitel mit ihrem Partner zusammen ansehen, das Gelesene durchsprechen, um herauszufinden, was jeder unter Intimität versteht und was sie als Ergebnis der Lektüre dieses Kapitels tun könnten, um ihr Liebesleben zu bereichern. Ich glaube, über Intimität zu reden, ist für die meisten Paare sehr schwierig, sehr viel schwieriger als über alles andere, was mit Sex zu tun hat. Es ist eine Sache, wenn man erfährt, nicht der beste Bettpartner der Welt zu sein, aber eine ganz andere, mit der Tatsache fertig zu werden, daß der Partner findet, er könne nicht intim mit einem sein. Das kann natürlich mehr über Ihren Partner aussagen als über Sie selbst – seien Sie also sehr vorsichtig, wenn Sie interpretieren, was Ihr Partner sagt. Man kann Intimität in einer Partnerschaft nicht künstlich erzeugen, aber ich hoffe, daß Sie besser gerüstet sind, das Thema in neuem Licht zu betrachten, wenn Sie dieses Kapitel mit Ihrem Partner durchgearbeitet haben.

Dieses Paar ist zwar körperlich intim, aber haben sie auch geistige Gemeinsamkeiten? Man muß viel Vertrauen in seinen Partner haben und ein Gefühl von Sicherheit, wenn man sich in dieser Situation äußerster Verletzbarkeit in seinem Körper wohlfühlen will.

Romantische Verliebtheit, Liebe und Sex

Die Begriffe romantische Verliebtheit, Liebe und Sex können auf unterschiedliche Weise erklärt werden, in der Tat wurden ihnen die verschiedensten Bedeutungen gegeben. Es ist schade, daß sie für viele Menschen das gleiche bedeuten und austauschbar sind. Das folgende Kapitel erläutert, wieviel einem dadurch entgeht.

Es ist eine der vielleicht schwierigsten Aufgaben für frisch Verliebte, ihre Bedürfnisse nach romantischer Verliebtheit, Liebe und Sex zusammenzubringen. Wir alle möchten lieben und geliebt werden und lernen das bereits in der Kindheit. Die Liebe, die wir von Eltern und anderen Menschen empfangen, gibt uns das Gefühl, erwünscht, geschätzt und wichtig zu sein, und vermittelt uns ein gutes Verhältnis zu unserem Körper. Körperliche Zuneigung ist nur ein Teil davon, allerdings ein sehr wichtiger. Als Therapeut stelle ich immer wieder fest, daß dies für viele leider Fremdworte sind. Viele haben sich nie geliebt gefühlt, können selbst niemand richtig lieben und mögen es nicht, andere zu berühren oder berührt zu werden.

Es ist fast unmöglich, den Begriff Liebe zu definieren. Wenn wir uns aber anschauen, was Menschen alles tun für Dinge, die sie lieben, stellen wir fest, daß sie sich darum kümmern, eifersüchtig darüber wachen und aufpassen, daß nichts damit passiert. Zwei dieser drei Punkte beziehen sich auf das geliebte Objekt, während die Eifersucht sehr selbstbezogen ist. Das ist vermutlich nicht weiter schlimm, vorausgesetzt, daß man instinktiv beschützen will, was einem wertvoll ist, um sicherzustellen, daß es nicht anderen in die Hände fällt.

Verliebt zu sein ist dagegen etwas ganz anderes. Die Verliebtheit ist ein egozentrisches Gefühl, bei dem die Person, in die man verliebt ist, idealisiert und auf ein Podest gestellt wird. Wir halten sie für unser ein und alles und glauben, daß

unsere Liebe ewig währen wird. Es ist wie eine Krankheit, die uns befällt. In einem solchen unausgeglichenen Zustand sollte man keine wichtigen Entscheidungen treffen, geschweige denn, einen Partner auswählen. Wenn die Tatsachen des Lebens wieder zu ihrem Recht kommen, kann man den idealisierten Partner langsam als normalen Menschen akzeptieren und als solchen sehen. Im ersten Stadium der Verliebtheit interpretieren wir alles in den Partner hinein, was wir sehen wollen und was wir von ihm erwarten. Dabei betrachten wir ihn nicht unbedingt so, wie er wirklich ist.

Wenn wir langsam die rosarote Brille abnehmen, können wir den anderen als eigenständiges menschliches Wesen sehen und nicht nur als Spiegelbild unserer unbewußten Wünsche. Die wahre Liebe kann jetzt entstehen. Es hängt fast ausschließlich von der Art der Beziehung unserer Eltern zueinander ab, von unseren gesellschaftlich geprägten Vorstellungen von Liebe und vielen anderen Dingen, wie wir diese Reise durch die Gefühlswelt erleben. Manche Menschen lernen es nie, von der Verliebtheit zur Liebe überzugehen und verlassen ihren Partner, um bei einem neuen die wahre Liebe zu finden, sobald sie sich nicht mehr verliebt fühlen. Dies hat oft mit der schon beschriebenen Unfähigkeit zur Intimität zu tun.

Mit zunehmender Liebe in einer guten Beziehung befähigen sich beide Partner, aneinander zu wachsen, sich selbst zu finden und das meiste aus ihren Persönlichkeiten zu machen. Wenn Liebende einander auf diese Weise helfen, ist das aus meiner Sicht ein Zeichen für richtige Liebe im weitesten Sinn geistiger, seelischer Übereinstimmung.

Sex gehört natürlich auch dazu, denn er ist eine unserer Möglichkeiten, Liebe zu zeigen. Die körperliche Intimität führt uns zurück zu unserer allerersten Liebesbeziehung in der Wiege, als unsere Mutter für uns sorgte, uns liebte und unsere Bedürfnisse erfüllte. Sie gab uns ein Gefühl von Sicherheit und Vertrauen, denn sie hatte nur unser Bestes im Sinn. All dies kann durch die körperliche Liebe – nach meinem Verständnis des Wortes – wiedererweckt werden. Tatsächlich geht es beim Liebesakt in der Hauptsache um eine Rückkehr zur Kindheit und dem damaligen Vergnügen. Es gibt nur sehr wenige kostbare Augenblicke, in denen wir uns als Erwachsene völlig gehenlassen können, in denen wir voller Vertrauen und Offenheit sind, uns geliebt und zärtlich berührt fühlen, den anderen lieben und berühren, und im Geben und Nehmen wundervoller erotischer Empfindungen aufgehen. Dies alles gleichzeitig im Liebesakt erleben zu können, ist ein einmaliges Vergnügen. Wenn zu diesem körperlichen Empfinden noch ein tiefes Gefühl geistiger Zufriedenheit hinzu kommt, schaffen wir eine Bindung, die fast alle anderen menschlichen Erfahrungen übertrifft.

In diesem Zusammenhang gesehen ist Sex eine Art emotionales, physisches, psychologisches und geistiges Band, das ein Paar zusammenhält. Nach meiner Erfahrung als Ehetherapeut kann die körperliche Liebe ein Paar durchaus zusammenhalten, selbst wenn sein Leben durch äußere Umstände stark belastet ist. Es ist erstaunlich, wie machtvoll die Kombination von Liebe und Sex ist – sie scheint fast alle Widerstände überwinden zu können. Verglichen mit dieser starken Beziehung und der damit verbundenen Erfüllung verblassen die Freuden der Promiskuität oder gelegentlicher Liebesaffären bis zur Bedeutungslosigkeit. Solche Begegnungen mögen zeitweilig reizvoll sein, aber der Schaden für die Beziehung ist groß und möglicherweise nicht wiedergutzumachen. Wenn das Vertrauen einmal verloren ist, erfordert es viel Mühe, selbst für verständnisvolle Partner, wieder eine gemeinsame Basis zu schaffen. Wenn aber zu einer Affäre noch eine Geschlechtskrankheit hinzukommt, die möglicherweise auf den »unschuldigen« Partner übertragen wird, ist die Beziehung ernsthaft gefährdet.

Romantische Verliebtheit wird nur von wenigen Therapeuten ins Gespräch gebracht, verständlicherweise, denn sie ist ein schwieriges Thema. Es ist wesentlich leichter, die Menschen von ihrem Liebesleben als von ihren romantischen Vorstellungen erzählen zu lassen. Andererseits gibt es unzählige romantische Liebesromane, die bei Frauen aller Altersgruppen und aller sozialer Schichten immer beliebter werden. Bei Frauen besteht offensichtlich ein echter Bedarf nach Romantik, der im Alltagsleben nicht gedeckt wird. Männer haben trotz guten Willens und guter Vorsätze, wie ich oft erfahre, zum Thema Romantik meist nichts zu sagen, aber mit ein bißchen Ermunterung kann es gelingen, daß sie offener werden und sich genauso wie Frauen davon begeistern lassen. Romantische Verliebtheit beschäftigt Jugendliche kurz vor dem Erwachsenwerden besonders stark, wenn sich die Selbstverliebtheit der Pubertät verliert. Ein junger Mensch versucht in diesem Stadium, seinen Idealpartner zu finden, dem er all seine überschüssige Liebe schenken kann. Wenn dann ein Liebespartner gewählt ist, verbinden sich Liebesgefühle und Sex zum ersten Mal miteinander. Aber immer noch hat die romantische Verliebtheit mehr mit dem eigenen Selbst als mit der geliebten Person zu tun. Wir sind eigenartigerweise eher mit unseren eigenen Gefühlen beschäftigt, obwohl sich die Verliebtheit doch um den anderen drehen sollte. In dieser Phase der romantischen Liebe schreibt man Gedichte, singt Lieder darüber und verschickt Liebesbriefe. Sowohl in Romanen als auch in der Wirklichkeit ist diese Zeit mit Ängsten, Sehnsüchten und sogar mit Depressionen belastet: Das ist gemeint, wenn Verliebte himmelhochjauchzend glücklich oder zu Tode betrübt sind. In gewisser Weise gehören romantische Verliebtheit und Leid zusammen. Manche Frauen wachsen nie über dieses Stadium hinaus und bleiben Zeit ihres Lebens tragische Figuren. Sie haben oft gute Partnerschaften, zerstören sie aber, ganz unbewußt natürlich, indem sie Kummer herbeiführen, der ihrer Meinung nach zur romantischen Liebe dazugehört. Schmerz und Leid bleiben dann natürlich nicht aus.

Aber die meisten Menschen entwachsen dieser Phase, sie lernen daraus, werden realistischer und weniger selbstbezogen. Die erste romantische Verliebtheit wird von den Eltern oft ins Lächerliche gezogen, aber schließlich mußten wir ja alle mal anfangen. Junge Menschen in Verlegenheit zu bringen, wie manche es tun, in einer Zeit, in der sie ohnehin besonders empfindlich sind, kann sich sehr schädlich auswirken.

Romantische Verliebtheit ist jedoch keineswegs negativ zu sehen oder als Zeichen von Unreife. Im Gegenteil, sie ist ein wertvoller Bestandteil von Liebesbeziehungen Erwachsener und wird von uns oft zu unserem eigenen Schaden übergangen. Der Unterschied liegt in der Dosis – bei reifen Beziehungen ist die romantische Liebe nur eine kleine Beigabe und nicht die Hauptsache. Auf diese Weise akzeptieren wir die Persönlichkeit unseres Partners und genießen gleichzeitig die Vorteile der Verliebtheit. Umgekehrt ist das kaum möglich.

Nach den meisten Studien verliert sich der romantische Anteil einer Heirat mit der Zeit. Besonders Frauen glauben, daß dadurch die Liebe selbst in der Beziehung verlorengeht. Das muß aber nicht so sein. Solche Frauen sehen sich gewöhnlich nach einem neuen Partner um oder reichen gleich die Scheidung ein, sobald sie glauben, daß die Liebe aus der bestehenden Beziehung verschwunden ist. Männer, die vom Verlust der romantischen Liebe desillusioniert sind, suchen entweder Verhältnisse nach dem Motto »meine Frau versteht mich nicht« oder verbringen zunehmend mehr Zeit bei Hobbys oder im Beruf. Oft fängt das Paar dann an, sich gegenseitig zu bestrafen, und benutzt vielleicht den Sex dabei als Waffe. Das ist dann das Ende der Liebe, die noch vorhanden war.

Die romantische Verliebtheit kann durchaus über die Jahre bestehen bleiben. Es kann sehr viel Freude bereiten, sie am Leben zu erhalten, und sicherlich ist ein Weg dorthin, sich unentwegt umeinander zu bemühen. Der beste Weg ist jedoch ein aufregendes und erfüllendes Liebesleben. Ein guter Liebesakt führt uns innerlich zurück in die Kindheit und Jugend und erweckt die pubertären und romantischen Ideale zu neuem Leben. Wenn wir uns wieder vertiefen in die wunderbaren Gefühle der Liebe, der Bindung und der Achtung des Partners, wird das über den Sex hinaus Auswirkungen auf unser ganzes gemeinsames Leben haben. Eine Auffrischung der romantischen Verliebtheit ist manchmal alles, was ein Paar braucht. Man kann es auch genießen, der romantischen Verliebtheit neue Seiten abzugewinnen, zum Beispiel durch Geschenke ohne besonderen Anlaß, besondere Aufmerksamkeit und Freundlichkeit gegenüber dem Partner, durch das Nutzen jeder nicht sexuellen Gelegenheit, sich gegenseitig zu zeigen, wie sehr man sich liebt, durch mehr Küssen und Schmusen, gemeinsame Interessen und Hobbys, durch einen Anruf, nur um zu sagen »ich liebe dich«. Man kann Zettel mit kurzen Liebeserklärungen im Haus an Plätzen liegenlassen, wo der Partner sie findet, miteinander ausgehen wie »beim ersten Mal«, sich darüber Gedanken machen, wie man sein Aussehen verbessert, oder sich die Zeit nehmen, einen gemeinsamen sinnlichen Urlaub zu genießen. Ferien sind eine besonders schöne Quelle romantischer Liebe.

Viele Frauen beklagen einen Mangel an Wärme in ihrer Beziehung und viele Männer, daß ihre Partnerin nicht mehr das so intensiv und romantisch geliebte Mädchen von damals ist. Häufig ist dies aber nur eine Frage, was man unter romantischer Liebe versteht. Die meisten der erwähnten Anregungen werden im allgemeinen von Männern und von Frauen als romantisch empfunden, aber bei allem, was über diese kurze Auflistung hinausgeht, ist die Definition nicht mehr so einfach. Männer meinen, eine romantische Beziehung müsse dauerhaft, hingebungsvoll, sorgenfrei, verläßlich, sexuell befriedigend sein,

---

In einer engen Beziehung sagt Hautkontakt oft mehr über romantische Verliebtheit, Liebe und Sex aus als viele Worte.

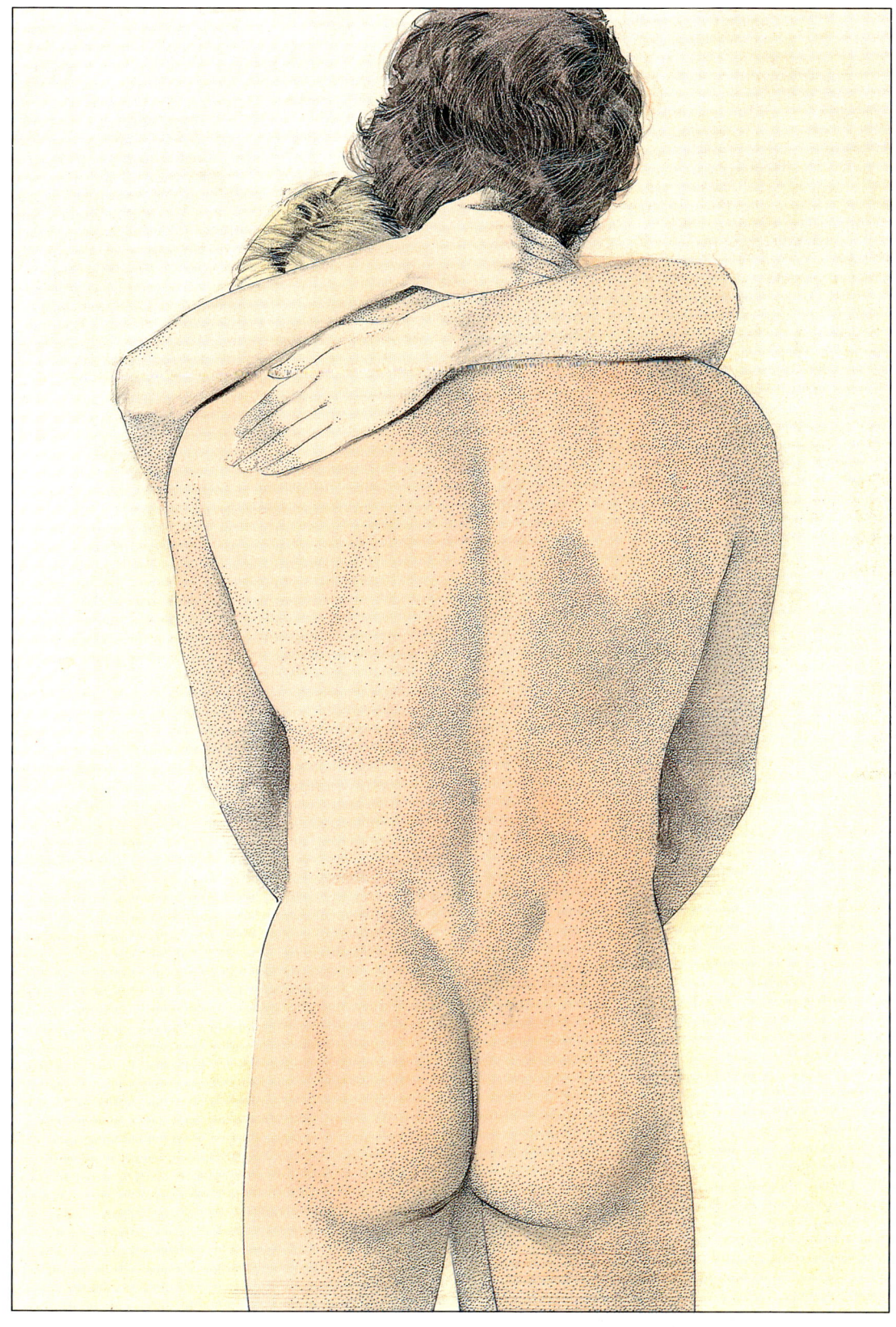

von Treue gekennzeichnet und andere Partner ausschließen. Für Frauen liegt das Romantische mehr im äußeren Rahmen und in Ereignissen. Sie beziehen sich häufig auf ein besonderes Essen, Hotel, Musikstück oder eine in Erinnerung gebliebene Liebesnacht, wenn sie von romantischer Liebe reden. Miteinander darüber zu sprechen, kann ein Problem sein, weil nach überstandener Pubertät den meisten das Thema unangenehm ist – damals lernten sie wahrscheinlich, davon peinlich berührt zu sein. Manche sagen, daß jeder Reiz verloren ist, wenn sie ihrem Partner erst beibringen müssen, romantisch zu sein. Sie erwarten, daß er es irgendwie wissen sollte. Ein liebevolles Gespräch kann solche Probleme meistens lösen, und ein einfühlsames Paar wird einen Weg finden, der beiden gefällt.

Es ist deshalb sinnvoll, nicht von vornherein anzunehmen, daß die Auffassung von romantischer Verliebtheit bei Ihrem Partner die gleiche ist wie bei Ihnen. Achten Sie auf das, was Ihr Partner möchte oder braucht, wenn Sie ein Leben führen möchten, das seinen romantischen Vorstellungen entspricht. Langsam und vielleicht mit einiger Mühe werden Sie Ihre eigenen Vorstellungen von romantischer Liebe mit denen Ihres Partners zu kombinieren lernen, so daß Sie beide oft ein gutes Gefühl haben, wenn auch bei verschiedenen Anlässen. Denken Sie daran, daß Verschiedenheit in der romantischen Liebe genauso wunderschön sein kann wie Gemeinsamkeit.

Definitionsprobleme belasten unser aller Liebesleben, denn wir haben nicht nur verschiedene Ansichten darüber, was romantische Verliebtheit ausmacht, sondern auch darüber, was Liebe und insbesondere Sex wirklich ist. Ich meine damit Sätze wie »ein Mann, der mich wirklich liebt, würde das (nicht) tun«. Es kostet oft viel Zeit, Paare dazu zu bringen zu erklären, was sie mit solchen gefühlsbetonten Worten eigentlich genau meinen.

Selbst Sex kann innerhalb einer Partnerschaft höchst unterschiedlich verstanden werden. Für manche bedeutet er Geschlechtsverkehr, für andere alle möglichen sexuellen Aktivitäten, und für wieder andere ist er ein anderes Wort für Liebe. Viele Menschen beider Geschlechter, aber besonders Frauen, glauben, Sex müsse mit Liebe verknüpft sein. Wenn das nicht der Fall ist, sie aber Sex haben möchten, zitieren sie unbewußt Liebe herbei und zeigen sie auch als Entschuldigung für ihre körperlichen Bedürfnisse. Diese Begriffsverwirrung wird besonders deutlich bei Menschen, die ein Verhältnis haben. Meiner Ansicht nach gehen die meisten Frauen ein Verhältnis ein, weil sie glauben, daß sie die Liebe suchen, und finden dann Sex. Die meisten Männer mit Verhältnissen glauben, Sex zu suchen, und finden Liebe. Wie auch immer, wir könnten sehr davon profitieren, wenn wir uns ehrlicher über unsere Einstellungen zu diesen Lebensbereichen klar würden und sie klar voneinander trennen könnten.

Es kann schwierig sein, sich über derart komplexe Zusammenhänge Klarheit zu verschaffen. Ich halte folgende Technik für sinnvoll: Jeder der beiden Partner schreibt zu Hause seine Definitionen der drei Begriffe auf. Dann schreiben beide auf, wie der Partner seinerseits ihrer Meinung nach die drei Begriffe definieren würde. Als nächstes wird zu jedem der drei Begriffe notiert, was im gemeinsamen Leben geändert werden sollte, um jeden der drei Lebensbereiche zu vervollkommnen oder es wenigstens zu versuchen. Ich schlage vor, daß danach die Aufzeichnungen ausgetauscht werden und jeder liest, was der andere geschrieben hat. Dann kann die Diskussion darüber beginnen. Natürlich ist ein solcher Test leichter und gefahrloser in einer therapeutischen Sitzung zu machen, aber mit einem bißchen gutem Willen sollte ein Paar auch in der Lage sein, diese Aufgabe zu Hause anzugehen.

Die größte Gefahr bei Gesprächen über so persönliche Dinge liegt darin, daß man vielleicht beginnt, sich zu verletzen oder schlimmer, daß man feststellt, wie sehr die Vorstellungen des Partners von den eigenen abweichen. Das Erfolgsgeheimnis liegt darin, genauso lange zuzuhören wie selbst zu reden und daran zu denken, daß das, was Ihr Partner sagt, nicht das letzte Wort zu diesem Thema gewesen ist. Im Gegenteil, es könnten ja die ersten Gedanken sein, vielleicht zögernd und ungeschickt ausgedrückt. Es gibt schließlich nicht viele Menschen, die diese Aufgabe überhaupt gemeinsam in Angriff nehmen. Dieses Durcharbeiten von Ideen sollte liebevoll und zärtlich vorgenommen werden, da jeder auf seine Weise die Dinge empfindet und die gemeinsame Grundlage der Beziehung zu finden versucht.

Schreiben Sie nach so einem Gespräch auf, über welche Dinge Sie sich einigen konnten. Erstens ist das ein positiver Abschluß Ihrer Diskussion, zweitens zeigt es Ihnen, wieviel Sie trotz aller Gegensätzlichkeiten doch gemeinsam haben. Setzen Sie recht bald einen neuen Gesprächstermin an, um dort weiterzumachen, wo Sie aufgehört haben, und um die Punkte weiter besprechen zu können, über die Sie bis dahin näher nachgedacht haben.

Es gibt weder Seminare noch Ehekurse und nur sehr wenige Bücher, die sich mit diesen schwierigen Themen befassen. Die meisten Paare, die solche Gedanken eigentlich weiter beleuchten möchten, unterlassen das dann doch oder machen langsam im Laufe der Jahre ihre eigenen Entdeckungen.

Wenn Sie gute Freunde haben, kann es hilfreich sein, die Themen romantische Verliebtheit, Liebe und Sex mit ihnen zu besprechen. Ein Ideenaustausch mit Dritten führt oft dazu, daß wir den Standpunkt unseres Partners in besserem Licht sehen und mit neuen Einsichten oder wenigstens mit einer verständnisvollen, positiven Haltung in das nächste Zweiergespräch gehen.

Es ist nicht überraschend, daß viele Paare Probleme haben, die inhaltsreichen und so schwer zu definierenden Begriffe romantische Verliebtheit, Liebe und Sex überhaupt zu besprechen. Meiner Meinung nach kann aber schon ein kurzes Gespräch frischen Wind in eine Beziehung bringen und langjährige Mißverständnisse oft schnell beseitigen helfen.

Die Schwierigkeiten vieler Paare mit einem oder mehreren dieser Bereiche ihres Zusammenlebens sind oft eher Definitions- und Verständigungsprobleme als echte Differenzen, mit denen man dann entweder leben müßte oder sich trennt. Die drei Begriffe gehören zu den inhaltsschwersten in der Sprache der Liebenden und werden demzufolge auf höchst unterschiedliche Weise interpretiert.

Wenn wir romantische Verliebtheit, Liebe und Sex miteinander verwechseln, riskieren wir, daß uns die Freude und das einzigartige Vergnügen entgeht, das sie bieten. Sex ist nicht gleich romantische Verliebtheit, diese ist nicht dasselbe wie Liebe, und Liebe ist nicht gleich Sex. Alles hat seine eigenen Reize, seinen eigenen Bezug zu unserem Leben, seine eigene Zukunft und seine besondere Bedeutung für unseren Partner. Nur wenn wir all dies mit der geliebten Person besprechen, können wir anfangen festzustellen, wo jeder von uns sich in dem doppelten Dreieck von romantischer Verliebtheit, Liebe und Sex befindet. Das Erfolgsgeheimnis ist herauszufinden, wo sich unsere Dreiecke überschneiden und auf die Gemeinsamkeiten aufzubauen. Dann ist es nur noch eine Frage ständiger Entwicklung und Neugier, um die Partnerschaft im Laufe der Jahre immer weiter zu verbessern.

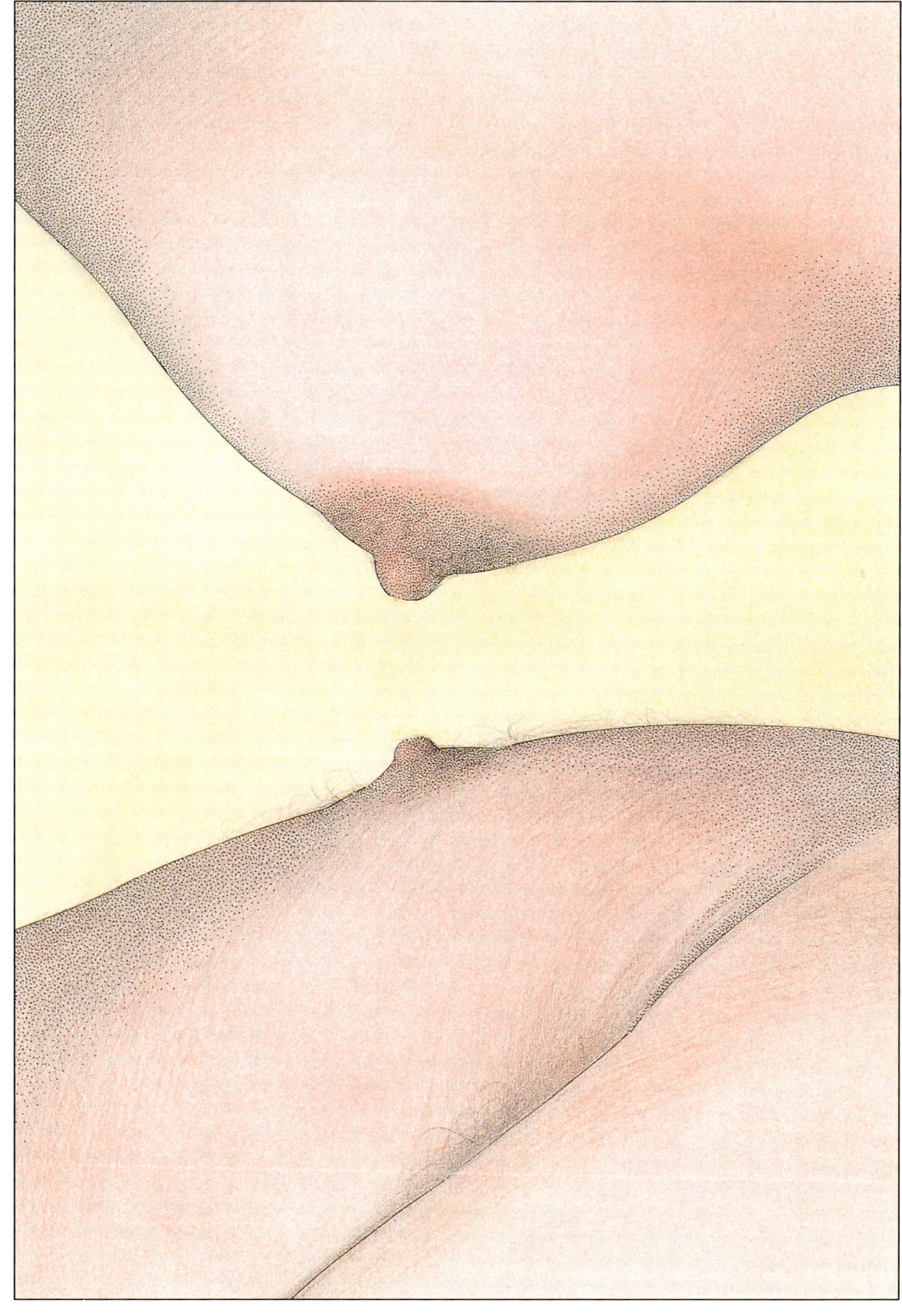

Grundlagen der Sinnlichkeit

Sex ist eine vielschichtige Angelegenheit, die Körper, Geist und Verstand mit einschließt. In diesem Kapitel befassen wir uns mit dem Körper als Hort unserer Sexualität. Es ist sehr viel leichter, sich seines Körpers bewußt zu werden, als zu verstehen oder auch nur wahrzunehmen, was alles im Kopf abläuft, wenn wir sexuell aktiv sind. Trotzdem sind viele Menschen nicht einmal über ihren Körper besonders gut informiert. Ich möchte versuchen, hier Klarheit zu schaffen.

Sex von Kopf bis Fuß

Unser Körper sagt viel über unsere Sexualität aus; viele Menschen meinen sogar, daß sie zuerst auf den Körper achten, wenn sie jemanden als potentiellen Partner einschätzen. Die Art und Weise, wie wir unseren Körper halten, gebrauchen oder mißbrauchen, wie wir ihn schmücken, in Form halten und wie wir mit ihm umgehen, ist äußerst wichtig, nicht nur um einen neuen Partner zu gewinnen, sondern auch, um den vorhandenen zu halten.

Nur wenige Menschen, mit denen ich zu tun habe, betrachten ihren Körper neutral, auch wenn sie am Anfang des Gesprächs etwas anderes behaupten. In Wahrheit wissen wir alle, wie wir unseren Körper empfinden, auch wenn wir nur selten darüber reden. Ich halte es für eine nützliche Therapie, mit einem Ratsuchenden alle Körperteile detailliert zu besprechen, ihn zu ermuntern mitzuteilen, was er an seinem Körper mag und was nicht. Überraschenderweise fördert eine derartige Sitzung viele wertvolle Informationen zutage, die mir einige wichtige Hinweise geben auf den persönlichen Lebensstil, auf Ängste, Freuden und Schmerzen und, was am wichtigsten ist, die Sexualität.

Diese Übung kann mit einiger Sorgfalt auch von einem Liebespaar selbst durchgeführt werden. Wenn Sie sich wirklich lieben und nicht versuchen, nur Punkte zu sammeln, kann es sehr aufschlußreich sein, voneinander zu erfahren, was Sie von Ihrem Körper halten. Bevor Sie einander mitteilen, wie Sie über den Körper des anderen denken, sollten Sie sich Ihrer gegenseitigen Zuneigung sicher sein, so daß Sie persönlich werden können, ohne vernichtende und verletzende Kritik befürchten zu müssen. Fangen Sie wie ich mit einer relativ unproblematischen Zone an, zum Beispiel mit Beinen und Füßen. Arbeiten Sie die Anatomie nach und nach durch, bis Sie zu den heiklen, gefühlsbeladenen Regionen wie den Brüsten der Frau oder dem Penis des Mannes kommen. Wenn Sie dabei feststellen, daß Sie bestimmte Ängste oder Sorgen Ihres Partners ohne weiteres zerstreuen können, sollten Sie dies sofort tun. Wenn zum Beispiel eine Frau sagt: »Ich wünschte, mein Haar wäre blond, aber sonst finde ich es ganz schön«, könnte der Partner darauf antworten: »Ich liebe dich so, wie du bist, blond würdest du mir gar nicht gefallen.« Oder, wenn er sie tatsächlich gern blond sähe, könnte er sie ermutigen, es einmal auszuprobieren und es ihr einfühlsam mitteilen, falls das Ergebnis zu wünschen übrig ließe.

Das Verhältnis zu unserem Körper ist von allen möglichen Ängsten geprägt, die während der Kindheit und Jugend entstanden sind. Diese geheimen Ängste sind vielleicht nicht mehr berechtigt, aber sie sind in unserem Unterbewußtsein gespeichert und stören uns meistens in den ungelegensten Momenten. Ein liebender Partner kann da helfen, weil er uns so liebt, wie wir sind.

Es ist faszinierend, im Gespräch mit Frauen festzustellen, wie kritisch sie in bezug auf ihre Körperform, ihr Auftreten, ihre Schönheitsfehler und ihre Fettpolster sind. Das ist zweifellos deshalb so, weil ein schöner Körper in unserer Gesellschaft eine höchst wichtige Rolle spielt und Frauen auf fast bösartige Weise einer Gehirnwäsche ausgesetzt waren, so daß sie meinen, sie würden nur mit einem vollendeten Körper akzeptiert. Interessanterweise fallen Männer oft aus allen Wolken, wenn sie während einer Therapie mit solchen abwertenden Bemerkungen konfrontiert werden. Sie sagen dann: »Welche Krampfadern?« – »Was für Schwangerschaftsstreifen?« – »Ich weiß gar nicht, warum sie meint, dick zu sein, ich finde sie toll so.« – »Um ehrlich zu sein, ich habe ihre Blinddarmnarbe längst vergessen«, und so weiter.

Natürlich denkt nicht jeder so, und mancher hat auch berechtigte Klagen über das Aussehen des Partners. Für viele Paare ist das eine Tabuzone in ihrer Beziehung, mit der man vorsichtig umgehen muß. Ihre winzigen Brüste, sein Bierbauch oder ähnliches müssen mit außerordentlichem Feingefühl besprochen werden, damit der andere nicht gereizt reagiert. Wer nicht darauf eingeht, was der Partner während des Gesprächs über dieses Thema sagt, ist ein arroganter und oberflächlicher Liebhaber. Nur weil wir mit jemandem zusammenleben oder verheiratet sind, haben wir noch keinen Freibrief, unser Aussehen zu vernachlässigen, ohne an die Konsequenzen zu denken. Leider gibt es viel zu viele Paare, für die diese Haltung alltäglich geworden ist. Sie wundern sich dann, wenn ihr Partner sie unbewußt bestraft, im Bett oder auch sonst.

Unser ganz persönlicher Stil bestimmt ja nicht nur unsere Einstellung zu uns selbst, sondern auch, wie wir von der Außenwelt gesehen werden. Nach entsprechenden Untersuchungen wird zum Beispiel ein großer Mann immer für stärker und anziehender gehalten als ein kleiner. Körperlich attraktive Menschen beiderlei Geschlechts werden von anderen auch als erfolgreicher und sexuell aktiver angesehen. Mit anderen Worten, unser Aussehen bringt andere dazu, bestimmte Annahmen über uns zu machen, die ebensogut falsch sein können. Solche falsche Annahmen können sich auf unser Leben verheerend auswirken. Vielleicht ist das beste Beispiel dafür eine meiner Patientinnen, eine Hausfrau, die jede Woche etliche Heiratsanträge bekommt, weil sie so umwerfend gut aussieht. Aber in ihrem Alltag ist sie schüchtern, unfähig, mit Männern umzugehen und lebt ein ruhiges, fast einsames Leben. Ihre Verehrer würden sie nicht wiedererkennen. Unser Aussehen ist das Ergebnis bewußter Anstrengungen, ein Image zu erreichen, das wir für attraktiv halten. Aber es hat auch mit unbewußten inneren Zusammenhängen zu tun, die wir naturgemäß nicht beeinflussen können. Wir haben in einem früheren Kapitel gesehen, wie aufschlußreich die Körpersprache ist, die aber von den meisten nicht kontrolliert werden kann. Dennoch sagt sie viel über uns aus. Experimente mit Spezialkameras, die

genau festhalten können, wo eine Person in jedem Augenblick hinschaut, haben gezeigt, daß man bei der Einschätzung eines Vertreters des anderen Geschlechts in Wirklichkeit ganz andere Dinge ansieht, als man vorgibt. Die meisten entscheiden in wenigen Sekunden, ob jemand als Partner in Frage kommt. Diese Entscheidung fällt unabhängig davon, ob wir zur Zeit einen Partner suchen oder nicht. Den ersten Eindruck entnehmen wir den Botschaften, die wir über Körperform, Auftreten, Kleidung, Haltung und Größe empfangen und die Persönlichkeit, die dadurch ausgedrückt wird. All dies geschieht in wenigen Sekunden, und wir handeln dann entsprechend.

Über das Anschauen hinaus geht auch eine große Wirkung davon aus, auf welche Art und Weise jemand seinen Körper einsetzt, um einen anderen sexuell anzuziehen oder abzustoßen. Zum Beispiel können Menschen, die andere gern anfassen, sowohl erregend als auch extrem irritierend wirken. Im großen und ganzen sind Nordeuropäer weniger berührungsfreudig, während die am Mittelmeer beheimateten Menschen unabhängig vom Geschlecht die körperliche Berührung lieben. Es hängt sehr von unseren Kindheitserfahrungen und unserem derzeitigen Liebes- und Sexualleben ab, ob wir andere gern berühren oder selbst gern berührt werden. Aber machen Sie keine Fehler: Auch eigentlich nur gesellig gemeinte Berührungen vermitteln schnell die Botschaft sexueller Verfügbarkeit. Intime Berührungen in Gegenwart anderer sind zwar gesellschaftlich nicht anerkannt, trotzdem merken zwei Partner in der Phase des Kennenlernens ihrer Sexualität, in der sie körperlich vertrauter miteinander werden und offener für sexuelle Erregung, daß manche Körperbereiche bedeutsamer sind als andere. Diese nennt man erogene Zonen. Wie ich das ganze Buch hindurch zeigen werde, kann fast jeder Körperteil sexuell erregend sein, wenn der richtige Berührungsreiz von der richtigen Person ausgeübt wird, aber die erogenen Zonen sind doch noch etwas anderes: Sie erzeugen sexuelle Erregung,

selbst wenn der Berührungsreiz nicht vom geliebten Partner stammt.

Im allgemeinen hat der weibliche Körper mehr erogene Zonen als der männliche. Frauen können durch alles mögliche, das nichts mit den Genitalien zu tun haben muß und Männer nicht im geringsten erregen würde, zum Orgasmus gebracht werden. Im folgenden Abschnitt über Haut und körperliche Liebe werden wir sehen, daß verschiedene Körperbereiche auf Berührungen und anders hervorgerufene Empfindungen auch verschieden reagieren. Demgegenüber ist die Reaktion der erogenen Zonen ziemlich vorhersehbar. Die empfindlichsten Bereiche sind die Genitalien, bei Frauen besonders die Klitoris, die Vulva und das untere Drittel der Vagina. Auch die Brüste und Brustwarzen können sehr empfindlich sein, aber das trifft nicht auf alle Frauen zu. Die Analzone ist bei beiden Geschlechtern viel erregender als manche meinen, ebenso das Perineum zwischen Anus und Genitalien.

Außer an seinen Brustwarzen ist ein Mann eigentlich nur im Bereich von Leisten, Genitalien, Anus und Po stark erregbar, aber mit steigender sexueller Spannung werden auch andere Körperteile wichtig. Als Paar sollten Sie selbst entdecken, wie und an welchen Stellen Sie am stärksten erregbar sind; aber wie ich im nächsten Abschnitt erläutern möchte, lohnt es sich, über bloßes Küssen, Streicheln und Schmusen hinauszugehen und anderes auszuprobieren.

Aber körperliche Liebe beginnt schon weit, bevor wir anfangen, unsere erogenen Zonen gegenseitig zärtlich zu berühren. Die Art und Weise, wie wir uns anziehen und schmücken, gibt dem Partner schon Hinweise auf die Körperbereiche, die wir für attraktiv halten. Eine Frau, die ihre Brüste schön findet, trägt vielleicht einen Anhänger, der den Blick auf das Dekolleté lenkt, und einen vorteilhaften Büstenhalter, der den Busen gut zur Geltung kommen läßt. Sie

könnte damit andeuten, daß sie es besonders gern hat, wenn man ihr bei der Liebe die Brüste streichelt. Es ist ähnlich zu sehen, wenn ein Mann mit hautengen Jeans beim Partygespräch mit einer Frau die Daumen hinter den Gürtel steckt und so mit den Fingern auf seine Genitalien zeigt. Das sind vielleicht extreme Beispiele, aber sie zeigen, daß beide unbewußt die Körperteile betonen, die sie berührt haben möchten, falls sich eine weitergehende Beziehung entwickelt. All dies ist Teil des Spiels von Interesse und Verliebtheit, das auch ein Teil instinktiven menschlichen Verhaltens ist, gleich, ob wir auf Partnersuche sind oder nicht. Es können allerdings Probleme auftauchen, wenn die Körpersprache nicht dem entspricht, was wir eigentlich meinen. Gegensätzliche Botschaften dieser Art haben schon oft zu Mißverständnissen mit entsprechenden Folgen geführt.

Eine nützliche Übung für Sie als Paar wäre es, wenn sich jeder einen Bogen Papier nimmt und zuerst zeichnerisch darstellt, wie er sich selbst sieht und dann, wie er den Partner sieht. Es kommt hierbei nicht auf die künstlerische Ausführung an, Sie können sogar symbolhaft zeichnen. Manche, die um solche Zeichnungen gebeten wurden, haben ihrem Partner zum Beispiel das Aussehen einer Pflanze verliehen.

Wenn Sie beide für sich allein Ihre Zeichnung fertiggestellt haben, tauschen Sie die Bilder aus und sprechen darüber. Diese Übung macht es einem Paar oft leichter, Probleme mit der eigenen körperlichen Erscheinung oder mit der des Partners offen zu diskutieren. Aber wie die anderen in diesem Buch vorgeschlagenen Spiele funktioniert auch dieses nur, wenn beide Partner aufrichtig sind und einfühlsam und respektvoll miteinander umgehen.

Unsere Körper sind wie Schaufenster: Sie zeigen, was wir bewußt ausdrücken wollen, aber oft noch viel mehr. Sich bewußt zu machen, was unsere Körpersprache im Bett und auch sonst mitteilt, ist Teil dessen, was einen verantwortungsvollen und einfühlsamen Liebhaber auszeichnet.

Obwohl seine wichtigste erogene Zone der Bereich um Leisten und Genitalien ist, erregt sie ihn durch Küsse darumherum, um seine innere Spannung zu erhöhen.

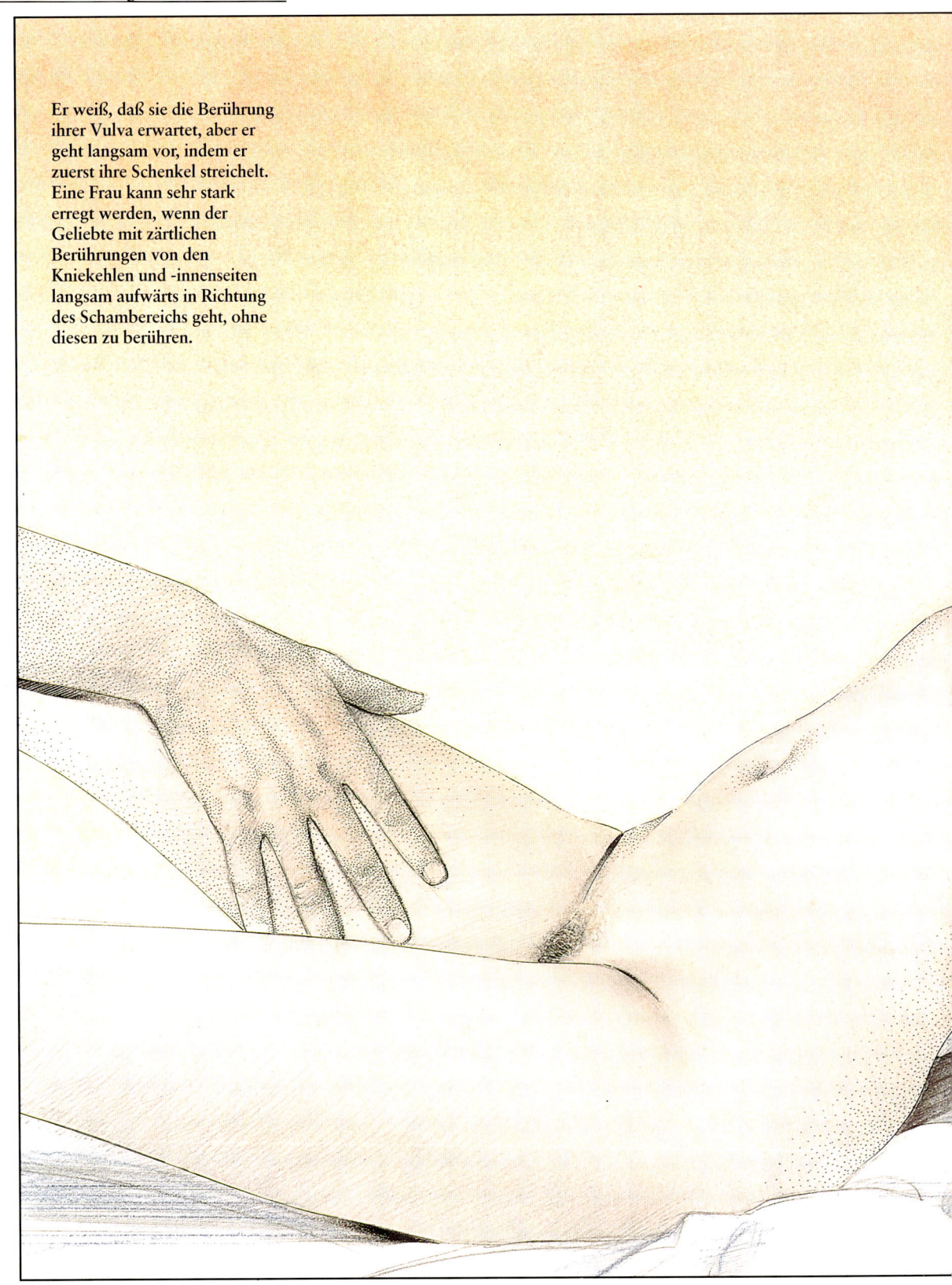

Er weiß, daß sie die Berührung
ihrer Vulva erwartet, aber er
geht langsam vor, indem er
zuerst ihre Schenkel streichelt.
Eine Frau kann sehr stark
erregt werden, wenn der
Geliebte mit zärtlichen
Berührungen von den
Kniekehlen und -innenseiten
langsam aufwärts in Richtung
des Schambereichs geht, ohne
diesen zu berühren.

Berühren und berührt werden

Die Haut ist flächenmäßig unser größter Körperteil, und da sie weitaus mehr sexuelle Reize empfängt als jedes andere Organ, ist sie für uns von speziellem Interesse. Die Art, wie wir unsere Haut in der Liebe benutzen, macht den großen Unterschied zwischen einer gewöhnlichen und einer besonderen Liebeserfahrung aus.

Die Haut eines durchschnittlichen Erwachsenen wiegt ungefähr vier Kilo und bedeckt mehr als zwei Quadratmeter Fläche. Die fast unendliche Zahl von Empfindungen, die sie oft gleichzeitig aufnehmen kann, stellt ein Vermögen dar, das Sex mehr als wunderschön macht.

Dadurch, daß die Haut Temperatur, zarte Berührung, Druck, Schmerz, Vibration und vieles mehr registriert, gibt sie uns in der Liebe ständige Rückmeldung über den Grad unserer Erregung. Die Kunst der Berührung ist äußerst wichtig für guten Sex, und wir alle haben eine ganz persönliche Auswahl von Empfindungen, die am stärksten auf uns wirken.

Der Wahrnehmungsteil des Gehirns ist unterteilt in verschiedene Bereiche, die die auf verschiedene Körperteile einwirkenden Reize empfangen. Dabei sind einige Körperteile stärker vertreten als andere, weil die Zahl der aufzunehmenden Reize bei ihnen besonders groß ist. Dazu gehören die Hände, Lippen, das Gesicht und die Füße. Überraschenderweise sind die Genitalien weniger berührungsempfindlich als die Zehen, aber das heißt natürlich nicht, daß sie völlig unempfindlich sind. Jeder liebeserfahrene Mensch weiß, daß der Penisschaft eines Mannes kaum auf Berührung anspricht, genausowenig wie der größte Teil der weiblichen Vagina.

Das Wissen um diese Tatsachen kann viel zum gemeinsamen Genießen der Liebe beitragen. Es ist kein Zufall, daß Verliebte sich beim Petting auf Kopf und Hals konzentrieren, nicht nur, weil diese Bereiche leicht zugänglich sind, sondern

weil ihnen auch die größte Wahrnehmungszone des Gehirns zugeordnet ist. Daher mögen es die meisten Menschen gern, auf Hals, Ohren, Lippen und Gesicht sowie mit der Zunge geküßt zu werden.

Leider werden die Hände, Daumen und Finger oft übersehen, was sehr schade ist. Einer meiner männlichen Patienten kommt fast zum Orgasmus, wenn seine Frau bei der Liebe an seinem Daumen saugt, nicht etwa, weil er als Kind vielleicht ein Daumenlutscher war – das traf nicht zu, sondern weil die Finger so zahlreich mit Nervenzellen bestückt sind. Es ist daher ein köstliches sinnliches Vergnügen, sich gegenseitig an den Fingern und Zehen zu saugen, das sich aber die meisten Liebespaare entgehen lassen. Angesichts dessen sollte jetzt deutlich sein, daß Paare, die dem sinnlichen Leben zu zweit wirklich das meiste abgewinnen wollen, ihre erregbaren Körperstellen gegenseitig eingehend erforschen müssen.

Wenn Sie damit beginnen, sollten Sie schon ziemlich erregt sein und dann abwechselnd ein ums andere Mal unterschiedliche Berührungsreize an verschiedenen Körperstellen Ihres Partners ausprobieren. Versuchen Sie leichte Berührungen, kräftige Berührungen und zarte Schläge, verursachen Sie heiße, kalte und punktuelle Empfindungen und verwenden Sie dafür Materialien wie Fell, Seide, Leder oder Gummi. Ein Luftzug auf feuchter Haut kann sehr erregend sein. Probieren Sie auch mal die erregende Wirkung einer Salbe aus, die Sie sonst gegen Muskelkater anwenden würden.

Seien Sie nicht übervorsichtig bei Ihren Versuchen, haben Sie Mut und experimentieren Sie mal mit ganz neuen Empfindungen. Vielleicht sollten Sie Ihren Partner dazu bringen, Ihre neuen Ideen mit bis zu fünf Punkten zu bewerten. Wenn ihm dann eine bestimmte Berührung grundsätzlich gefällt, versuchen Sie sie zu verbessern, indem Sie sie verstärken oder leicht verändern, bis Sie vier oder fünf Punkte erreichen. Gehen Sie erst dann zu einer anderen Körperstelle oder einer anderen Empfindungsart über. Starke Berührungsreize wie Schlagen, Beißen oder Kneifen sind sehr beliebt bei Liebespaaren, besonders wenn sie erregt sind. Es ist äußerst wichtig, daran zu denken, daß Empfindungen sich je nach Erregungszustand ändern, so daß der alberne Klaps am Sonntag nachmittag vor dem Fernseher, der dem Partner gar nicht gefiel, in sexueller Erregung aber eine besonders schöne Empfindung auslösen kann.

Im allgemeinen sind wir bei Sexspielen viel zu vorsichtig. Da normale Leute angeblich nur streicheln und schmusen, entgeht vielen Liebenden, was die Haut sonst noch an Empfindungen zu bieten hat. Zum Beispiel nimmt ein Mann vielleicht an, ihre Brüste wären so zart, daß man sie in Watte packen müßte. Diesen Eindruck könnte er gewonnen haben, wenn er sie in einem zu frühen Stadium der Erregung berührt hat und die Partnerin sich beklagte oder weil ihre Brüste kurz vor der Periode vielleicht überhaupt zu druckempfindlich für Berührungen sind. Aber solche Frauen erzählen mir auch, daß sie es an anderen Tagen des Monats durchaus wünschten, daß ihre Partner beim Liebesspiel mehr auf ihren Busen eingehen würden. Wir neigen dazu, Brustwarzen für so überempfindlich zu halten, daß man sie mit Glacéhandschuhen anfassen müßte. Dabei gefällt es beiden Geschlechtern, wenn die Brustwarzen kurz vor dem Orgasmus sogar richtig heftig gepreßt werden. Viele Frauen würden gern Empfindungen erfahren, die unter anderen Umständen Schmerzen bereiten würden, sie haben jedoch Angst, darum zu bitten, weil man sie für pervers halten könnte.

Klapse können wunderbar erotisierend wirken, denn sie verbessern die Durchblutung der Haut, und im Pobereich erhöhen sie die Blutzufuhr zu den Genitalien. Da die sexuelle Erregung hauptsächlich durch verstärkte Durchblutung eines Körperteils entsteht, ist es nicht weiter verwunderlich, wenn das Gehirn sie registriert und entsprechende Schlüsse daraus zieht. Aus diesem Grund werden Klapse auf das Hinterteil von vielen Paaren als anregend empfunden. Wenn der eine oder andere unbewußt beim Gedanken an Sex gehemmt ist, wie es häufig geschieht, kann eine Art Strafe, auch wenn sie nur symbolischer Natur ist, dazu beitragen, die Schuldgefühle beim Wunsch nach Sex zu zerstreuen. Diese und andere Vorgänge erklären auch den Hang vieler Paare zu sogenannten sado-masochistischen Spielen. Das Zufügen von Schmerz als Teil sexueller Erregung ist keine Erfindung unserer Zeit und kann auf viele Arten erklärt werden. Die einfachste davon ist, daß man jemanden wahnsinnig begehrt und ihn heftig nehmen möchte oder selbst genommen werden will. Das andere Extrem sind Menschen, die ungewöhnliche Bedürfnisse in tieferem psychologischem Sinn haben und die von professioneller Hilfe profitieren würden. Die überwiegende Mehrheit der Paare, die sich mit solchen Spielen beschäftigt, ist aber weder merkwürdig noch pervers, sie hat einfach herausgefunden, daß die Haut auf Schmerz und Streicheln ähnlich reagiert. Der durch »Schmerz« verursachte erhöhte Streßhormonspiegel regt den Körper vielleicht auf eine Weise an, die als sexuell erkannt wird, weil der Körper unter Streß und beim Sex ähnliche Hormone mobilisiert.

Wenn also die Haut bei der Liebe eine so große Rolle spielt, ist es sinnvoll, ihr gebührende Beachtung zu schenken. Pflegen Sie besonders sorgfältig Ihre Hände, denn diese kommen ja mit dem Körper Ihres Partners am häufigsten in Kontakt. Halten Sie die Hände sauber und frei von Nikotinflecken, die Nägel kurz und die Fingerspitzen weich und empfindsam. Wenn Ihre Hände durch körperliche Arbeit unempfindlich geworden sind, könnten Sie versuchen, sie durch feine Beschäftigungen wie Modellieren oder Nähen wieder beweglicher und sensibler zu machen für die Massage und die Liebe. Die übrige Körperhaut benötigt außer einer regelmäßigen Reinigung keine besondere Pflege. In unserem Kulturkreis legen besonders Frauen ziemlich viel Wert auf die Entfernung von Haaren, weil sie sich unattraktiv finden, wenn sie an bestimmten Stellen stärker behaart sind. Wenn Sie sich aber mit Ihrem Partner einig sind, was Sie beide für sexy halten, sollte Ihnen die Meinung anderer gleichgültig sein. Einige Männer mögen Achselhaare, andere behaarte Beine. Wieder andere lieben es, wenn ihre Partnerin ganz unbehaart ist, bis auf den Kopf natürlich. Finden Sie einen gemeinsamen Mittelweg, und machen Sie vielleicht die Pflege der Körperhaare zum Bestandteil Ihres Liebeslebens. Viele Paare erledigen die Körperpflege gemeinsam, indem sie sich gegenseitig die Haare oder Nägel schneiden.

Manche Frauen empfinden es sogar als erregend, wenn ihr Partner ihnen als Vorspiel zum Geschlechtsverkehr die Schamhaare rasiert. Gegenseitige Hautpflege kann auch Teil der täglichen Liebe werden. Sich den Rücken zu waschen, mit Massageöl oder Lotion einzureiben oder die nackte Haut zu streicheln – all das trägt dazu bei, den Nutzen und die Funktion dieses wichtigen Sexualorgans zu erhöhen.

Diese Frau konzentriert sich auf seine Haut. Ihre Haare und ihr Körper streicheln ihn, und sie macht das alles noch schöner durch ein leichtes Pusten in seinen Nabel. Obwohl das gar kein direkter Hautkontakt ist, ist es doch äußerst erregend.

Erregung verstehen

*Es ist unbedingt erforderlich, daß wir uns eine
gründliche Kenntnis des Erregungsverlaufs unseres
Partners aneignen, um seine Reaktionen im sexuellen Bereich richtig interpretieren zu können.
Viel zu viele Paare lernen es nie, die Zeichen richtig zu deuten, und ihr Liebesleben bleibt von Mißverständnissen geprägt. Dieses Problem kann
leicht gelöst werden.*

Sexuelle Erregung ist eine äußerst vielschichtige
Angelegenheit, an der Verstand, Körper, Geist
und alle Sinne beteiligt sind. Die moderne Wis-
senschaft hat noch nicht herausgefunden, warum
es bei zwei Menschen »zündet«, aber man beginnt zu erkennen, daß es mit sogenannten Phe-
romonen zusammenhängen könnte: Das sind
bewußt nicht wahrnehmbare Geruchsstoffe, die
auch bei anderen Lebewesen sexuelle Anziehung bewirken.
Die körperliche Anziehungskraft ist aber nur ein
Merkmal, das wir an unserem Partner erregend
finden, und ein Paar, das sich sehr gut kennt,
kann schon von den kleinsten sexuellen Botschaften erregt werden, wie zum Beispiel dem
Schweißgeruch des anderen oder dem Geruch
seiner genitalen Absonderungen, dem Anblick
eines bestimmten Körperteils, dem Hören der
geliebten Stimme am Telefon, von ein bißchen
Liebesgeflüster, dem Anfassen eines vertrauten
Kleidungsstücks oder Körperteils und so weiter.
Es scheint, als ob in einer Beziehung ein dichtes
Netz sexueller Botschaften geknüpft wird, das
schon anhand eines Fadens als Gesamtbild vor
uns erscheint.
Manche Menschen werden schon beim Gedanken an ihren Geliebten erregt. Einige Frauen haben mir erzählt, daß der Gedanke an ihren Partner sie zum Orgasmus gebracht hätte, ohne daß
es andere Reize gab. Die meisten von uns brauchen jedoch Berührungsreize, um so stark erregt
zu werden, daß sie zur Liebe bereit sind. Wir

werden also die körperlichen Reaktionen näher
betrachten, weil wir sie am besten wahrnehmen
und verstehen können.
Sexuelle Erregung findet bei Männern und
Frauen auf ähnliche Weise statt. Neben Veränderungen der allgemeinen Körperfunktionen ist
damit grundsätzlich eine stärkere Durchblutung
der Geschlechtsorgane verbunden. Neuere Untersuchungen in den Vereinigten Staaten haben
gezeigt, daß die sexuelle Erregung im Gegensatz
zu den Erkenntnissen der ersten Sexualforscher
der 60er Jahre bei beiden Geschlechtern nahezu
gleich verläuft. Bei einer Frau sind die für sie und
ihren Partner offensichtlichen Merkmale das Anschwellen der Brüste und Genitalien. Das erste
Anzeichen, daß eine Frau erregt ist, sind ge-
schwollene, steife Brustwarzen. Die Haut des
Busens kann sich röten, und die Adern können
etwas hervortreten. Diese Rötung ist ein ma-
sernähnlicher Ausschlag, der sich von den Brüsten selbst bis zum Hals, Dekolleté und sogar
über das Gesicht ausbreiten kann.
Das nächste Anzeichen ist der angeschwollene
Schambereich. Besonders die inneren Schamlippen werden stark durchblutet und nehmen eine
dunklere Farbe an. Die Vagina beginnt sich zu
dehnen, und ihre Wände sondern eine Flüssigkeit ab, die den Scheidenkanal anfeuchtet. Ein
Teil dieser Feuchtigkeit kann durch die Scheidenöffnung nach außen treten und sogar die inneren
und äußeren Schamlippen reichlich benetzen, so
daß der ganze Bereich feucht wird.
Jetzt beginnt die Erektion der Klitoris. Bei manchen Frauen verdoppelt sich ihre Größe, bei anderen ist kaum eine Veränderung wahrnehmbar.
Bei steigender Erregung kann die Schwellung des
Schambereichs so stark werden, daß die Klitoris
davon verdeckt wird und kaum mehr aufzu-
finden ist.
Dann schwellen die äußeren Schamlippen an,
werden dunkler, und der Scheideneingang öffnet

sich leicht. Im Inneren der Vagina beginnt sich der obere Teil wie ein Zelt zu wölben, während das untere Drittel stärker als die übrige Scheide zu einem weichen, schwammartigen Gewebe anschwillt, das dann den Penis fest umschließt. Zugleich erlebt auch der übrige Körper der Frau Veränderungen: Wenn die Brüste anschwellen, schlägt das Herz schneller, sie schwitzt, der Atem geht schneller, und der Körper windet sich vor Lust. In höchster Erregung sind es oft die Füße, die Zehen oder die Bauchmuskeln, die anfangen zu zucken oder zu beben.

Wenn sie zum Orgasmus kommt, biegt sich der Körper, vielleicht stößt sie einen Schrei aus, verzieht das Gesicht und spannt alle Muskeln an. Die Muskeln der Vagina, der Gebärmutter und des Beckens ziehen sich heftig und rhythmisch zusammen, der ganze Körper windet sich in unwillkürlichen Anspannungen. Wie eine Frau sich tatsächlich beim Orgasmus verhält, ist sehr abhängig von ihrer Erziehung, ihrer Persönlichkeit, früheren sexuellen Erfahrungen, ihrer augenblicklichen Stimmung, dem Erregungsniveau, der Umgebung, der Intensität der Situation und davon, wie ihrer Meinung nach ihre Sexualität vom Partner gesehen wird.

Auch wenn die Kontraktionen der Unterleibsmuskeln aufhören, ist sie noch zu einem weiteren Orgasmus fähig, obwohl viele Frauen aus den verschiedensten Gründen nicht so weit gehen. Manche Frauen können viele Orgasmen nacheinander haben, und ich habe Patientinnen, die einige Minuten lang unmittelbar nacheinander viele kurze Höhepunkte erlebten, so daß sie meinen, einen einzigen zehnminütigen Orgasmus gehabt zu haben. Manche Frauen brauchen, um zu mehr als einem Höhepunkt zu kommen, viel mehr Berührungsreize als manche Männer zu geben bereit sind. Sie meinen, die Frau sollte ihre Befriedigung dann selbst herbeiführen. Andere Frauen stellen fest, daß sie einen zweiten und weitere Orgasmen mit nur wenig zusätzlichen Berührungsreizen erreichen können. Kenntnisse dieser Vorgänge, gewonnen aus der Beobachtung einer Frau bei der Selbstbefriedi-

gung, sind sehr wertvoll für jede Liebesbeziehung. Ein Mann, dem seine Partnerin wichtig ist und der ihr Freude bereiten möchte, wird es lernen, ihre verschiedenen Erregungsstadien durch Beobachten, Fühlen und Zuhören zu erkennen. Ein erfahrener Liebhaber – erfahren im Umgang mit seiner eigenen Partnerin, wohlgemerkt, denn Frauen sind sehr verschieden in ihrem Erregungsmuster – kann sehr genau sagen, wie erregt seine Partnerin ist, indem er fühlt, wie feucht sie ist. So wie die Erregung beim Mann aus seiner Erektion ersichtlich ist, so ist sie es bei der Frau durch den Grad der Feuchtheit. Auch die Veränderung der Brust gibt einen guten Hinweis, aber harte Brustwarzen können auch durch Kälte, Angst oder bei manchen Frauen schon durch die leiseste Berührung entstehen. Eine Hautrötung ist dagegen ein sicheres Zeichen für den nahenden Orgasmus, denn diese Reaktion ist nicht vom Willen beeinflußbar. Nur wenige Frauen mögen direkt gefragt werden, ob und wann sie zum Höhepunkt kommen, daher sind dies wichtige Hinweise für den Mann.

Viele Mißverständnisse entstehen durch die Unkenntnis des Mannes, in welchem Stadium der Erregung sich seine Partnerin befindet. Er stimuliert sie daher vielleicht zu viel oder zu wenig oder nicht richtig, weil er nicht aufmerksam genug die Veränderungen an ihrem Körper wahrnimmt. Natürlich kann eine Frau etwas dagegen tun, indem sie ihrem Partner mitteilt, wie erregt sie ist, und er kann dadurch lernen, seine Beobachtungen mit dem zu verbinden, was sie über ihre Empfindungen sagt. Wenn das einmal erlernt wurde, ist es nicht mehr nötig, dauernd darüber zu sprechen. Wir werden in dem Kapitel über das Masturbieren sehen, wie man die wichtigsten Zeichen der Erregung erkennt, indem man den anderen bei der Selbstbefriedigung beobachtet.

Wie bei der Frau läuft auch beim Mann die Erregung zunächst über den Verstand. Botschaften werden vom Gehirn zum Penis übermittelt, der dann durch einen Blutstau anzuschwellen beginnt. Er verwandelt sich von dem kleinen,

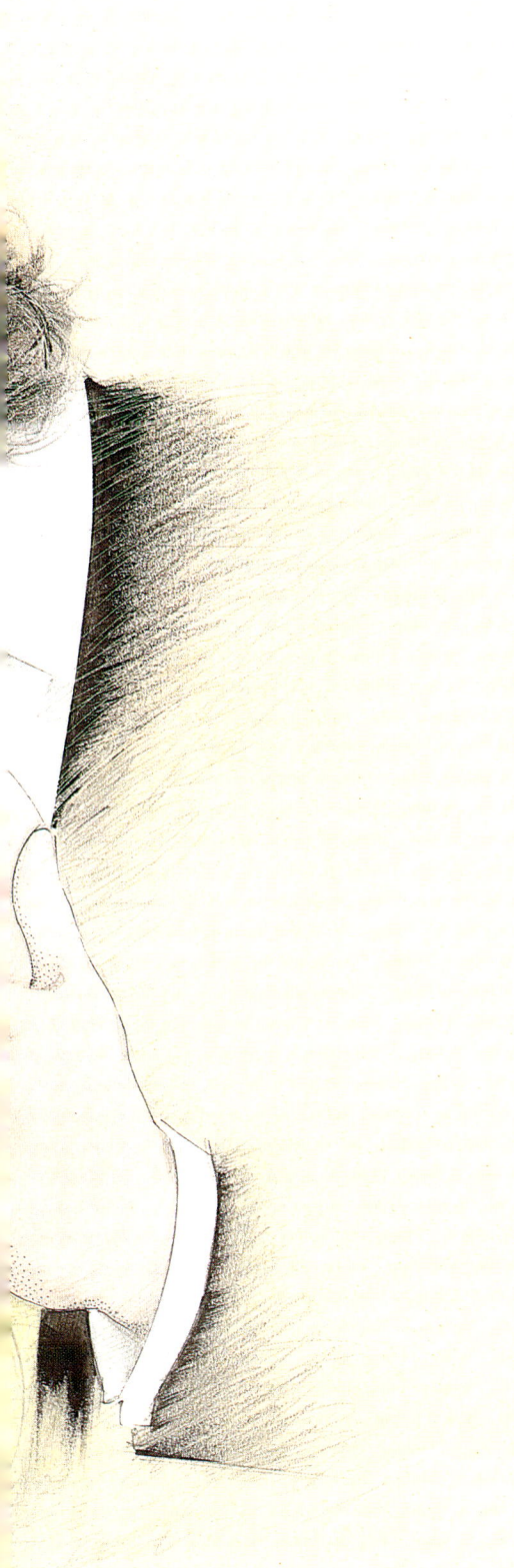

schlaffen, hängenden, in ein festes, hartes, stab-
ähnliches Organ. Kein Mann kann eine Erektion
erzwingen, aber durch innere Erregung wird innerhalb von Sekunden aus einer beginnenden
halbherzigen eine vollendete Erektion. Viele,
selbst erfahrene Frauen sind ungehalten, wenn
die Erektion nicht dann erfolgt, wenn sie es wollen, aber der Mann kann willentlich nichts dazu
tun. Mechanismen, die Erektionen auslösen, sind
äußerst empfindlich. Da ich viele Männer mit
einschlägigen Problemen sehe, bin ich immer
überrascht, wie leicht und scheinbar mühelos
Erektionen stattfinden. Bei manchen kann schon
das leiseste Geräusch, eine Ablenkung, Krankheit, fehlender Berührungsreiz, eine gedanken-
lose Bemerkung oder ähnliches dazu führen, daß
sogar eine starke, vielversprechende Erektion
zurückgeht. Für Männer ist dies ein biologischer
Nachteil, denn für den Geschlechtsverkehr ist
ein stark erigierter Penis unerläßlich, während
Frauen sich notfalls auch selbst befeuchten können. Sie wird dann natürlich nicht das gleiche
Vergnügen empfinden, wie bei einem höchst erregenden Liebesakt, aber aus biologischer Sicht
ist sie bereit.

Während einer Erektion finden beim Mann ge-
nauso wie bei der Frau noch andere körperliche
Veränderungen statt. Sein Herzschlag und der
Atem werden schneller, er schwitzt mehr, die
Pupillen und die Nasenflügel weiten sich, der
Blutdruck steigt, die Muskeln werden ange-
spannt, und er fühlt seine innere sexuelle Span-
nung steigen. Bei ungefähr einem Viertel aller

Sie genießen die erregenden Empfindungen, die ihre
Körper ihnen gegenseitig bieten, den Geruch und
Geschmack des anderen, wie er sich anfühlt und seine
Gefühle äußert. Jede dieser Empfindungen allein kann
liebeserfahrene Partner schon erregen, weil sie wissen,
worauf der andere am stärksten reagiert.

Männer rötet sich die Haut wie bei den Frauen, und während dieser Phase steigender Erregung zieht sich der Hodensack zusammen, und die Hoden legen sich enger an den Körper an. Bis zu diesem Zeitpunkt kann ein Mann seine Erregung noch kontrollieren und sich wieder beruhigen, obwohl er sich enttäuscht fühlen würde. Innerhalb von Minuten würde er sich wieder normal fühlen, aber üblicherweise wird er bis zum Orgasmus fortfahren. In der nächsten Phase der Erregung schwillt der Penis noch mehr an und verändert seine Farbe, bis er besonders an der Spitze blau-lila aussieht. Die Hoden schwellen ebenfalls an und jetzt muß der Orgasmus kommen – es gibt keinen Weg mehr zurück. Die meisten Männer erkennen dieses Stadium und haben eine gewisse Kontrolle über die weitere Entwicklung. Wenn das nicht der Fall ist, findet fast zwangsläufig eine vorzeitige Ejakulation statt, weil der Mann sich ihrer Warnzeichen nicht bewußt ist.

Beim Orgasmus muß der Mann ejakulieren, er hat keine andere Wahl. Seine Becken- und Unterleibsmuskeln ziehen sich zusammen, und der Samen wird aus dem Penis herausgepreßt. Schon vorher sondert der Penis eine samenhaltige Flüssigkeit ab, die eine Frau schwanger machen kann. Die Anzahl und Stärke der Samenergüsse hängt unter anderem vom Alter ab, vom Zeitpunkt der letzten Ejakulation, dem Grad seiner Erregung und der Art, wie sie hervorgerufen wird. Die Samenergüsse des Mannes finden in genau demselben Rhythmus statt, wie die Muskelkontraktionen beim Orgasmus der Frau – in 0,8 Sekunden je einmal. Nach der Ejakulation entspannt sich der Mann, der Penis nimmt seine normale Größe wieder an, und der Körper wird wieder ruhig. Jetzt ist eine Ruhepause nötig, bevor der Vorgang wiederholt werden kann. Die Länge dieser Unterbrechung variiert von Mann zu Mann und hängt sehr vom Alter ab. Junge Männer in den Zwanzigern können ebenso wie Frauen einen Orgasmus nach dem anderen haben, aber mit zunehmendem Alter werden die erforderlichen Pausen immer länger. Ein etwa

Fünfzig- bis Sechzigjähriger kann möglicherweise erst nach einem Tag oder länger wieder ejakulieren. Die Härte eines erigierten Penis ist nicht unbedingt das beste Zeichen für den Grad der Erregung. Manche Männer sind zwar stark erregt, haben aber nur eine schwache Erektion. Das passiert häufig bei Müdigkeit, Lustlosigkeit oder Impotenz. Aber das Eindringen mit dem halberigierten Penis muß nicht nutzlos sein, denn viele Männer kommen nach einem etwas schwachen Beginn zu einer zufriedenstellenden, lustvollen Erektion. Viel zu wenig Frauen sind in der Lage, aus einer schwachen Erektion das Beste zu machen. Sie meinen, daß er sofort eine heftige Erektion haben müsse, wenn er wirklich Sex haben will und sie auch nur ein bißchen liebt. Dem ist leider nicht so. Ich erzähle vielen Paaren, daß es nur wenig Nachwuchs geben würde, wenn die Erregung der Frau für den Liebesakt genauso stark sein müßte, wie die des Mannes. Nur wenige Männer können aber widerstehen, wenn ihr Penis geküßt oder gesaugt wird, und auch wenn es wahr ist, daß Männer gelegentlich Schwierigkeiten haben, eine Erektion zu erreichen: Ein mit dem Mund stimulierter Penis wird fast immer schnell steif werden.

Viele Frauen haben Probleme zu erkennen, wann ihr Partner kurz vor der Ejakulation steht. Das ist auch schwer herauszufinden. Bei einigen Männern vergrößert sich der Penis kurz vorher noch einmal, andere haben einen besonders glücklichen Gesichtsausdruck, den die Partnerin mit der Zeit kennenlernt, bei wieder anderen verändert sich der Hodensack auf bestimmte Weise (die Hoden legen sich sehr eng an den Körper an), und manche Männer stoßen sehr heftig, kurz bevor sie ejakulieren.

Etliche Frauen beklagen sich, daß, gemessen an dem Grad der Erregung, Männer häufig zu früh die Brüste und Brustwarzen ihrer Partnerin berühren. Ebenso beschweren sich auch viele Männer über Frauen, die nur den Penis im Sinn haben. Männer genießen es sehr, wenn man mit ihren Brustwarzen spielt und andere, bereits erwähnte, erregbare Körperstellen streichelt.

Wenn eine Frau ihren Partner stimuliert, sollte sie besonders behutsam vorgehen und versuchen, den zeitlichen Ablauf richtig einzuschätzen. Wenn er seinen Höhepunkt nicht früher erreichen soll, als sie es möchte, muß sie sich die Zeit nehmen, seinen Erregungsablauf kennen- und verstehen zu lernen. Sonst tut sie des Guten schnell zuviel und beschwert sich dann, wenn er vorzeitiger zum Orgasmus kommt. Überraschend viele Männer sind zu schüchtern zu sagen, was sie wollen, ob sie schneller oder langsamer stimuliert werden mochten. Aber ein Paar, das sich solche Wünsche mitteilt, wird erfreulich wenig Probleme mit vorzeitiger oder verspäteter Ejakulation haben. Eine Frau, die ihren Partner gut kennt, kann seine Ejakulation so steuern, daß sie mit ihrem Orgasmus zusammenfällt. Obwohl ich nie den Rat gebe, den gleichzeitigen Orgasmus zum Ziel des Liebeslebens zu machen, ist es sehr hilfreich, eine gewisse Kontrolle über die scheinbar unkontrollierbaren Orgasmen des Mannes zu gewinnen. Paare, die dieses Problem meistern, werden ihr ganzes gemeinsames Liebesleben lang etwas davon haben.

Früher gingen sehr viele Menschen Zweierbeziehungen ein, ohne viel vom anderen Geschlecht zu wissen. Sie lernten sexuelle Erregung deshalb nur zusammen mit ihrem Lebensgefährten kennen. Heute liegen die Dinge ganz anders. Ungefähr 94 Prozent aller Paare hatten voreheliche sexuelle Erfahrungen bis hin zum Geschlechtsverkehr, und viele hatten mehrere Partner, bevor sie sich endgültig entschieden. Auch außerehelicher Sex ist inzwischen bei beiden Geschlechtern weit verbreitet.

Dieses Mehr an Erfahrung hat zwar Vorteile, schafft aber auch Verwirrung. Zwei Menschen, die ausschließlich miteinander sexuelle Erfahrungen gemacht haben, können sich gegenseitig etwas beibringen und Methoden der Erregung entwickeln, die genau auf die Wünsche des anderen abgestimmt sind. Aber je mehr man von der Sexualität anderer kennenlernt, desto stärker werden die Gedanken davon geprägt, was für einen neuen Partner interessant oder akzeptabel sein könnte. Dabei kann es passieren, daß der Weg versperrt wird, sich unbeeinflußt gegenseitig entdecken zu können.

Die meisten von uns lernen durch Erfahrung und wenden diese dann auch auf einen neuen Partner an. In Sachen Sex ist das oft nicht die beste Lösung, denn Menschen sind in bezug auf die Art, wie sie erregbar sind, sehr verschieden. Das gilt besonders für Frauen.

Deshalb kann der Umgang mit einem »erfahrenen« Mann unangenehm werden, denn er nimmt an, eine neue Partnerin könne auf die gleiche Weise erregt werden wie andere Frauen, die er kennt und denen seine Art gefiel. Er fühlt sich zwar als Experte, ist es aber für seine neue Partnerin nicht, mag er auch noch so viel über andere Frauen wissen. Er berücksichtigt nicht, daß er es mit einem völlig anderen Menschen zu tun hat.

Es sollte klar sein, daß eine gewisse Bescheidenheit nötig ist, wirklich offen zu sein für das Neulernen mit einem anderen Partner. Man sollte nicht versuchen, ihn an die festen Vorstellungen anzupassen, die man für sich aus früheren Erfahrungen gewonnen hat. Die Tatsache, daß viele Menschen ihren Partner auf diese Weise in sexuelle Zwangsjacken stecken, schafft eine Menge Kummer und Schwierigkeiten. Wenn man seinen Partner für anders hält, ist es nur noch ein kleiner Schritt, ihn irgendwie eigenartig, gehemmt oder pervers zu finden. Man braucht nicht zu betonen, daß solche Annahmen, ausgesprochen oder nicht, zu Mißverständnissen und Ablehnung führen können.

Wir haben gerade gesehen, wie man den Erregungskreislauf seines Partners verstehen lernen kann. Ein Paar, das sich die Zeit nimmt und die Geduld hat, sich diese Zusammenhänge wirklich klarmachen und zu akzeptieren, wird nicht in die Falle gehen, in der die gefangen sind, die sich falsche Vorstellungen über ihren Partner machen.

Triebe und Begehren

Wir alle haben einen Geschlechtstrieb, selbst wenn er sich nur durch ein paar Selbstbefriedigungen im Jahr äußert. Für viele Paare ist es schwirig, ihre Triebe übereinstimmen zu lassen und die Probleme zu lösen, die sich ergeben, wenn das nicht gelingt. Glücklicherweise gibt es verschiedene Methoden, Schwierigkeiten mit dem Sexualtrieb oft ohne therapeutische Hilfe zu bewältigen.

Vermutlich wählen wir uns unbewußt meistens einen Partner aus, dessen Sexualtrieb dem unseren am nächsten kommt. Trotzdem ist der Sexualtrieb zweier Partner auch in der besten Beziehung von Zeit zu Zeit unterschiedlich. Man sagt, daß wir alle durchaus verschieden starke Sexualtriebe haben. Tatsächlich meinen das auch viele meiner Patienten, die in diesem Bereich ihres Liebeslebens Probleme haben. Ärztliche Erfahrung zeigt dagegen, daß dies ein Irrglaube ist, denn selbst Menschen, die als frigide gelten oder an Sex uninteressiert, können sogar innerhalb kurzer Zeit zu aufregenden und geschätzten Sexualpartnern werden.

Die Lösung dieses scheinbaren Widerspruchs liegt darin, daß wir zwar alle einen ziemlich gleich starken Sexualtrieb haben, daß jedoch unterschiedlich starke Hemmungen uns daran hindern, unser sexuelles Selbst voll auszuleben. Es stellt sich oft heraus, daß völlig leidenschaftslos erscheinende Menschen häufig lebhafte Träume und eine reichhaltige Phantasiewelt haben, aber ihr Unterbewußtsein schützt sie meist davor, und sobald ihnen etwas »Unschönes« in den Sinn kommt, schaffen sie es nicht, ihre Gedanken in die Tat umzusetzen.

Selbstverständlich sind wir alle zu einem gewissen Grad an Sexualität interessiert – schließlich ist sie ja Teil unserer Natur –, aber wieviel davon zu welcher Zeit normal ist, kann man eigentlich nicht sagen, da es keine Vergleichsmöglichkeit gibt. Es gibt unzählige Studien, die zeigen, wieviel Sex andere haben, aber erstens sind solche Studien schwer zu bestätigen und zweitens, selbst wenn sie seriös sind, vergleichen die Menschen meist die besten Ergebnisse bei anderen mit den schlechtesten bei sich selbst. »Normalität« in bezug auf den menschlichen Sexualtrieb ist eine ganze Skala und nicht nur ein bestimmter Wert. Mit Sicherheit läßt sich nur sagen, daß das, was für Sie normal ist, eben für Sie normal ist. Selbst bei einer einzigen Person schwankt das sexuelle Verlangen ziemlich stark. Bei Männern ist es am stärksten zwischen 15 und 20, bei Frauen um die 40 Jahre. Aber welchen Maßstab man auch immer anlegt, es gibt immer jemanden, der größer, besser, länger, schneller, langsamer oder sonst etwas ist, aber all diese Vergleiche sind nutzlos. Man sagt, daß Männer in steigendem Alter nicht mehr so viel Interesse an Sex haben, aber das ist eine grobe Verallgemeinerung. Manche Männer sind mit 60 noch genauso aktiv wie mit 20. Begriffe von Durchschnittlichkeit bei Frauen sind noch stärker mit Problemen befrachtet. Es gibt Frauen, die zwanzig Orgasmen am Tag haben können und andere, die ein glückliches Leben mit ihrem Liebespartner führen, obwohl sie überhaupt noch keinen erlebt haben. Die meisten Frauen kommen bei der Selbstbefriedigung leichter zum Höhepunkt als beim Liebesakt, und die Zahl der Orgasmen (bei Geschlechtsverkehr und Selbstbefriedigung zusammen) im Leben einer Frau ist vermutlich höher als beim Mann. Die Möglichkeiten sexuellen Vergnügens einer Frau sind fast unbegrenzt, aber ihre Fähigkeit, sie auch auszuleben, wird eingeschränkt von ihrer Erziehung, ihren Gefühlen, ihrem persönlichen Lebensstil, ihrer Bildung, ihren Partnern und ihren derzeitigen Lebensumständen.

Dieses Paar hat eindeutig keine Probleme mit dem Sexualtrieb. Sie fühlen sich zueinander hingezogen und wissen auch, wie sie sich gegenseitig erregen können.

Es gibt viele Ursachen für einen zurückgehenden Sexualtrieb. Ein häufiger Grund ist die Einnahme von Medikamenten. Der Verlust des Geschlechtstriebs kann bei manchen Frauen durch die Pille verursacht werden, auch Schlaftabletten, Steroide, einige Medikamente gegen hohen Blutdruck und einige Antidepressiva können auch diese Wirkung haben. Wahrscheinlich sind Tranquilizer häufiger die Ursache für die Dämpfung des Sexualtriebes als jeder andere äußere Einfluß. Alkohol tötet das Verlangen genauso wie Rauschgift. Die in der westlichen Welt am meisten verbreitete psychische Krankheit ist die Depression, zu deren Erscheinungsbild der Verlust des Sexualtriebes gehört. Depressionen erfordern gewöhnlich eine Behandlung mit Medikamenten oder psychotherapeutische Betreuung. Ernste körperliche Krankheiten können den Sexualtrieb ebenso verringern wie physische oder geistige Erschöpfung. Viele Menschen sind überarbeitet, haben zu wenig Bewegung, schlafen schlecht und wundern sich dann, wenn ihr Interesse an Sex erlahmt. Darüber hinaus gibt es natürlich die Menschen, die ihre körperliche Verfassung als unbewußte Entschuldigung dafür benutzen, sich von Sex fernzuhalten, da sie ihn sowieso schon immer ablehnten.

Unangenehme sexuelle Erfahrungen können bei jedem den Sexualtrieb zerstören. Es gibt Menschen, die wünschten, Sex würde gar nicht existieren, so verheerend waren ihre Erlebnisse. Für sie ist Sex nur eine weitere erbärmliche Alltagslast, der sie entgehen möchten. Bei manchen beruht diese negative Einstellung auf zurückliegenden Ereignissen wie Vergewaltigung, sexuellem Mißbrauch als Kind oder sonstigen sexuellen Übergriffen, bei anderen ist sie aber eine Reaktion auf aktuellere Probleme. Schuldgefühle können ein wichtiger Grund für sexuelle Entfremdung sein: Menschen, die sich, wenn vielleicht auch unbewußt, schuldig fühlen, haben einen sehr schwach ausgeprägten Sexualtrieb. Aus Angst, etwas zu tun, für das sie sich dann wieder schuldig fühlen müssen, gehen sie dem Sex möglichst aus dem Weg.

Manche Menschen sind so unglücklich in ihrer Beziehung, daß sie mit dem Sex eigentlich abgeschlossen haben. Wir alle befassen uns ja am liebsten dann damit, wenn wir uns wohlfühlen. Viele Frauen berichten mir, daß sie kein Interesse mehr am Sex haben, weil sie nicht mehr verliebt sind, und auch bei Männern kommt dieses Argument immer häufiger.

Manche, die ein Verhältnis haben, versagen sich dem Sex, weil sie sich schuldig fühlen, Angst vor der Entdeckung haben, vor einer Schwangerschaft oder der Ansteckung mit einer Geschlechtskrankheit. Andere wieder lieben das Verbotene, weil der Sex in ihrer Zweierbeziehung zu »gemütlich« ist und nicht dem entspricht, was sie sich in ihrem Unterbewußtsein darunter vorstellen.

Eine große Zahl meiner Patientinnen hat dann keine Lust mehr auf Sex, wenn der Partner sich äußerlich gehen läßt. Zwei häufig dafür genannte Beispiele sind Männer mit Alkoholfahne und übergewichtige Frauen.

Schließlich gibt es noch diejenigen, die feststellen, daß ihr Sexualtrieb nach einer unangenehmen Erfahrung beim ehelichen oder außerehelichen Geschlechtsverkehr nachläßt. Das kann eine Zurückweisung gewesen sein oder eine Situation, in der ihnen der Partner seinen Willen oder besondere Wünsche aufzwingen wollte. Ein launischer Ehepartner oder einer, der den anderen ständig abweist, kann mit der Zeit jedem die Lust auf Sex nehmen. Erfolgreicher Sex hängt zu einem gewissen Teil auch von der Erfüllung von Erwartungen ab.

Diese Auflistung von möglichen Gründen ist natürlich nicht vollständig, aber man sieht, daß es sich hier um eine komplexe Angelegenheit handelt. Es kann tatsächlich das ganze Können eines Therapeuten erfordern, die wahre Ursache für das Problem zu finden. Ich erlebe viele Paare, die sehr einleuchtende Gründe für ihr Problem vorbringen, aber einem geschulten Auge wird sofort klar, daß die Antwort woanders liegen muß. Gewöhnlich sind es ganz unterschwellige Vorgänge zwischen den Partnern, zum Beispiel

Machtkämpfe, Liebesentzug, Eltern-Kind-Spiele und eine ganze Menge unbewußter Probleme, die zumindest teilweise erst gelöst werden müssen, bevor ein wirklicher Fortschritt möglich ist. Sobald sicher ist, daß keine medizinischen Gründe vorliegen, kann ein Paar versuchen, das Problem auf verschiedene Weise selbst zu lösen. Zunächst empfehle ich immer, mit dem Sex aufzuhören. Machen Sie eine Pause, und kehren Sie zurück zu liebevollen Bemühungen um den anderen. Setzen Sie sich zusammen und versuchen Sie herauszufinden, wo das Problem liegt. Auch die vorstehende unvollständige Liste kann Ihnen vielleicht Hinweise geben. Wenn Sie herausfinden, daß nur eine Kleinigkeit falsch läuft, dürften Sie keine Schwierigkeiten haben, damit fertig zu werden. Wenn Sie aber sehen, daß sich Abgründe auftun, nehmen Sie therapeutische Hilfe in Anspruch.

Als nächsten Schritt sollten Sie sich bemühen, Ihr Leben erotischer zu gestalten. Steigern Sie Ihr Bewußtsein für Sexualität, ein Teil der Aufgabe, den viele Paare am meisten genießen. Schauen Sie sich vielleicht gemeinsam erotische Filme oder Videos an, kaufen Sie sich Sexbücher oder -zeitschriften und finden Sie heraus, welche Bilder und Texte Sie darin beide erregend finden. Erleben Sie Ihre Phantasien gemeinsam, gestalten Sie Ihr Schlafzimmer erotischer, und machen Sie mal einen Urlaub für die Sinnlichkeit. Das alles erhöht die sexuelle Spannung, sollte aber nicht damit enden, daß Sie miteinander schlafen. Diese Maßnahmen könnten dazu führen, daß Sie häufiger masturbieren, womit Frauen besonders gut zurechtkommen. Wenn Sie sich öfter selbst befriedigen, haben Sie auch wieder mehr Lust auf Sex mit Ihrem Partner.

Als nächsten Schritt schlage ich vor, sich mit den Genitalien des Partners und seinen Reaktionen während der Erregung vertrauter zu machen. Vergrößern Sie Ihr sexuelles Repertoire, aber noch ohne miteinander ins Bett zu gehen. Entdecken Sie all die wunderbaren Möglichkeiten, einander Vergnügen zu bereiten, auch ohne Beischlaf. Dieses Buch bietet Ihnen eine Fülle von Ideen. Lesen Sie alles über Sex und Sexualität und versuchen Sie dadurch, mehr über das Thema allgemein zu erfahren. Diese »Biblio-Therapie« hat schon bei vielen Paaren Wunder gewirkt.

Danach sollten Sie in der Lage sein, wieder mit dem Sex anzufangen. Wenn Sie der Sexualität einen höheren Stellenwert in Ihrer Beziehung gegeben haben, werden Sie feststellen, daß alle scheinbaren Gegensätze sich in Nichts auflösen, vor allem, weil Sie besser aufeinander eingespielt sind und tatsächlich manchmal fehlende Übereinstimmungen in Ruhe miteinander besprechen können. Paare, die einen derartigen Kurs bei mir mitgemacht haben, können sogar einen schwerwiegenden Verlust des Sexualtriebs aus welchem Grund auch immer verkraften, weil sie wissen, daß es nicht für die Dauer ist, und sie sich auch auf andere Weise erotisches und sexuelles Vergnügen bereiten können. Solche Paare haben immer noch Freude aneinander, selbst wenn sie aus bestimmten Gründen mal eine Zeitlang nicht miteinander schlafen.

Sie werden feststellen, daß diese Lösung weitaus besser ist als beim ersten Anzeichen von Versagen, Unzufriedenheit oder Triebverlust gleich ein Verhältnis außerhalb der bestehenden Beziehung zu suchen und damit Ihre Partnerschaft auf's Spiel zu setzen.

Kummerkasten

In den Jahren meiner Tätigkeit als »Briefkasten-onkel« habe ich mehr Briefe zum Thema Sexualität und Körper bekommen als zu irgendeinem anderen. Nachfolgend nur ein paar der häufigsten Probleme.

»Mein Penis ist im erigierten Zustand nur zwölf Zentimeter lang, und meine Frau wünscht sich sicher einen anderen Mann mit einem größeren Glied.«
Ich wette, daß sie das nicht tut. Es gibt keinen Beweis dafür, daß Frauen ein längerer Penis lieber ist als ein kürzerer, obwohl es sicher Frauen gibt, bei denen es so sein wird. Die meisten Frauen sagen, daß es mehr darauf ankommt, was der Mann damit macht. Und wenn die Frauen hier schon Vorlieben äußern, geht es mehr um die Dicke als um die Länge.

»Meine Brüste sind sehr klein, und ich weiß, daß mein Mann große Busen liebt. Was soll ich tun?«
Als erstes können Sie ihm zeigen, daß auch kleine Brüste äußerst erotisch sind und sehr viel sexuelles Vergnügen bereiten können. Zeigen Sie ihm, wie er Ihren Busen am besten streichelt, so daß Sie beide etwas davon haben. Dem können nur wenige Männer widerstehen, und es zeigt ihm auch, daß Frauen mit kleinen Brüsten sehr sexy sein können, im Gegensatz zu manchen pubertären Vorstellungen und zu den vollbusigen Fotomodellen mancher Magazine.
Als nächstes könnten Sie sein Bedürfnis nach einem großen Busen durch die Phantasie stillen. Flüstern Sie ihm etwas über vollbusige Frauen ins Ohr, wenn Sie das nächste Mal mit ihm schlafen. Erzählen Sie ihm eine ganze, erotische Geschichte mit einer vollbusigen Frau als Hauptperson. Machen Sie durch figurbetonte Kleider das meiste aus dem, was Sie bieten können, und heben Sie Ihren Busen durch gute, schmeichelnde Büstenhalter.

Letztendlich könnten Sie mit Ihrem Arzt darüber sprechen, aber nur, wenn Ihr kleiner Busen nicht nur für Ihren Partner, sondern auch für Sie selbst ein Problem ist. Er könnte Ihnen einen plastischen Chirurgen nennen, wenn es Ihnen wirklich ernst ist. Ich habe mehrere Patientinnen, deren Liebesleben nach einer Schönheitsoperation sehr gewonnen hat.

»Ich habe sehr viel Schamhaar, das bis auf die Beine wächst. Mein Verlobter möchte, daß ich alles abrasiere. Ist das in Ordnung?«
Dagegen ist nichts einzuwenden, wenn auch Sie es für richtig halten. Wie wäre es denn zunächst mit einem weniger drastischen Schritt? Entweder er oder Sie könnten das Haar erst einmal sehr kurz schneiden und die Stellen rasieren, die vom Bikinihöschen nicht verdeckt werden. Manche Paare finden es sehr erotisch, die Schamgegend und den Bereich um den Anus zu rasieren. So sehen die Schamhaare bei geschlossenen Beinen ziemlich normal aus, auch wenn sie kurz sind. Werden die Beine bei der Liebe geöffnet, ist der Bereich der Schamlippen völlig glatt.
Das mögen viele Frauen auch selbst sehr gern, besonders, wenn es ihren Partner erregt, aber sie möchten beim Schwimmen oder Umkleiden in Gegenwart anderer doch nicht ganz haarlos sein. Praktische Probleme wie den Rasierausschlag kann man mit antiseptischen Salben lösen.

»Ich habe vier Kinder und befürchte, daß meine Vagina für befriedigenden Sex zu ausgedehnt ist. Kann man etwas dagegen tun?«
Ziemlich viel sogar. Zunächst jedoch – wer sagt, daß sie zu sehr ausgedehnt ist? Vielleicht hat sich Ihr Partner gar nicht beschwert, und Sie regen sich unnötig auf. Wenn Sie aber tatsächlich der Meinung sind, daß die Geburten sich negativ ausgewirkt haben, können Sie Beckenmuskelübungen machen. Wenn Sie das nächste Mal zur

Sich ständig und zusätzlich zum Geschlechtsverkehr auch körperlich lieb zu haben ist oft nicht ganz einfach – wie kann einem das also gelingen? Aus den zahlreichen Möglichkeiten muß jedes einzelne Paar die für sich richtige auswählen. Dennoch gibt es aber einige hilfreiche Methoden, von denen wir ein paar näher ansehen wollen. Viele meiner Patienten haben solch eine schlechte Meinung von sich selbst, daß es kein Wunder ist, wenn sie sich weder liebenswert noch attraktiv finden. Es ist also zuerst nötig, daß sie ihr Selbstbild verbessern, um sich der Liebe des Partners für wert zu halten.

Man beginnt damit am besten bei der äußeren Erscheinung. Haben Sie sich selbst vernachlässigt? Wenn ja, betrachten Sie Ihre Kleidung und Ihr allgemeines Äußeres einmal genauer, vielleicht gemeinsam mit vertrauten Freunden oder auch mit professioneller Unterstützung. Haben Sie so viel zugenommen, daß Sie in keiner Kleidung mehr gut aussehen? Wenn ja, probieren Sie eine Kur aus, treten Sie einer Diätgruppe bei oder suchen Sie ärztliche Hilfe, wenn Sie glauben, daß das Problem tiefer liegt. Langweilt Sie Ihre Arbeit? Dann suchen Sie sich, wenn möglich, eine neue. Haben Sie Mut, versuchen Sie es nicht mit Selbstmitleid oder der Ausrede, es ließe sich ja doch nichts ändern. Viele erzählen mir, daß ihnen ihr fürchterlicher Job das Gefühl gibt, wertlos zu sein. Nach meiner Erfahrung kann ein Arbeitsplatzwechsel viele Vorteile für eine Beziehung bringen. Wenn Sie einmal aus der Tretmühle heraus sind, verbessert sich Ihr Selbstwertgefühl sehr schnell. Es kann auch sehr viel helfen, wenn man sich ein neues Hobby zulegt oder neue Interessen entwickelt.

Sind Sie deprimiert durch Ihre Familie oder die Kinder? Haben Sie Geldsorgen oder Gesundheitsprobleme? Suchen Sie einen Therapeuten auf, um die Probleme in den Griff zu bekommen und den Streß abzubauen. Dann lohnt sich das Leben wieder und, was viel wichtiger ist, Sie fangen an, die Dinge wieder selbst zu regeln. Gleichzeitig sollten Sie Ihren Lebensstil überdenken. Die meisten von uns sind so beschäftigt, daß sie viel zu wenig Zeit für sich selbst und ihre Beziehung haben und sich dann wundern, wenn sie keine Zeit haben, sich den ganzen Tag zu lieben, so wie ich es vorschlage. Viele Paare, vor allem jüngere, sind so beschäftigt, Geld zu verdienen, daß ihnen für die Liebe keine Zeit mehr bleibt, weder im Bett noch sonst. Ich bringe sie dann dazu, jede Woche einmal die Uhr anzuhalten und mit sich selbst einen Termin zu machen! Diese Art der Disziplin wirkt sich sehr positiv aus, und sie fangen wieder an, ihrer Beziehung den Stellenwert einzuräumen, den sie verdient.

Ein anderes Problem, mit dem ich oft konfrontiert werde, sind dagegen Paare, die keinen Freiraum mehr für sich haben, weil sie ständig zusammen sind und fast nichts mehr als Einzelpersonen tun. Dieses Problem habe ich in einem früheren Kapitel schon behandelt. Es ist für uns alle notwendig, uns selbst als einzigartige, wertvolle Menschen zu betrachten und nicht nur als die eine Hälfte eines Paares. Wenn wir Dinge allein unternehmen, legen wir ein Saatkorn für die Partnerschaft, das zum Wohl der Beziehung aufgeht. Viel zu viele Menschen glauben, daß solch eine Saat nur von der Beziehung selbst gelegt werden kann.

Wenn Sie erst einmal gründlich über Ihr Leben und Ihre äußere Erscheinung nachgedacht haben, werden Sie schon anfangen, sich besser zu fühlen. Prüfen Sie als nächstes Ihre Ernährung und ob Sie genug Bewegung haben. Gesünderes Essen kann das Wohlbefinden äußerst günstig beeinflussen. Manche Patienten sind geradezu aufgeblüht, nachdem ich ihnen große Dosen eines speziellen Multi-Vitamin- und Multi-Mineralpräparates verordnet habe. Jahrelange Mangelernährung und hastig verzehrte, nährstoffarme Gerichte führen oft zu einer unglaublich schlechten Verfassung. Nach einer ein- bis zweimonatigen Einnahme von Vitaminen und Mineralien in Verbindung mit veränderten Eßgewohnheiten fühlen diese Menschen sich nicht nur innerlich besser, sondern haben auch wieder mehr Interesse an ihrem Sexualpartner und an ihrem Liebesleben überhaupt.

Bewegung kann einen großen Einfluß auf unser Wohlbefinden haben. Versuchen Sie es einzurichten, sich regelmäßig mindestens dreimal wöchentlich körperlich stark anzustrengen, wobei Sex nicht mit eingeschlossen ist. Das hält Sie schlank, kräftigt Ihre Muskeln auch für den Sex, verbessert Ihre Figur, und Sie werden sich wesentlich besser fühlen. Das alles verhilft jedem Durchschnittsmenschen zu einem erhöhten Selbstwertgefühl.

Die Bedeutung des Schlafs wird oft unterschätzt. Denken Sie einmal über Ihr Bett nach, und kaufen Sie sich ein neues, wenn es zu klein, zu weich oder sonstwie ungeeignet ist. Wenn das zu teuer wird, besorgen Sie sich einfach eine neue Matratze. Prüfen Sie zum Beispiel die Lüftung in Ihrem Schlafzimmer, Ihre Nachtkleidung, falls Sie welche tragen, und die Beheizung des Raumes im Winter, bis Sie alle Störfaktoren beseitigt haben, denn nichts ist so wichtig, wie morgens ausgeruht aufzustehen.

Als nächsten Schritt schlage ich vor, daß Sie sich Zeit nehmen, um sich selbst und Ihrem Körper etwas Gutes zu tun, gleichgültig, ob dies mit Selbstbefriedigung endet oder nicht. Nehmen Sie sich ab und zu eine Stunde Zeit für ein ausgiebiges Bad, und genießen Sie eine sinnliche Selbstmassage. Gehen Sie dann ins Bett und streicheln Sie sich zärtlich, wenn es Ihnen gefällt vielleicht sogar bis zum Orgasmus. Freunden Sie sich mit Ihrem Körper an, entdecken Sie neu, was sich gut anfühlt, und genießen Sie es. Akzeptieren Sie sowohl die guten als auch die schlechten Seiten Ihres Körpers, und seien Sie mit beiden zufrieden. Sie brauchen keinen perfekten Körper, um attraktiv zu sein. Finden Sie sich damit ab, daß Sie manches nicht ändern können, aber denken Sie auch daran, daß sich viele Dinge durchaus ändern lassen. Konzentrieren Sie sich auf Ihre guten Seiten und bringen Sie die weniger guten in die richtige Relation.

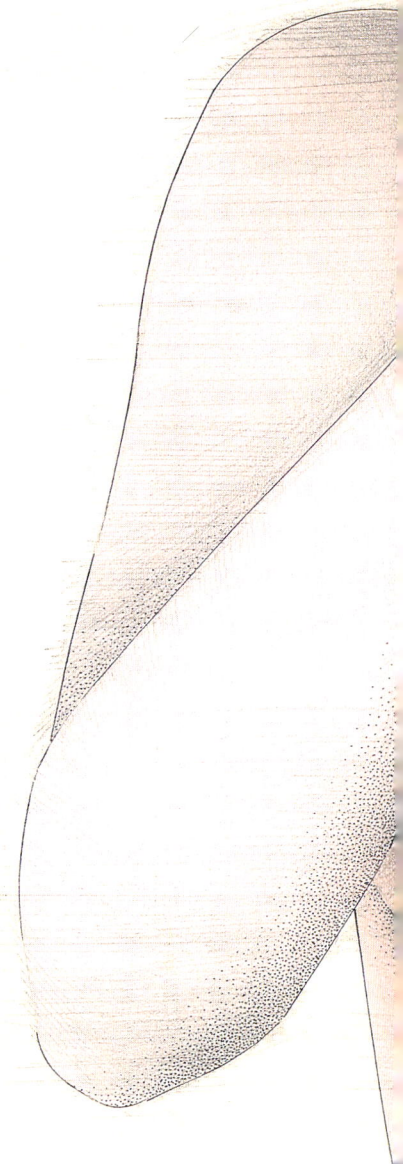

Erotische Spiele wie dieses können dafür sorgen, daß die Liebe ihre Bedeutung nie verliert. Ihr Einfallsreichtum und sein Vergnügen beruhen auf unterschwelligem gegenseitigen Einverständnis. Deshalb kommt es selten zu Streit, und die sexuellen Freuden sind groß.

Nehmen Sie sich zuerst Zeit für das eigene Vergnügen und dann für das Vergnügen zu zweit. Jemand, der glaubt, daß seine Person zu unwichtig dafür sei, wird sich nach meiner Erfahrung dem Partner immer unterlegen fühlen. Die meisten Menschen akzeptieren uns entsprechend unseres eigenen Selbstwertgefühls. Wenn Sie sich die Zeit für ein Bad nehmen, wenn Sie die Freuden Ihres eigenen Körpers wiederentdecken, sich als Frau nett zurecht machen, sich gut frisieren und Ihrer Ernährung, Ihrer Figur und Ihrem Auftreten mehr Beachtung schenken, werden Sie das vermutlich auch in bezug auf Ihren Partner tun können. Sie werden dann nicht nur sich selbst, sondern auch Ihren Partner für liebenswerter und wichtiger halten.

Ein wesentlicher Teil dieses Selbstlernprozesses ist es, ein richtiger Experte zu werden, was die eigenen sexuellen Reaktionen betrifft. Die meisten von uns lernen das Masturbieren heimlich und hastig während der Kindheit oder Jugend und haben daher wahrscheinlich schlechte Gewohnheiten angenommen und auch als Erwachsene beibehalten. Diese Gewohnheiten sind in einer Zweierbeziehung oft ungünstig, und man sollte versuchen, sie sich wieder abzugewöhnen. Es täte uns allen gut, unseren eigenen sexuellen Reaktionen voll zu vertrauen, um bei der Liebe zu zweit von einer Position der Stärke und des Wissens auszugehen.

Dehnen Sie die Zeit aus, in der Sie Ihrem eigenen Körper Streicheleinheiten und Vergnügen bereiten, und beginnen Sie von vorne, Ihre eigenen Geschlechtsteile und Ihre Reaktionen neu zu entdecken. Probieren Sie neue Empfindungen aus, verbessern Sie Ihre gewohnten Techniken, entwickeln Sie neue Phantasien, beschleunigen oder verlangsamen Sie Ihren orgasmischen Zyklus, ganz wie Sie es für richtig halten, und bereichern Sie ganz allgemein Ihre persönliche Geschlechtlichkeit. Das ist nicht nur ein Beitrag für Ihre Partnerschaft, sondern, was viel wichtiger ist, es verschafft Ihnen die innere Ruhe, Ihre Sexualität für sich selbst zu bewerten und nicht nur im Hinblick auf Ihre Beziehung. Das kann auch den

Druck lindern oder beseitigen, der auf Ihnen lastet, wenn Ihr Partner Sie nicht richtig befriedigt, denn Sie wissen dann, daß Sie das selbst genauso tun können.

Ein Mann, der so handelt, wird vielleicht weniger Sex mit seiner Partnerin wollen, das heißt aber nicht, daß er ihr nicht auch anders Vergnügen bereiten kann. Eine Frau hingegen fühlt sich oft in ihrer Sexualität gesteigert und erwartet dann auch mehr vom Partner. Aus diesem Grund ermutige ich Patientinnen, die Probleme mit ihrem Körperbewußtsein, der Erregung oder ihren sexuellen Fähigkeiten haben, sich häufiger selbst zu befriedigen. Es ist, als ob die Höherbewertung ihrer eigenen Sexualität die Erwartung erhöht, daß auch der Partner etwas davon hat, was auch oft der Fall ist.

Als natürliche Ergänzung sollten Sie die sinnliche Massage regelmäßig in Ihr Liebesleben einbeziehen. Ich habe festgestellt, daß das allein schon die Liebe eines Paares fördern kann – und damit meine ich nicht den Geschlechtsverkehr. Sich gegenseitig Freude zu bereiten, ohne zwangsläufig zum Sex überzugehen, wird sich vorteilhaft auf die Zukunft Ihrer Beziehung auswirken, und es macht eine Menge Spaß.

Als nächstes sollten Sie Ihre Fähigkeiten zur Verständigung gemeinsam verbessern. Das allein wäre schon genug Stoff für ein ganzes Buch, aber die folgenden Ratschläge können schon ausreichen, obwohl sie sich hauptsächlich auf verbale Kommunikation beschränken.

Bauen Sie soweit wie möglich Tabus ab. Viel Streit entsteht, wenn hochbrisante Themen angesprochen werden. Ein Paar, das viele brisante Themen hat, kann sich bald über nichts wirklich Wichtiges mehr unterhalten aus Angst, etwas Falsches zu sagen und damit die Beziehung zu sprengen. Es ist daher nicht überraschend, daß solche Paare kaum mehr miteinander reden, schon gar nicht über Wesentliches. Beispiele für solche Tabuthemen können ihre Brüste sein, seine Impotenz, ihre Mutter, Schulprobleme der Kinder, ihr Beruf, seine Trinkerei und so weiter. Natürlich können zwei Menschen nicht immer gleicher Ansicht sein, aber eine gute Freundschaft sollte schon einige Meinungsverschiedenheiten ertragen können. Es gibt ja schließlich auf kaum eine Lebensfrage eine endgültige Antwort, und eine Ansicht kann genauso gut sein wie die andere. Viele Tabuthemen entstehen auch, weil Männer in dem Bewußtsein erzogen werden, daß Frauen so ganz anders sind – als kämen sie von einem anderen Stern. Daher könne man mit Frauen nicht umgehen, sagen sie.

Derartige Mißverständnisse müssen in einer liebenden Partnerschaft nicht sein. Wenden Sie sich nur einem Tabuthema zur Zeit zu, tauschen Sie sich vielleicht gegenseitig Briefe darüber aus. Ich habe festgestellt, daß das sehr gut funktioniert. Diskutieren Sie das Thema dann an einem ruhigen neutralen Ort, nicht zu Hause. Bleiben Sie beim Thema, kommen Sie nicht vom Hundertsten ins Tausendste, und stellen Sie nicht die ganze Partnerschaft in Frage. Wenn Sie es einmal geschafft haben, ein Tabuthema zu bewältigen, wird es beim nächsten schon sehr viel leichter sein. Wenn die Probleme aber unlösbar zu werden drohen, suchen Sie den Rat von Fachleuten.

Als zweites sollten Sie daran denken, daß Ihr Partner vermutlich Ihr bester Freund ist, und Sie sollten Ihre Frustrationen nicht an ihm auslassen, nur weil er gerade da ist. Es gibt eine Grenze dessen, was wir ertragen können, und wenn Sie durch irgend etwas außerhalb Ihrer Beziehung frustriert sind, versuchen Sie das Problem dort zu lösen, wo es entstanden ist, und strafen Sie, auch unbewußt, nicht Ihren Partner dafür. Passen Sie höllisch auf mit gefährlichen Sätzen wie »Das verstehst du nicht, du bist ja nur eine Frau!« oder »Was glaubst du eigentlich, was für ein Mann du bist?« Solche Kommentare verletzen tief und bleiben im Gedächtnis. Sie schädigen Ihren täglichen liebevollen Umgang schwer. Es kann Wochen dauern, bis nur ein paar solcher aus Ärger und Frustration entstandenen Bemerkungen wieder gut gemacht sind, und mancher Riß wird nie gekittet.

Natürlich sollen Sie sich auch mit dem Partner auseinandersetzen, aber lassen Sie es nicht in Streit ausarten. Bleiben Sie bei der Sache, und diskutieren Sie konstruktiv. Wenn Sie das nicht tun, wird bald die ganze Beziehung zum Gegenstand der Diskussion, und ein Partner fühlt sich angegriffen, stürmt aus dem Haus oder verbringt die Nacht auf dem Sofa. Versuchen Sie, sich tagsüber zu streiten, nicht abends unmittelbar vor dem Zubettgehen, wenn Sie ohnehin müde sind. Frauen beklagen sich oft bitter, daß ihre Partner ihnen nicht die Möglichkeit geben, ihre wahren Gefühle auszudrücken, oder daß sie sich unverstanden fühlen. Wenn Sie als Mann dieses Buch lesen, versuchen Sie stärker auf das zu hören, was Ihre Partnerin sagt, lassen Sie ihr Zeit, ohne sie zu unterbrechen, und machen Sie deutlich, daß Sie sie verstanden haben. Das Problem bei vielen Streitereien ist, daß viele zwar hören, was der andere sagt, aber nicht wirklich zuhören. Gewöhnen Sie sich nachdenkliches Zuhören an. Bestätigen Sie das, was Ihrem Partner Sorgen macht, indem Sie es mit Ihren eigenen Worten wiederholen, nur um zu sehen, ob Sie es auch richtig verstanden haben. Das zeigt nicht nur, daß Sie zuhören können, sondern verdeutlicht auch die Probleme und gibt dem anderen das Gefühl, ernst genommen zu werden.

Wenn einer von Ihnen dann alles gesagt hat, ist der andere an der Reihe. Danach vergleichen Sie Ihre Notizen und prüfen, worauf Sie sich einigen können. Ich habe festgestellt, daß es sehr gut funktioniert, wenn ein Paar schriftlich zusammenfaßt, worauf es sich geeinigt hat. Es ist immer wieder interessant zu sehen, daß ein Paar, das sich anfangs scheinbar an die Kehle wollte, weit mehr Gemeinsamkeiten findet, wenigstens in einer Therapiesitzung, als es selbst geglaubt hat. Das ist sehr ermutigend und bestärkt meine Ansicht, daß diese Übung zu Hause wiederholt werden sollte. Sie funktioniert wirklich.

Das nächste, woran man besonders bei der Verständigung über Sex denken sollte, ist, daß man nicht immer von sich auf andere schließen kann. Das heißt, daß wir uns oft unbewußt vorstellen, unser »netter« Partner würde dies oder jenes nicht tun, oder im Gegenteil, daß er es tun würde, weil »er ein Mann ist«. Wir alle machen in Gedanken den Fehler zu sagen: »Wenn Du mich wirklich liebst, würdest Du dies oder jenes tun beziehungsweise nicht tun«, während unser Partner gar nicht einsieht, was das mit Liebe überhaupt zu tun haben soll. Wir wurden alle dazu erzogen, bestimmte Verhaltensweisen für mehr oder weniger akzeptabel oder unakzeptabel zu halten, und neigen zu der Annahme, unser Partner müßte die gleiche Erwartungshaltung haben – ob sie nun richtig ist oder nicht.

Das beweist, wie wachsam wir sein müssen, um uns selbst von falschen Vorstellungen über unseren Partner zu befreien, die noch aus der Kindheit oder aus früheren Beziehungen stammen und nur Schaden anrichten. Es hilft zwar sehr, den Partner als eigenständige Person zu sehen, aber wir müssen trotzdem gut aufpassen, daß sich keine albernen Verallgemeinerungen in unsere schönsten Liebesgespräche einschleichen.

Es ist ein guter Grundsatz, auf Drohungen zu verzichten, nicht nur, wenn man sich über Sexualität unterhält. Bedrohen Sie Ihren Partner niemals. Es ist verletzend, macht viel kaputt und wird vielleicht sogar eines Tages ernst genommen. Ein Hauptproblem bei Drohungen ist die Tatsache, daß derjenige, der einem anderen droht, oft von völlig falschen Voraussetzungen ausgeht. Diese Situation begegnet mir oft in den Ehetherapien, die ich durchführe. Wenn einem Partner die Situation klar wird, werden Drohungen überflüssig, und man kommt sich ziemlich albern vor. Selbst wenn Ihr Partner auf eine Drohung reagiert, wird er sich nicht besonders wohl dabei fühlen, sondern sich ärgern. Damit ist die Saat für langfristige Eheprobleme gelegt.

Versuchen Sie nie, Ihren Partner zu strafen. In manchen Beziehungen wird das absichtlich oder unabsichtlich getan, und das kann in einen Teufelskreis führen. Der Sex leidet darunter, Hausarbeit und Kinder werden vernachlässigt, und die Lebensqualität wird immer schlechter. Die meisten sich liebenden Partner haben aus Erfahrung gelernt, daß derartige Konflikte solchen Schaden anrichten können, daß sie früh gelöst werden

müssen, wenn sie einem nicht ganz aus der Hand gleiten sollen.

Natürlich gibt es noch eine Reihe anderer wichtiger Dinge, die man nicht übersehen sollte, wenn man über Beziehungsprobleme und besonders über Sex redet. Aber ein Paar, das diese wenigen Ratschläge beherzigt, wird nicht viel falsch machen.

Selbst ein Paar, das sich gut versteht und Problemen gegenüber offen ist, wird feststellen, daß man ab und zu zusammen und dabei doch allein sein muß, um körperlich und gefühlsmäßig wieder aufzutanken und den Partner auch weiterhin tagein, tagaus, jahrein, jahraus lieben zu können. Die beste Methode, die ich dafür kenne, ist der sinnliche Urlaub, den ich schon früher näher beschrieben habe.

Zwei Menschen, die an ihrer Beziehung so arbeiten, wie ich es hier meine, werden sich schnell wieder wie romantische Teenager fühlen, obwohl sie auch tüchtige Erwachsene, verantwortungsbewußte Eltern und Angestellte sind und aktiv Anteil an der Gesellschaft nehmen. Sie lassen während ihres täglichen Lebens keine Gelegenheit aus, sich zu küssen und zu umarmen, sie berühren sich gegenseitig so oft wie möglich, sie flüstern sich etwas Nettes ins Ohr, sie loben einander mehr, als sie sich kritisieren, sie vergessen nie einen Geburtstag oder ein Jubiläum, sie greifen den anderen nie persönlich an, sie respektieren Stimmungen, und sie wissen auch jederzeit über die sexuelle Stimmung Bescheid. Wenn ein Partner keinen Sex will, wird er den anderen dennoch so befriedigen, daß keine Frustration zurückbleibt. Solch ein Paar kennt den Unterschied zwischen Geschlechtsverkehr und Liebesakt, sie zwingen sich nicht gegenseitig zu sexuellen Handlungen, die ihnen keinen Spaß machen, und sie halten Meinungsverschiedenheiten oder sexuelle Vorlieben nicht für ein Zeichen von fehlender Liebe. Mit sexuellem Versagen oder Enttäuschung werden sie aufgrund ihrer liebevollen Grundeinstellung leicht fertig, weil die Probleme in der richtigen Perspektive gesehen und entsprechend behandelt werden.

Es ist interessant, daß in Partnerschaften, in der die Liebe vorwiegend so aussieht, sexuelles Versagen und sexuelle Enttäuschungen als unwichtig betrachtet werden. Meine eigene Erfahrung in der Praxis zeigt genauso wie andere Studien, daß Paare, deren Ehe nach eigener Einschätzung glücklich ist, sexuelles Versagen und Potenzschwierigkeiten nicht so sehr als Problem ansehen. Die weitaus größte Zahl solcher Schwierigkeiten kommt nie vor einen Therapeuten, weil die Beziehung auf anderer Ebene so gut funktioniert, daß es nicht notwendig erscheint.

Es wäre natürlich falsch zu sagen, daß sexuelle Probleme nur in unbefriedigenden oder lieblosen Beziehungen auftauchen. Aber es trifft auch zu, daß solche Probleme in glücklichen Partnerschaften einen geringeren Stellenwert einnehmen als in weniger guten. Es wird immer gesagt, daß die Zahl der sexuellen Probleme gestiegen ist, aber ich glaube, es gab immer eine Menge sexueller »Erkältungen« und »Infektionen«, nur gute, liebevolle Partnerschaften haben sie überlebt, weil das Abwehrsystem der Beziehung intakt war. Meiner Meinung nach leiden heute viele Menschen unter »Sexual-Aids«, das heißt, daß das Immunsystem der Paare so schlecht ist, daß die Beziehung unter dem Gewicht erster sexueller »Be-schwer-den« sofort scheitert.

Die meisten von uns gehen mit den besten Absichten eine Beziehung oder Ehe ein, aber wir lassen die Dinge dann schleifen, und mit den Jahren verarmt die Partnerschaft, statt daß sie bereichert wird. Wenn wir es schaffen, eine Selbst-Liebe im positiven Sinn aufzubauen, können wir auch unseren Partner um seiner selbst willen lieben – und nicht als Anhängsel von uns. Zunehmende Einsichtsfähigkeit verbietet uns, die eigene Unzufriedenheit und persönlichen Unzulänglichkeiten dem Partner anzulasten, als ob es seine wären. Kurz gesagt, indem wir Verantwortung für uns selbst übernehmen, erlauben wir auch unserem Partner, ganz er selbst zu sein und damit freier für die Liebe zu werden. Diese Art inneren Wachstums braucht Zeit und erfordert viel Mühe, aber sie ist es wert, denn mit Wissenszuwachs und Verhaltensänderungen geht auch eine Veränderung unserer Partnerschaft einher. Änderungen sind meistens schmerzlich, selbst wenn das Ergebnis langfristig positiv ist. Liebe Tag für Tag hilft einem Paar, damit fertigzuwerden.

Viele Paare, mit denen ich darüber gesprochen habe, halten das für einen Traum, den man kaum verwirklichen kann. Für viele ist es in der Tat schwierig. Aber nach meiner persönlichen und ärztlichen Erfahrung gibt es keinen anderen Ausweg. Um einen Liebesakt in Öl zu malen, muß die dafür ausgewählte Leinwand im bestmöglichen Zustand sein. Nur mit Liebe Tag für Tag können wir hoffen, das zu erreichen.

Ein Liebesnest zu Hause

Wie wir sehen werden, lieben sich die meisten Paare manchmal auch woanders als in ihrem Schlafzimmer, aber meistens findet Sex doch immer noch dort statt. Es ist traurig, daß so wenige diesem Raum, der doch ihr Liebesnest sein soll, die Aufmerksamkeit schenken, die er verdient. Im nachfolgenden Kapitel möchte ich Ihnen zeigen, wie man das ändern kann.

Ein durchschnittliches Schlafzimmer ist selten romantisch, obwohl es viele, relativ preiswerte und wenig Mühe machende Möglichkeiten gibt, hier etwas zu verbessern.

Prüfen Sie einmal, und denken Sie dabei an die Liebe, ob Sie wirklich den günstigsten Raum als Schlafzimmer gewählt haben. Viele Paare benutzen den größten der vorhandenen Schlafräume, aber wenn möglich, sollte man aus akustischen Gründen ein Zimmer wählen, das neben einem weitgehend unbenutzten liegt. Die meisten modernen Häuser sind sehr hellhörig, was sich dadurch verbessern läßt, daß man die Wände zu den angrenzenden Schlafräumen mit Platten oder Bespannungen isoliert. Dicke Vorhänge und ein Teppich dämpfen ebenfalls den Schall. Man sollte über dieses Problem eingehend nachdenken, denn nichts hemmt mehr bei der Liebe, als wenn man ständig darauf achten muß, andere nebenan nicht zu stören.

Wenn irgend möglich, richten Sie sich neben dem Schlafzimmer ein Bad oder eine Dusche ein. Ein Waschbecken genügt zwar auch, aber die Möglichkeit, zusammen zu duschen oder zu baden, trägt viel zu einem abendlichen Liebesvergnügen bei. Es ist auch angenehm, nackt herumlaufen zu können, ohne andere im Haus damit zu belästigen.

Die Beleuchtung ist sehr wichtig. Das Licht sollte man dämpfen können, oder man bringt mehrere kleine Lampen an, die nach Bedarf ein- oder ausgeschaltet werden. Für einen wirklich romantischen Abend sind Kerzen am besten, sie müssen aber sicher stehen.

Auch die richtige Temperatur ist sehr wichtig. In vielen kälteren Ländern wird die Raumtemperatur im Schlafzimmer das ganze Jahr über so niedrig gehalten, daß nur abgehärtete Paare Spaß am Vorspiel haben. Bei Zentralheizung ist eine gewisse Grundtemperatur immer vorhanden. Aber es ist wichtig, einen zusätzlichen Warmluftheizer aufzustellen, mit dem man das Zimmer schnell erwärmen kann, wenn man eine Liebesnacht plant. Schalten Sie ihn mindestens eine halbe Stunde vorher an.

Natürlich ist das Bett das wichtigste für ein romantisches, einladendes Schlafzimmer. Kaufen Sie das größte Bett, das Sie sich leisten und unterbringen können. Die Matratze sollte fest sein, das ist nicht nur gut für den Sex, sondern auch zum Schlafen. Wenn die Matratze zu weich ist, sinkt das Becken der Frau zu tief ein und macht das Eindringen des Penis schwierig oder sogar schmerzhaft.

Manche Paare dekorieren ihr Bett, um es romantischer zu machen. Ein Betthimmel, eine schöne Tagesdecke oder sogar ein Bett mit vier Pfosten geben den Stunden der Liebe und des Schlafes eine besondere Note. Bettwäsche aus Seide oder Satin fühlt sich zwar sehr gut an, ist aber nicht besonders gut zu waschen, außerdem ist sie sehr teuer. Also bleiben die meisten Leute bei Mischgeweben, die vielleicht weniger erotisierend, aber dafür praktischer sind. Feder- oder Steppdecken sind für die Liebe sicher am praktischsten, und ein paar zusätzliche Kissen sind für einige Liebesstellungen sehr angenehm.

Wenn Sie genügend Platz haben, stellen Sie einen Stuhl ins Zimmer. Er sollte stabil und gerade sein und keine Armlehnen haben, so daß man sich rücklings darauf setzen kann. Liebeserfahrene schätzen auch eine Chaiselongue. Man sollte den Fußboden soweit wie möglich freihalten, um sich gemeinsam darauf legen zu können, sich zu massieren oder sogar zu lieben. Ein Teppichboden, sei er auch noch so preiswert, ist eine sinnvolle Anschaffung.

Wenn Sie Liebesspielzeug oder Erotika mögen, sollten Sie dafür eine abschließbare Schublade oder einen Schrank haben, damit niemand unbefugt daran kommt. Auch erotische Bilder an den Wänden können die richtige Stimmung erzeugen, sollten aber subtil und nicht aufdringlich sein, falls mal jemand anders Ihr Schlafzimmer betritt.

Manche Menschen mögen sich oder ihren Partner beim Liebesspiel gern im Spiegel betrachten. Das kann man mit verspiegelten Schranktüren oder einem großen Standspiegel ermöglichen. Diese harmlose Art von Voyeurismus macht vielen Spaß, wirkt auf andere aber eher ernüchternd, wenn sie sehen, wie dick ihr Po wirklich ist oder wie albern sie in bestimmten Stellungen aussehen. Probieren Sie das selber aus.

Da elektronische Geräte immer preiswerter werden, können sich auch mehr Menschen ein zusätzliches Fernseh- und Videogerät für ihr Schlafzimmer leisten. Im Bett fernzusehen, ist zwar nicht gut für die Liebe, aber ein erotischer Film kann Ihr Sexleben durchaus bereichern. Passen Sie auf, daß das Fernsehgerät nicht einen zu großen Stellenwert in Ihrem Schlafzimmer erhält.

Papiertaschentücher sollten auf jedem Nachttisch liegen, so daß die Frau sie nach dem Verkehr gleich zur Hand hat und nicht aufstehen muß, um sich zu waschen. Der Mann kann damit seinen Penis abwischen, und man kann nach der oralen Liebe das Sperma aus dem Mund entfernen, wenn man es nicht schlucken will. Taschentücher sind auch nützlich während der Periode der Frau.

Zum Schluß: Wie sieht es mit Düften aus? Parfümieren Sie den Raum mit wohlriechenden Kerzen, duftenden Blumen oder Räucherstäbchen, um eine angenehme Stimmung und Atmosphäre zu schaffen.

Eine gute Atmosphäre in Ihrem Schlafzimmer erfordert mehr als nur die Grundausstattung. Nehmen Sie sich Zeit, die Einrichtung dieses Raumes zu planen, machen Sie daraus eine gemeinsame Liebesaktion. Machen Sie sich gegenseitig eine Freude, indem Sie auf die Dekorationswünsche des anderen eingehen, und nehmen Sie die Renovierung vielleicht zusammen in Angriff. Schließlich ist es ja Ihr gemeinsames Zimmer, Ihr Rückzugsort von der Außenwelt, ein Raum, in dem Sie, abgesehen von der Liebe, vielleicht lesen oder sonst etwas tun, ein eigener Bereich, in dem Sie zusammen sein können, weitab von den Alltagssorgen.

Viele Paare finden es fast unmöglich, sich in der Geschäftigkeit des Alltags Zeit und Raum für sich selbst zu schaffen. Wenn Sie aber ein einladendes Schlafzimmer haben, wird sich bei Ihnen beiden ganz von allein der Wunsch einstellen, viel Zeit darin zu verbringen. Im Laufe Ihrer sexuellen Zweisamkeit oder Ehe wollen Sie vielleicht das Schlafzimmer Ihren wechselnden Liebesgewohnheiten anpassen. Solche Veränderungen spiegeln die tiefgreifenderen Ereignisse wider, die sich aus dem Reifeprozeß Ihrer Beziehung ergeben.

Gemeinsame Liebesphantasien

Miteinander zu träumen und Phantasien auszudenken ist eine wunderbare und sehr intime Art, sich gegenseitig in seiner Sexualität kennenzulernen. Natürlich muß das in einfühlsamer und liebevoller Weise geschehen, dann ist es eine der besten Methoden, ein gemeinsames Liebesleben aufzubauen.

Wie Sie aus jedem einschlägigen Artikel in Frauenzeitschriften entnehmen können, enthüllen unsere Träume und Phantasien viel von dem, was in unserem Unterbewußtsein vorgeht. Das trifft für nichts mehr zu als für Sex. Selbst wenn wir uns unserer wirklichen sexuellen Wünsche und Begierden bewußt sind, was selten der Fall ist, finden wir es meist schwierig, uns gut darüber zu verständigen: Eine ausgezeichnete Möglichkeit, sich auf diesem Gebiet besser kennenzulernen, sind gemeinsame Liebesphantasien. Jeder von uns hat eine ganz eigene, persönliche Geschlechtlichkeit, die man Sexualität nennt, aber wir kennen nur einen Teil davon. Es gibt alle möglichen Arten von unerklärbaren Bedürfnissen, Sehnsüchten, Vorlieben und Phantasien, die einem zum Beispiel in den Sinn kommen, wenn man sich selbst befriedigt, wenn man träumt oder tagträumt oder sogar bei der Liebe. Da wir dazu erzogen wurden, solche Gedanken zu unterdrücken, haben wir sie verdrängt, so daß sie in unserem Unterbewußtsein weiterleben. Sie sind damit nicht verschwunden, sondern warten nur auf eine Gelegenheit, sich in angenehmer oder unangenehmer Weise, innerhalb oder außerhalb unserer Beziehung bemerkbar zu machen. Diese Information über das Unterbewußtsein wird von Therapeuten genutzt, um etwas über einen Menschen zu erfahren, was sonst nicht herauszubekommen wäre.

Aber Phantasien gemeinsam zu erleben ist nicht so einfach, wie es klingt, und bevor man den Versuch startet, sollte man sich über seine Motive im klaren sein. Das kann schwierig sein. Es gibt nur einen triftigen Grund dafür, seine Phantasien mit jemandem zu teilen: die Bereicherung und Verbesserung der Beziehung. Dinge zu enthüllen nach dem Motto, so bin ich eben, damit du es weißt und dich danach richten kannst, ist nicht sehr liebevoll, sondern eher beeinflussend oder einschüchternd.

Das Schlüsselwort heißt Vorsicht, wenn Sie Ihre Phantasien Ihrem Partner mitteilen. Wenn Sie Zweifel haben, halten Sie lieber den Mund, aber wenn Sie reden, achten Sie besonders auf die Reaktion Ihres Partners. Nur weil Ihnen etwas ganz normal und akzeptabel erscheint, muß es bei Ihrem Partner nicht auch so sein. Da kann es passieren, daß Sie, statt ein für beide wichtiges Thema anzugehen, in Wirklichkeit die Tür für Monate oder Jahre zuwerfen. Wenn Sie also Ihre Beziehung stärken wollen, ist Vorsicht das oberste Gebot.

Denken Sie auch daran, daß Ihr Partner das, was Sie ihm einmal mitgeteilt haben, ein für alle mal weiß. Das allein kann schon Probleme aufwerfen. Eine meiner Patientinnen hatte die Phantasie, gefesselt zu sein und von mehreren Männern gleichzeitig brutal genommen zu werden. Sie teilte dies vorsichtig ihrem Mann mit, und er war entsetzt. Er befand sich jetzt in dem Dilemma, wie er als empfindsamer, anständiger, liebender Partner in das Liebesleben einer solchen »Sexbesessenen«, wie er es nannte, hineinpassen sollte.

Hier sollte ich vielleicht einmal gegen den Mythos angehen, daß alle Phantasien nur unerfüllte Wünsche oder Bedürfnisse darstellen. Das stimmt so nicht. Manche Leute haben Phantasievorstellungen von Dingen, die sie im wirklichen Leben wie die Pest meiden würden. Die oben zitierte Frau ist ein Beispiel dafür. Das ist ja gerade das Gute an Phantasien, daß sie nicht dazu gedacht sind, unbedingt verwirklicht zu werden.

Dies begann in ihrer Phantasie,
aber als sie diese ihrem
Geliebten anvertraute,
entdeckte sie, daß er auch
Freude daran hat. Das passiert
vielen Paaren, die gut
zusammen passen.

Es kommt auch vor, daß Menschen, die ihre Lieblingsphantasie ausleben möchten, eine große Enttäuschung erleben. Denken Sie daran: Das Besondere an einer Phantasie ist, daß man sie selbst kontrollieren kann. In der Phantasie sind Männer und Frauen immer attraktiv, sexuell anregend und tun genau das, was man sich vorstellt. Das kann in Wirklichkeit ja nie so sein, da auch der Traumpartner eine eigene Sexualität und einen eigenen Willen hat, den er dem anderen aufdrücken will. Wenn die Verwirklichung einer Phantasie enttäuschend ist, hat man möglicherweise etwas sehr Wertvolles verloren, denn die Phantasie selbst hat wahrscheinlich ihre Aufgabe verloren. Einige Männer und nicht wenige Frauen sagen »Wenn du mich liebst, würdest du das tun«, was immer das ist. Das setzt den anderen erheblich unter Druck, entweder zu handeln oder lieblos zu erscheinen. Manche gefährden dadurch ihre ganze Partnerschaft, aber das ist normalerweise ein Zeichen, daß ein viel größeres Problem vorliegt. Im allgemeinen versucht ein Partner so, wenn auch unbewußt, die Beziehung zu testen. Aber solch ein Test ist unrealistisch, weil der andere nicht versteht, daß das Nachspielen einer Phantasie eine Art Liebestest sein soll. Es kann deshalb gefährlich sein, dem anderen mit falschen Absichten Phantasien mitzuteilen. Für viele Paare ist das größere Problem jedoch, daß sie dem Partner ihre Vorstellungen überhaupt nicht mitteilen können aus Angst, für sexbesessen, pervers, wollüstig, schmutzig, sündig oder merkwürdig gehalten zu werden.

Wenn man über seine Phantasien spricht, sollte man dies sehr behutsam tun. Wählen Sie dafür die richtige Zeit, vielleicht wenn Sie beide schon sexuell erregt sind. Beginnen Sie mit einem kleinen Teil, vielleicht in Form einer Geschichte, und warten Sie ab, wie Ihr Partner reagiert. Das erfordert zuerst etwas Mut, weil Sie vielleicht Angst haben, zurückgewiesen zu werden, aber denken Sie daran, daß Ehetherapeuten oft sehr viele gemeinsame Phantasien bei Paaren entdecken, die nichts davon wußten, bis sie miteinander darüber gesprochen haben. Das kommt vor, wenn zwei Menschen auf unbewußter Ebene sehr gut aufeinander eingestellt sind.

Es ist vielleicht schwierig anzufangen, wenn Sie so gar nichts über die Phantasien Ihres Partners wissen. Es kann zwar gut für eine offene und ehrliche Beziehung sein, wenn man geradeheraus fragt, aber viele stellen fest, daß eine sorgfältige Beobachtung, möglichst über längere Zeit, besser funktioniert. Achten Sie darauf, was Ihr Partner gern liest, was er an Filmen und Videos oder beim Lesen von Büchern und Zeitschriften aufregend findet. Wenn Sie schon eine Ahnung haben, bauen Sie diese in eine Phantasiegeschichte ein, von der Sie wissen, daß sie ankommt, und fragen Sie dann Ihren Partner, was ihm daran am besten gefällt, wenn Sie es nicht schon durch seine Reaktion herausgefunden haben. Durch diese Vorgehensweise entdecken Sie nicht nur vorhandene Phantasien und können besser daran teilhaben, sondern es werden vielleicht auch neue entstehen, die für Sie beide während der Liebe etwas ganz Persönliches darstellen.

Erotische Leserbriefe in Sexmagazinen zu lesen ist auch eine gute Quelle für Phantasien. Wenn dadurch einmal der Anstoß kommt, wird sich sogar ein eher schüchterner Partner dazu bringen lassen, über Dinge zu sprechen, über die er sonst geschwiegen hätte. Ein bißchen Alkohol hilft bei dieser Übung.

Besonders beliebt bei vielen meiner Paare ist der Versuch, eine Art Drehbuch für ein Sexvideo zu schreiben. Ich fordere sie auf, ein Manuskript für einen richtig erotischen Film zu schreiben, bei dem sie selbst Regie führen sollen. Der Film kann alles enthalten, was sie wollen, aber er muß für beide sehr erregend sein. Wenn beide Partner das für sich allein ausarbeiten und dann die Texte austauschen, lernen sie viel über die Phantasien des anderen.

Sexuelle Phantasievorstellungen miteinander zu teilen bringt manchmal ungeahnte Offenheit in eine Beziehung. Eine Frau, die schüchtern und gehemmt wirkt, hat unter Umständen phantastische erotische Phantasien, so daß sie ihrem Partner in einem völlig neuen Licht erscheint. Ein ängstlicher Mann, der Vorstellungen hat, von Frauen überwältigt zu werden, sagt damit vielleicht unbewußt, daß er zumindest gelegentlich seiner Partnerin bei der Liebe die Führung überlassen möchte. Solche Enthüllungen können problematische Beziehungen sehr erhellen. Ich halte das für eine der besten Therapiemethoden in solchen Situationen. Diese Ehrlichkeit, die sich vielleicht erst nach langen Jahren des Zusammenlebens ergibt, kann die Lage so entscheidend ändern, daß zwei Menschen sich völlig neu sehen und das Liebesleben aufblüht.

Aber nur weil man dem anderen etwas erzählt hat, heißt das nicht, daß man auch danach handeln sollte. Und wenn man solche Phantasien verwirklicht, muß das mit Vorsicht geschehen, lieber ein bißchen versteckt als zu offensichtlich. Eine Frau zum Beispiel, die analen Sex im richtigen Leben absolut ablehnt, aber häufig Phantasien davon hat, könnte sich von ihrem Partner in einer knienden Stellung von hinten lieben lassen und dabei ihrer Vorstellung nachgehen, daß er in ihren Anus eindringt. Das kann durchaus zu richtigem analem Sex führen, wenn beiden danach ist, muß aber nicht.

Dinge, die sich in der Wirklichkeit nicht realisieren lassen, können von einem liebenden Partner in der Vorstellung erzeugt werden. Ein Mann zum Beispiel, der Phantasien davon hat, mit einem Filmstar zu schlafen, kann eine sexuelle Begegnung mit seiner Traumpartnerin erleben, wenn seine wirkliche Partnerin dazu bereit ist, ihm bei der Liebe entsprechende Vorstellungen einzuflüstern.

Ein Spiel, das sehr gut funktioniert, heißt »Ins-Ohr-Flüstern«. Dabei flüstert entweder die Frau oder der Mann dem Partner eine Geschichte ins Ohr, die wunderbares erotisches Vergnügen bereitet. Das Geheimnis liegt darin, eine Geschichte zu erfinden, in der die Elemente vorkommen, von denen Sie wissen, daß sie Ihren Partner am stärksten erregen. Wenn Sie die Details richtig ausschmücken, können Sie sicher

sein, daß der andere das außerordentlich genießt. Damit das Spiel möglichst gut funktioniert, müssen Sie danach irgendwann wieder darüber reden, um sicher zu sein, daß Sie das Richtige gesagt haben. Ein durchschnittlicher Liebhaber kann aus der Beobachtung leicht erkennen, welche Details für den anderen am erregendsten waren. Die Hintergründe für solche Geschichten werden über einen langen Zeitraum gesammelt, indem man sehr darauf achtet, was den Partner in verschiedenen Lebenslagen am meisten anregt. Wenn Sie ein Thema gefunden haben, das ihn wirklich »anmacht«, bleiben Sie im wesentlichen dabei, vielleicht mit kleinen Variationen, denn wie beim Masturbieren mögen es die meisten, vorher zu wissen, wodurch sie erregt werden. Manche Paare finden, daß das Spiel am besten funktioniert, wenn sie selbst Hauptperson der Geschichte sind.

Es gibt nur eine Gefahr bei solchen gemeinsamen Phantasien, und zwar wenn sie von Dritten handeln, die Sie beide kennen. Vielleicht ist es nicht so gut, Ihren Partner dazu anzuregen, die Nachbarin zum Inhalt seiner Vorstellungen zu machen, denn das könnte leicht Wirklichkeit werden. Ich empfehle auch keinem Paar, kriminelle Phantasien wie Sex mit Kindern zu teilen. Andere Bedürfnisse, die einfach nur eigenartig sind, können dadurch gut gestillt werden. Nach meiner Erfahrung und auch nach der von anderen Therapeuten, werden solche Phantasien mit der Zeit von allein verschwinden, wenn man sie bewußt hinnimmt. Sie werden oft durch »gesündere« Themen ersetzt, besonders wenn der Partner die richtigen Stichworte liefert und mit Ersatzmaterial aufwartet. Für manche Menschen sind Phantasien im allgemeinen und im besonderen so persönlich, daß sie sie nicht einmal mit ihrem Partner teilen wollen. Das ist auch gut so. Wir haben alle unsere Grenzen, und bestimmte Phantasien verlieren ihre Nützlichkeit, wenn wir sie mitteilen. Für manche ist eine bestimmte Vorstellung wie ein sexueller Talisman, ohne den sie nur schlecht oder gar nicht lieben könnten. Vielleicht würde die Phantasie ihren

Zauber verlieren, wenn darüber geredet wird. Tatsächlich haben mir viele bestätigt, daß das tatsächlich so ist.

Wenn Sie unbedingt eine Phantasie verwirklichen möchten, aber Ihr Partner nicht bereit ist, daran teilzunehmen, haben Sie unter Umständen ein Problem. Ich habe ein paar Vorschläge gemacht, das zu umgehen. Wenn Sie damit oder mit ähnlichen Methoden nicht zurecht kommen und mit dem Gedanken spielen, Ihre Träume außerhalb der Beziehung auszuleben, müssen Sie sehr umsichtig sein. Oft entspricht das Ergebnis überhaupt nicht den Erwartungen, wenn man versucht, die Phantasie mit einer Prostituierten oder in einer Affaire zu verwirklichen, und man schadet seiner Beziehung allein schon dadurch, daß man sich Dritten anvertraut hat. Die meisten Paare sind fähig, ihre gegenseitigen Bedürfnisse zu befriedigen, wenn es auch nur in der Phantasie ist. Mit einem bißchen gesunden Menschenverstand, mit Einfallsreichtum und Liebe dürfte es eigentlich gelingen, daß es nur wenige Menschen gibt, deren Sehnsüchte völlig unerfüllt bleiben. Die Verwirklichung von Phantasien außerhalb der Beziehung zu suchen kann deshalb Probleme mit sich bringen, weil der Wunsch danach sehr leicht überbewertet wird und man darüber die Bedeutung des vorhandenen Partners übersieht. Nur weil ein anderer Partner an Ihren Phantasien teilnimmt, heißt das ja noch nicht, daß er auch sonst der bessere Partner wäre. Aber darüber eine verstandesmäßige Entscheidung zu treffen, ist fast unmöglich, dazu ist das Thema viel zu heikel.

Viele Menschen glauben, sie wären die einzigen mit solch verrückten Ideen und wagen aus diesem Grund nicht, sich mitzuteilen. Das wird bei der therapeutischen Arbeit mit Paaren besonders deutlich. Wenn in einer Woche der Mann allein zu mir kommt, erzählt er mir ängstlich und bestürzt, was er für unaussprechliche Gedanken hat, die er aber vermutlich mit acht Millionen anderen Menschen teilt. Er schämt sich und bittet mich, darüber ja nicht mit seiner Frau zu sprechen. Eine Woche vorher hat mich aber seine

Frau um das gleiche gebeten und von fast den gleichen Phantasien berichtet. Es macht mir immer Spaß, wenn ich dem Paar dann die Situation klar mache und die Gesichter sehe. Plötzlich merken sie nicht nur, daß sie sehr viel mehr gemeinsam haben, als sie dachten, sondern auch, daß sie nicht im entferntesten so eigenartig sind, wie sie befürchtet hatten.

Verbreitete männliche Phantasien beinhalten bekannte und berühmte Persönlichkeiten oder bestimmte, dem Mann persönlich bekannte Frauen. Sie handeln von vertrauten und neuen sexuellen Aktivitäten mit seiner Partnerin, von Homosexualität und vielem anderen. Weibliche Phantasien unterscheiden sich sehr, aber die beliebteste handelt von etwas, das mit dem Partner erlebt und besonders genossen wurde. Die Szene wird oft überaus romantisch ausgeschmückt und vielleicht in einen Urlaub verlegt. Frauen wie Männer beziehen gewöhnlich Bekannte oder Arbeitskollegen in ihre Vorstellungen mit ein. Auch berühmte Männer spielen darin eine große Rolle, und sowohl Phantasien von Homosexualität als auch Vorstellungen im Zusammenhang mit Tieren sind viel weiter verbreitet, als man annimmt. Bei Frauen ist ein beliebter Inhalt von Phantasien, als Sklavin behandelt, geschlagen oder in irgendeiner Weise mißbraucht zu werden, und viele Phantasien handeln von aufgezwungenem Sex. Bei beiden Geschlechtern häufig sind auch Vorstellungen von Sex mit mehr als einem Partner oder daß der Partner zuschaut, wie man mit jemand anderem schläft.

Was auch immer Ihre Phantasien sein mögen, geben Sie acht, wie und wann Sie sie verwenden, wenn Ihr Partner davon weiß. Wenn Ihr Partner zum Beispiel Ihre Lieblingsphantasie kennt, die von einem früheren Liebhaber handelt und davon, was er mit Ihnen gemacht hat, ist das durchaus in Ordnung und kann Ihr gemeinsames Liebesleben bereichern. Aber wenn sich Ihr Partner aus irgendeinem Grund nicht wohlfühlt oder sexuelle Probleme hat, kann er ziemlich verärgert sein, wenn Sie während der Liebe an

Ihren Verflossenen denken. Man sollte auch vorsichtig sein, seine Phantasien unmittelbar bei der Liebe offenzulegen. Aber wenn Sie beide behutsam sind, können alle Themen die sexuelle Stimmung heben, – bis auf die heikelsten.

Einige meiner Patientinnen haben mir berichtet, daß sie keine Probleme mehr mit einem müden, besorgten, nervösen oder sich überflüssig vorkommenden Partner haben, seit sie beim Sex seine Phantasien anregen oder ihm von ihren eigenen erzählen. Solche intimen Enthüllungen konnten selbst den müdesten Sextrieb wiederbeleben. Viele Paare können durch den kreativen Gebrauch ihrer Phantasien sich sogar gegenseitig den Sexualtherapeuten ersetzen. Wenn sexuelle Fehlfunktionen oder Enttäuschungen auf diese Weise behandelt werden, ist meist keine professionelle Hilfe mehr erforderlich. Manche Menschen empfinden aber solche Enthüllungen ihres Partners bei der Liebe irgendwie voyeuristisch. Wenn Sie eine lebhafte Phantasie haben, können Sie auf dem aufbauen, was Ihr Partner Ihnen erzählt und so einen Liebesakt ermöglichen, selbst wenn den Umständen entsprechend die Liebe aus irgendeinem Grund von der Tagesordnung gestrichen war.

Diese Art von Sexualtherapie kann weniger schwerwiegendes sexuelles Versagen verhindern, indem man die Frustrationen eindämmt, bevor sie auftreten. Da bei vielen Männern sexuelle Probleme aus der Angst vor dem Versagen entstehen und nicht aus dem Versagen selbst, hat jede Frau, die dieses Problem früh genug entschärfen kann, ein wirksames Mittel gegen Versagen und Enttäuschung in der Hand.

Zum Schluß möchte ich ein paar Worte über die Liebe sagen. Viele Menschen, besonders Frauen, empfinden es als lieblos, wenn sie die Phantasien ihres Partners anhören oder ihre eigenen mitteilen sollen. Darauf gibt es keine endgültige Antwort, weil wir alle andere Vorstellungen von dem haben, was wir als lieblos bezeichnen.

Wenn Sie aber, so wie ich, von der Voraussetzung ausgehen, daß alles gut ist, was das Liebesleben eines Paares bereichert und belebt, dann ist auch am gemeinsamen Phantasieren nichts falsch. Sich gegenseitig wirklich gut zu kennen ist ja Liebe im wirklichen Sinne, und ich ermutige die Paare immer zu der Erkenntnis, daß sie durch diese Gemeinsamkeiten eher mehr als weniger geliebt werden. Selbst in ziemlich soliden Beziehungen wird oft einer von der Angst beherrscht, für eigenartig, unakzeptabel oder nicht liebenswert gehalten zu werden. Meiner Meinung nach sollte man mit dem Teilen seiner Phantasien schon in der Zeit der Verliebtheit anfangen, um eine lebenslange Beziehung mit Aufrichtigkeit zu beginnen und nicht mit allen möglichen Vorbehalten und Ängsten, die im Hintergrund lauern, und uns in Aufregung versetzen oder bedrohen, wenn wir es am wenigsten wollen oder erwarten.

Phantasien miteinander zu teilen ist einer der intimsten und liebevollsten Gefallen, den zwei Partner sich tun können. Deshalb sollte es nicht leichtfertig passieren, denn wir erleben es wahrscheinlich nur ein- oder zweimal im Leben mit jemandem, dem wir wirklich vertrauen und der uns vertraut. Miteinander zu phantasieren kann befreiend sein und baut ein Vertrauen auf, wie es nur bei wenigen anderen Betätigungen möglich ist. Miteinander zu schlafen ist im Vergleich dazu viel leichter und hat deshalb auf Dauer nicht denselben Wert. Der wahre Liebesakt schließt ein, daß man voller Vertrauen sein Inneres mit dem anderen teilt. Ich halte gemeinsame Phantasien in diesem Zusammenhang für sehr wichtig und horche auf, wenn ein Paar nicht auch dieser Meinung ist. Solche Paare müssen dann an ihren Fähigkeiten arbeiten, in vielen anderen Bereichen miteinander intim sein zu können, sich mitzuteilen und zu vertrauen, bevor sexuelle Phantasien ohne Probleme gemeinsam erlebt werden können.

Es muß nicht immer das Schlafzimmer sein

Die meisten Paare lieben sich in ihrem Schlafzimmer. Viele haben jedoch herausgefunden, daß der kleine Unterschied zwischen gutem Sex und einem wirklich abenteuerlichen Liebeserlebnis in einer anderen Umgebung besteht. Mit ein bißchen Überlegung und Kreativität kann man durch eine neue Situation einen Hauch von Frische und Spaß in die Beziehung bringen.

Meist findet Sex im Schlafzimmer statt. Trotzdem ist es sowohl meine Erfahrung als auch das Ergebnis vieler Studien, daß die meisten Paare, wenn auch nur von Zeit zu Zeit, die Liebe auch in anderer Umgebung genießen. Außer dem Schlafzimmer sind die beliebtesten Räume das Wohnzimmer, die Küche und das Bad. Ich habe festgestellt, daß Paare, die auch mal die Umgebung wechseln, zufriedener mit ihrem Liebesleben sind als solche, die sich auf das Schlafzimmer beschränken.

Es ist klar, daß andere Räume auch eine andere Atmosphäre bieten als das Schlafzimmer. Sie wirken irgendwie »unanständig« und öffentlicher, weil sie auch anderen leichter zugänglich sind. Die Angst vor der Entdeckung erhöht für viele den Reiz des Abenteuers und endet oft damit, daß wir uns halb angezogen oder ausgezogen lieben wie zur Zeit des Verliebtseins am Beginn der Beziehung. Wir probieren neue Positionen aus und können die Möglichkeiten der anderen Umgebung nutzen. Liebe im Badezimmer ist zum Beispiel viel sinnlicher, wenn Wasser dabei im Spiel ist, und ein paar leidenschaftliche Stunden vor dem Kamin im Wohnzimmer sind besonders romantisch.

Liebe in neuer Umgebung macht vor allem deshalb soviel Spaß, weil sie spontan ist. Wenn eine Frau abends nach Hause kommt, sich erregt fühlt und ihren Partner in der Küche bei der Zubereitung des Abendessens vorfindet, kann spontaner Sex in der Küche eine Erfahrung sein,

an die sich beide gern erinnern. Fast jede Gelegenheit kann zum Sex genutzt werden, wenn man mal anfängt, in diese Richtung zu denken. Zum Beispiel kann die eher langweilige Beschäftigung, einen Raum neu zu streichen, sehr anregend werden, wenn er sein Hemd auszieht und sie vielleicht nur ein T-Shirt trägt und das Ganze in einen Liebesakt zwischen den Farbtöpfen übergeht.

Spontane Liebe kann eine Beziehung vor allem dann würzen, wenn ein Paar sonst Woche für Woche immer im gleichen Raum und sogar immer zur gleichen Zeit miteinander schläft. Ein Teil des Erfolgsgeheimnisses liegt darin, daß ein Partner den anderen plötzlich wieder mehr begehrt und der andere sich dadurch besonders gut fühlt. Sex im Ehebett, der sozusagen immer einen festen Termin hat, wird mehr oder weniger vorhersehbar und dadurch oft langweilig. Das läßt sich schnell ändern, wenn Sie sich häufiger nach einer neuen Umgebung für die Liebe umsehen.

Liebe im Badezimmer kann eine ganz neue Spannung erzeugen. Heizen Sie den Raum, stellen Sie das Telefon ab, schließen Sie die Tür ab, stellen Sie Musik an, wenn Sie mögen, und gehen Sie die Sache langsam an. Beginnen Sie mit einer Massage außerhalb der Wanne, und wenn Sie dann im Wasser sitzen, seifen Sie sich gegenseitig ein, die Genitalien zuletzt. Danach könnten Sie sich gegenseitig mit köstlichen Früchten füttern, zum Beispiel mit Mangos, einer der sinnlichsten und erotischsten Obstsorten, die man zudem sehr viel leichter in der Wanne essen kann! Vielleicht sollten Sie auch ein Glas Wein oder ein anderes Getränk bereitstellen.

Sich gegenseitig mit Seife oder einem Luffaschwamm abzureiben, kann sehr erotisch sein und ein aufregendes Vorspiel, das dann möglicherweise auch zur körperlichen Vereinigung führt. Wenn Sie sich in der Wanne lieben, geben

Sie acht, daß keine Seife in die Scheide gerät, das kann unangenehm werden. Aber sich gegenseitig die Genitalien und den Po zu waschen, kann höchst erotisch sein. Die Wanne und besonders auch die Dusche eignen sich sehr gut für Liebesstellungen, bei denen der Mann von hinten eindringt. In vieler Hinsicht ist das Duschen sinnlicher, aber da in den meisten Haushalten nicht unbeschränkt heißes Wasser zur Verfügung steht, kann es ein kurzlebiges Vergnügen sein. Ein entspanntes Nachspiel in der Wanne kann köstlich sein, und für eine Frau, die in bezug auf die Hygiene ihres Partners empfindlich ist, kann auch oraler Sex eine ganz neue Bedeutung bekommen, wenn sie ihren Partner selbst sorgfältig vorbereitet. Einige Paare mögen es auch als Teil der Badezimmerliebe gern, ihrem Partner beim Wasserlassen zuzuschauen oder zuzuhören.

Liebe in der Küche enthält ein gewisses Maß an Rohheit, das manche anspricht. Das spannendste ist dabei, sich mit einer gewissen Dringlichkeit zu lieben. Ideenreiche Paare nutzen auch alles, was sie in der Küche vorfinden, um ihr Liebesspiel zu verschönern. So ist Obst und Gemüse griffbereit, das er in ihre Vagina einführen kann, wenn er möchte. Eis aus dem Kühlschrank kann sich auf den Brustwarzen sehr gut anfühlen oder bei oralem Sex in ihrem Mund. Für Paare, die es abenteuerlich lieben, hat der Küchentisch genau die richtige Höhe für ihn, um bequem davor stehend in sie einzudringen, während sie mit dem Rücken darauf liegt. Bemerkungen, daß die Küchendecke dringend neu gestrichen werden müßte, sollten einfach überhört werden.

Sex im Wohnzimmer gleicht oft der Liebe im Schlafzimmer, aber das Sofa oder andere Möbel bieten erfreuliche Möglichkeiten. Ein erotischer Film ist dabei oft das Salz in der Suppe. Die größte Gefahr bei der Wahl dieses Raumes ist, daß man vielleicht vergißt, verstreute Unterwäsche wegzuräumen. Das kann peinlich sein, wenn Besuch kommt oder die Kinder sie finden, besonders dann, wenn Sie Ihrer Familie mühevoll beigebracht haben, Kleidungsstücke nicht im ganzen Haus herumliegen zu lassen.

Selbst wenn Sie in einem kühleren Land leben, kann Liebe unter freiem Himmel viel Spaß machen. Ein großer Teil des Vergnügens liegt in der Angst vor Entdeckung, aber ich rate allen, die die frische Luft lieben, bei ihrer Tätigkeit darauf zu achten, daß andere sich nicht gestört fühlen. Sex in der Öffentlichkeit ist ungesetzlich, also geben Sie acht, auch in Ihrem eigenen Garten.

Liebe im Freien macht aus vielen Gründen Freude: Die frische Luft, die warmen Sonnenstrahlen, sogar die belebende Kälte im Winter, das Gefühl der »Unanständigkeit«, das Ungewohnte, das teilweise Ablegen der Kleidung, wieder mal wie ein Teenager herumzufummeln, die schiere Albernheit des Ganzen – das alles kann sehr erregend sein.

Von allen Plätzen, die für die Liebe im Freien in Frage kommen, ist Ihr eigener Garten am naheliegendsten, denn er ist ja eine Erweiterung Ihres Hauses. Natürlich muß eine gewisse Abgeschlossenheit da sein, aber eine gemütliche Ecke kann schon ausreichen, wenn Sie diskret sind. Die beste Jahreszeit ist der Sommer, zum Beispiel könnte die Liebe dem gegenseitigen Einreiben mit Sonnenöl folgen. Wer nicht besonders abgehärtet ist, sollte eine Luftmatratze oder eine Decke bereit halten.

Das Liebesspiel auf einer Schaukel kann großen Spaß machen, zum Beispiel, wenn sich die Frau nackt so auf die Schaukel setzt, daß das Becken soweit vorn wie möglich ist und der Mann vor ihr kniet. Beide können die Schaukel in Gang halten, und bei jedem Schwung kommt sein Mund mit ihrer Vulva in Berührung. Wenn die Erregung steigt, kann der Mann mit den Fingern in sie eindringen, und wenn sie hin- und zurückschwingt, gleiten seine Finger hinein und hinaus. Von da ist es nur noch ein kleiner Schritt, bei jeder Schaukelbewegung den Penis eindringen zu lassen.

Diese Situation kann auch so wiederholt werden, daß die Frau auf der Schaukel kniet und ihr Po den Mann einlädt, von hinten einzudringen. Solche Spiele machen noch mehr Spaß, wenn Sie beide nur teilweise entkleidet sind.

Viele Paare mögen einander gern jagen, wobei der Gejagte den Jäger reizen kann, indem er ein Kleidungsstück nach dem anderen fallen läßt und ihn damit auf seine Spur lockt. Das Spiel kann man variieren, indem man dem Partner jedesmal, wenn man ihn gefangen hat, ein Kleidungsstück nach seiner Wahl auszieht. Der erste, der nichts mehr anhat, muß dann dem anderen ein Versprechen geben. Es kann Spaß machen, die Einlösung dieses Versprechens hinauszuzögern und zu einer Art Liebesqual zu machen.

Liebe im eigenen Garten bietet ein völlig neues Vergnügen und hat den bereits erwähnten Vorteil, auf eigenem Grund und Boden stattzufinden. Man kann schnell mal ins Haus laufen und zur Toilette gehen, sich etwas zu trinken holen, ein vergessenes Verhütungsmittel, Papiertaschentücher oder was sonst nötig ist. Wenn Ihr Garten einigermaßen abgeschlossen ist, kann er zumindest im Sommer zu einem zweiten Schlafzimmer werden.

Äußerst beliebt für romantische Phantasien ist der Strand. Der rhythmische Wellenschlag, der salzige Geruch, das Mondlicht und die Wärme des Sandes am Tag, das alles kann zu einem wunderschönen Liebesabenteuer beitragen, an das man sich noch Jahre danach gern erinnert. Viele Paare haben zärtliche Erinnerungen an schöne Stunden am Meer.

Sand birgt allerdings ganz praktische Probleme für Liebende. Zusammen mit Sonnenschutzmitteln kann eine knirschende Masse auf der Haut entstehen, die alles andere als aufregend ist, und Sand in der Scheide oder im Penis kann äußerst unangenehm werden. Liebe im tieferen Wasser dagegen kann sehr erregend sein. Entweder lehnt sich die Frau zurück und kreuzt die Beine auf dem Rücken des Geliebten, wenn er von vorn kommt, oder sie steht bis zu der Hüfte im Wasser und beugt sich nach vorn, damit er von hinten eindringen kann. Eine beliebte Position ist die Floßstellung, dabei liegt sie mit dem Rücken auf dem Wasser, die Hüften in Höhe seiner Genitalien. Wenn er in sie eindringt, hält er ihre Hüften fest und führt ihren Körper zu seinem Penis. Wenn Sie von anderen Menschen weit genug weg sind, können Sie dieses Spiel sogar spielen, wenn Sie nicht ganz allein sind. Verlieren Sie dabei nicht Ihr Bikinihöschen! Urlaub ist eine ideale Zeit für romantische Vorhaben und Experimente in neuer Umgebung, dann macht Liebe am Meer besonders viel Freude. Aber setzen Sie sich im Urlaub nicht zu sehr der Sonne aus – ein Sonnenbrand oder Sonnenstich sind alles andere als sexy. Seien Sie besonders vorsichtig, wenn Sie oben ohne baden oder sonnen, denn die Brustwarzen können sehr wund werden und damit nicht nur normalen Sex verhindern, sondern auch die neuen Liebesspiele, die Sie geplant hatten.

In einigen Ländern haben die Menschen nicht viel Gelegenheit, an warme Strände zu fahren, aber das Liebesleben kann auch auf dem Land Spaß machen, und das ist oft näher. Schon das Wandern in der Natur kann äußerst erregend sein. Die frische Luft, das Alleinsein, Vogelgezwitscher, der Geruch von Erde und Wiesen – das alles kann dazu beitragen, aus einem Landspaziergang ein sinnliches Ereignis zu machen. Lieben Sie sich gegen einen Baum gelehnt, auf einer Wiese oder am Ufer eines Flusses. Der phantasievolle Gebrauch von Wildblumen ist eine Möglichkeit, eine schöne Atmosphäre zu schaffen. Das Dekolleté ist ein idealer Platz für einen Wildblumenstrauß und wenn Sie schon ausgezogen sind, verzieren Sie sich doch gegenseitig ihr Schamhaar. Es ist zwar albern, sich gegenseitig etwas in die Kleidung zu stecken, aber

Nachdem die Gäste gegangen sind, ist die Küche für dieses halbentkleidete Paar der richtige Ort für einen Liebesakt.

es macht Spaß, es dann wieder hervorzuholen. Wie wäre es mit einer Massage mit frischen Gräsern oder Kräutern? An einem stillen Platz einfach so in der Sonne zu liegen, ist für manche fast eine spirituelle Erfahrung.

Wenn Sie mit »Spielzeug« aus der Natur umgehen, seien Sie vorsichtig. Überlegen Sie zweimal, bevor Sie etwas in die Scheide der Partnerin stecken, und führen Sie niemals irgend etwas in den Penis ein. Ich war Zeuge von einigen sehr tragischen Ergebnissen solcher »natürlichen« Sexexperimente.

Eine feste Unterlage oder Decke ist sehr wichtig bei der Liebe im Freien, denn Insekten, stachelige Blätter und ähnliches sind nicht sehr romantisch in einem Schäferstündchen. Warum kombinieren Sie nicht einmal ein Picknick mit der Liebe? Wenn Sie verspielt sind, können Sie auch beides gleichzeitig machen. Man kann Joghurt oder Sahne zum Ablecken auf ihre oder seine Brust streichen, oder sie versucht, ohne die Hände zu gebrauchen, weiche Früchte aus seinem Schoß zu bergen. Wenn er dabei keine Hose mehr anhat, kann es ihm phantastische und erregende Empfindungen bringen. Auf diese Weise Liebe im Freien zu machen, kann wunderbar sein, aber man sollte sich vielleicht neue Stellungen ausdenken, weil der Boden so hart ist und auch aus anderen praktischen Gründen.

Nach der Liebe ist es wundervoll, sich im Freien in den Armen zu liegen und zusammen zu dösen oder zu schlafen. Manche Paare räumen auch Zweige beiseite und kriechen unter die Büsche, damit sie von Passanten nicht gestört werden, selbst dann nicht, wenn sie schlafen.

Für viele Landliebhaber ist aber das Risiko einer zufälligen Entdeckung schon der halbe Spaß. Es ist etwas sehr Erregendes, wenn die ganz private Beschäftigung mit Sex und Sinnlichkeit so nah bei anderen Menschen stattfindet, die nichts davon ahnen.

Zum Schluß denken Sie daran, nach Ihrem Liebesspiel aufzuräumen. Papiertaschentücher sollten Sie genauso wieder mit nach Hause nehmen wie Kondome. Rinder sind zum Beispiel sehr

neugierig und schon mancher Bauer hat es zornig erleben müssen, daß seine Kühe krank wurden, weil sie Kondome gefressen hatten.

Auch die Liebe im Auto ist bei vielen Paaren sehr beliebt und ruft bei den meisten die Erinnerung an ihre Jugendliebe wach. Allerdings ist jede Tätigkeit im fahrenden Wagen absolut lebensgefährlich. Das trifft vor allem für die idiotische Idee zu, daß eine Frau den Mann beim Fahren mit dem Mund befriedigt. Wenn Sie dagegen irgendwo geschützt parken, können Sie sich ausleben, soweit es das Auto erlaubt. Das Problem bei den meisten Wagen ist jedoch, daß sie für einen vollkommenen Liebesakt zu klein sind. Viele halten den Rücksitz für praktisch, wenn man die Vordersitze so weit wie möglich nach vorn klappt. Kombis sind natürlich noch besser, genau wie Campingwagen oder andere große Fahrzeuge, die einfach mehr Platz bieten. Einer meiner Patienten liebt seine Frau regelmäßig in seinem Wohnmobil, das auf einer Hauptstraße abgestellt ist, natürlich mit zugezogenen Vorhängen, wie er schnell versicherte.

Im allgemeinen ist jedoch die Liebe im Auto wenig befriedigend. Es ist zu eng, fast alles außer oralem Sex ist kaum möglich. Das Auto ist nur für einen schnellen Beischlaf geeignet und nicht für eine wahre Vereinigung, außerdem bekommt man schnell Muskelkrämpfe.

Camping ist eine beliebte Freizeitbeschäftigung, die alle Vorteile der Liebe im Freien bietet, ohne die Nachteile in Kauf nehmen zu müssen. Man hat eine richtige Matratze oder Luftmatratze und kann sich bequem entspannen. Ich brauche nicht zu betonen, daß Sex in einem Zelt wieder ganz neue Dimensionen gegenüber der Liebe im Freien bietet. Man schafft sich einen kleinen Privatbereich, der sehr romantisch sein kann. Denken Sie aber daran, daß Sie zwar nicht gesehen werden können, es sei denn, Sie haben Licht im Zelt, aber Sie werden gehört, also seien Sie vorsichtig mit Geräuschen, durch die sich Nachbarn gestört fühlen könnten.

Auch Sex auf einem Boot kann Spaß machen. Es ist ein bißchen Gefahr dabei, das dem Liebesspiel zusätzlichen Reiz verleiht. Ein ideenreiches Paar hat mit einem Boot die Möglichkeit, sich auf dem Wasser in eine Privatsphäre zurückzuziehen, zum Beispiel in einem öffentlichen Park. Wenn die Frau kein Unterhöschen trägt und dem rudernden Partner mit gespreizten Beinen gegenübersitzt, steigt die sexuelle Spannung sehr schnell und er hat bald keine Lust mehr, das Boot in Bewegung zu halten. Mit etwas Überlegung kann man ein schattiges Plätzchen unter Bäumen finden und trotz der immer gegenwärtigen Gefahr, ins Wasser zu fallen, miteinander schmusen und sehr intim sein. Sex in einem kleinen Boot hat seinen eigenen Reiz, und je größer das Boot, desto größer sind auch die Möglichkeiten. Selbst auf einem großen Schiff hat Sex einen Zauber, den er an Land nicht hat.

Manche Paare finden es aufregend, in der Öffentlichkeit hastig miteinander zu schlafen, zum Beispiel in einem Park, in einem Wartehäuschen, einer Unterführung oder auf einem unbebauten Grundstück. Die Frau kann sich schon vorbereiten, indem sie ihr Höschen auszieht und nur noch Strümpfe und Strumpfhalter trägt, der Mann kann auf die Unterhose verzichten, wenn es ihm nicht zu unbequem ist. Wenn er ihren Rock hochhebt, kann er problemlos ihren Schambereich streicheln, und sie kann seine Hose öffnen. Wenn Sie sich beide vorher über Ihre Pläne abgestimmt haben, sind Sie schon in freudiger Erwartung, und diese Erwartungshaltung erhöht die Spannung wie bei den meisten Vergnügungen.

Es ist amüsant und wirkt erotisierend, bei der Liebe im Freien eine Kamera mitzunehmen. Machen Sie gegenseitig Aufnahmen, aber denken Sie daran, daß Fotolabors zu intime Aufnahmen nicht entwickeln werden. Nackte Körper sind in Ordnung, aber Erektionen oder intime Körperkontakte nicht. Nehmen Sie eine Sofortbildkamera, wenn Sie Ihren Film nicht in das nächste Fotogeschäft zum Entwickeln geben wollen. Wenn Sie experimentierfreudig sind, können Sie auch, vielleicht nach ein paar Proben, einen eigenen Videofilm herstellen.

Liebe außerhalb des Schlafzimmers ist auch für das beste Liebesleben eine Bereicherung. Mit etwas Vorbereitung, der Schaffung einer Privatsphäre, mit Vorausplanung und Erfindungsreichtum kann sich fast jedes Paar eine Umgebung für die Liebe schaffen, die viel Freude macht. Solche Gelegenheiten schaffen Erinnerungen, die man sich jederzeit wieder vergegenwärtigen und damit die Liebe auch zukünftig verschönern kann.

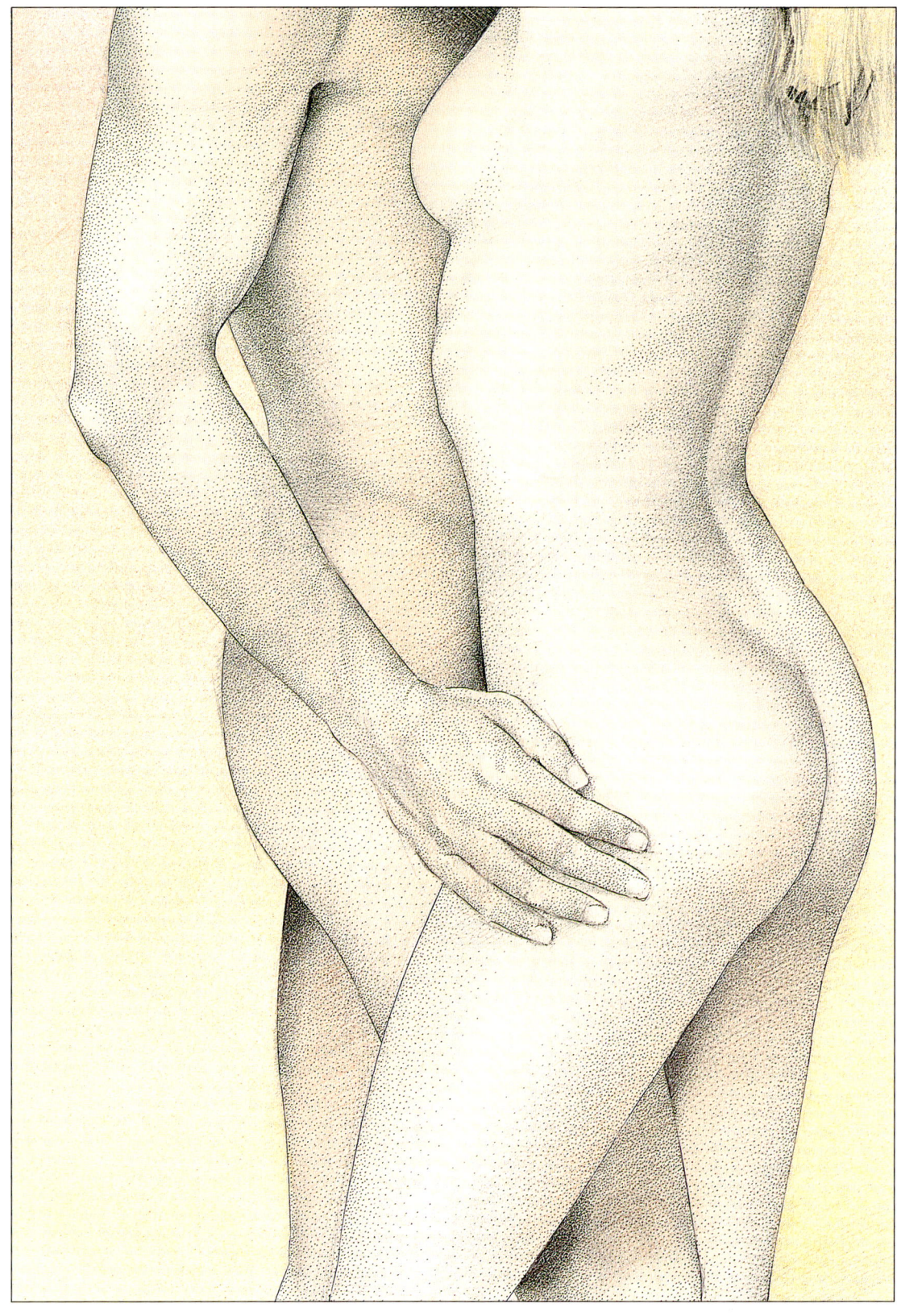

Vereinigung der Sinne

Ein Liebespaar, das auch in seiner Sexualität voll miteinander harmoniert, liebt sich die ganze Zeit, die es gemeinsam verbringt, durch Berührungen, Gesten und Sprache, sogar dann, wenn es gar nicht beisammen ist. Die Kommunikation der Gefühle, der Körper und sogar die seelische Verständigung ist für die Beziehung entschieden wichtiger als die verhältnismäßig wenigen Momente, die mit der körperlichen Liebe verbracht werden. In diesem Kapitel möchte ich Ihnen die Liebe beschreiben, die auch ohne Beischlaf auskommt – denn auf diese Liebe stützt sich eine wirklich innige Beziehung.

Sinnliche Verständigung

Die entspannende und beruhigende Wirkung einer sinnlichen Massage ist hervorragend geeignet, um zu lernen, wie man Zuneigung teilt und mitteilt, ohne miteinander zu schlafen. Sinnliche Massage ist nicht nur angenehm, sondern fördert auch eine enge, liebevolle Beziehung.

Massage ist eigentlich nur eine gut durchdachte Art der Berührung. Es gibt zwar viele verschiedene Massagemethoden, aber wir sehen uns hier nur die an, durch die sich ein Paar näher kommt und mit deren Hilfe Gefühle und vielleicht auch seelische Empfindungen mitgeteilt werden können.

Regelmäßige Massage hat viele Vorteile: Man verbringt mehr Zeit miteinander, sie kostet nichts, sie muß nicht unbedingt zu einem Ziel führen, so wie der Beischlaf zum Orgasmus, sie kann ein befriedigender Ersatz für die körperliche Vereinigung sein oder auch eine wunderbare Ergänzung – außerdem wirkt Massage ungemein entspannend.

Bevor Sie damit beginnen, schaffen Sie sich eine ruhige und liebevolle Atmosphäre. Stellen Sie das Telefon ab, und sorgen Sie dafür, daß Sie nicht gestört werden. Heizen Sie den Raum, sorgen Sie für gemütliches Licht, legen Sie Musik auf, breiten Sie eine feste, bequeme Unterlage auf dem Boden aus, legen Sie Ihren Schmuck ab und schminken Sie sich ab. Ziehen Sie sich dann soweit aus, wie Sie sich wohlfühlen. Ihre Hände sollten sauber und Ihre Nägel kurz sein. Da Massage mit Haut zu tun hat, macht es Spaß, vorher miteinander zu baden. Die Massage kann natürlich auch schon in der Wanne oder unter der Dusche anfangen.

Man braucht weiter keine Vorsichtsmaßnahmen zu beachten, außer daß Sie sich nicht massieren sollten, wenn sich einer von Ihnen nicht wohlfühlt oder schlechter Laune ist. Die Rücksichtnahme ist wichtig, denn bei der Massage findet ein Austausch von wichtigen Energien statt. Unwohlsein oder schlechte Laune kann einen Partner dadurch sehr beeinträchtigen. Der zweite Punkt ist natürlich, daß man niemanden massiert, der ein medizinisches Problem hat und keinen Druck verträgt.

Das Wesentliche bei einer Massage ist, daß der Gebende genau das macht, was für den Nehmenden das Beste ist. Ich sage Geben und Nehmen, obwohl es bei einem liebenden Paar unmöglich ist zu sagen, wer gibt und wer nimmt, denn es ist ein Vorgang, der auf Gegenseitigkeit beruht. Der Nehmende ist in gewisser Weise genau so aktiv wie der Gebende. Die Hauptsache ist, daß sich der Massierte völlig entspannt und sich vertrauensvoll den Händen des geliebten Partners überläßt. Ich versuche Paaren immer beizubringen, sich nie zu enttäuschen und jeden Körperteil so vorsichtig wie wertvolles Porzellan zu behandeln.

Massage oder die Verständigung durch Berührung ist ein wunderbarer Ersatz für Sprache. Viele glauben, sich nur durch Worte verständigen zu können, tatsächlich kommunizieren wir aber alle auf sehr unterschiedliche Art und Weise, unter anderem durch die Körpersprache. Wenn man während einer liebevollen Massage einmal gar nicht redet, lernt man eher die kleinen Zeichen zu deuten – ein leichtes Stöhnen, ein Seufzen, ein wohliges Räkeln und ähnliches. Natürlich braucht das alles Übung, und am Anfang sollte man auch sagen, was man empfindet. Dadurch erfährt Ihr Partner Ihre ganz persönliche Reaktion auf das, was er tut, und lernt, was Ihnen am angenehmsten ist.

Eine sinnliche Massage muß nicht unbedingt damit enden, daß man miteinander schläft. Nach Meinung vieler Paare ist das sogar das Beste daran – sie können sich lieben, ohne daß Sex folgen muß. Der Druck, den viele empfinden, daß jede liebevolle Begegnung immer Sex zur

Folge haben muß, wird durch Massage vermindert. Natürlich wird es bei vielen durch die enge Verständigung und das Vergnügen an der Sache auch weitergehen, aber man sollte sich vernünftigerweise vorher absprechen und sich erst dann geschlechtlichen Aktivitäten zuwenden. Das bedeutet, daß die Brüste und der Genitalbereich ausgespart werden, die Massage soll ja nicht sexuell erregend sein.

Sie brauchen für die Massage keine besondere Ausrüstung. Viele finden es sinnlich, sich mit Materialien wie Fell, Seide oder einer Feder zu berühren, bevor die richtige Massage beginnt, aber eigentlich braucht man nur die Hände. Reiben Sie die Haut vorher mit Massageöl ein. Sie können jedes Massageöl dazu nehmen, aber am besten sind Mandelöl, Sonnenblumenöl, Distelöl oder Kokosöl, die überall erhältlich sind. Die Öle für Aromatherapie duften köstlich und haben dazu noch therapeutische Wirkung. Für den täglichen Gebrauch können sie mit normalem Öl verdünnt werden. Verwenden Sie eine Flasche mit Dosiereinrichtung, damit Sie genau die Menge entnehmen können, die Sie brauchen. Wichtig ist die Vorbereitung. Erwärmen Sie Ihre Hände, seien Sie ruhig und konzentriert. Bitten Sie Ihren Partner, sich auf den Bauch zu legen, und decken Sie ihn mit einem großen Handtuch zu, damit er sich entspannen kann. Ein kleines Kissen noch zu seiner Bequemlichkeit, und dann ist es, wie wir gleich sehen werden, am besten, mit der Rückenmassage zu beginnen.

Knien Sie sich neben Ihren Partner auf den Boden, legen Sie eine Hand auf seinen Rücken und eine auf den Po. Bleiben Sie eine Weile in dieser Stellung, und atmen Sie beide gleichzeitig ein und aus. Die gleichzeitige Atmung stimmt Sie aufeinander ein und wirkt an sich schon beruhigend. Dann ziehen Sie das Handtuch langsam und liebevoll nach unten, bis der Rücken frei liegt. Jetzt können Sie anfangen.

Gießen Sie das Öl zuerst in Ihre Hände und nicht gleich auf den Rücken des Partners, denn es könnte noch kalt sein und daher unangenehm wirken. Versuchen Sie immer, mit einer Hand Kontakt mit der Haut zu halten, das vermittelt ein Gefühl der Sicherheit und Beständigkeit. Tragen Sie Öl auf die ganze zu massierende Fläche auf. Nehmen Sie aber nur so viel, daß nichts herunterläuft, die Haut geschmeidig wird und nicht so glitschig, daß ein Hautkontakt kaum mehr zu spüren ist. Mit ein bißchen Übung haben Sie bald den Bogen heraus.

Wenn Sie Angst haben, etwas nicht richtig zu machen, denken Sie daran, daß es keine Vorschriften gibt, wie Sie Ihren Partner zu massieren haben. Im allgemeinen ist es gut, langsam vorzugehen. Nur die Erfahrung kann Sie lehren, was dem anderen am besten gefällt. Am Anfang werden Sie sicher manches falsch machen, aber Sie werden schnell lernen, was dem anderen gut tut. Und während Ihre Liebe reift, brauchen Sie nur noch Ihre Technik zu vervollkommnen und sich den Bedürfnissen des Partners anzupassen.

Rückenverspannungen lindern

Wie umfangreich Ihre Massage bei einer Sitzung sein kann,
hängt davon ab, was Sie beide möchten und wieviel Zeit
Sie haben. Die meisten Menschen bevorzugen, wenn sie die
Wahl haben, eine Rückenmassage, vor allem im oberen Bereich, weil Nacken und Schultern oft verspannt sind.
Es ist auch deshalb sinnvoll, mit dem Rücken zu beginnen,
weil er relativ fest ist und so kaum das Risiko einer Verlet-
zung besteht, wenn man noch nicht so in Übung ist. Außerdem ist er groß und reagiert auf viele verschiedene Mas-
sagetechniken. Eine Rückenbehandlung ist besonders entspannend und bereitet so den Partner auf die Massage anderer Körperteile vor. Nicht zuletzt fühlen sich viele Partner
wohler, wenn die Vorderseite ihres Körpers durch die
Bauchlage verdeckt wird.
Es gibt drei gute Stellungen für eine Rückenmassage. Sie
können entweder neben Ihrem Partner sitzen oder knien,
Sie können sich vor seinem Kopf mit den Knien neben je
einem Ohr plazieren, oder Sie können sich in Hüfthöhe
rittlings auf ihn setzen, wenn Sie ihn dadurch nicht mit zuviel Gewicht belasten (Bild rechts). Diese letzte Stellung ist
besonders liebevoll, weil der Hautkontakt am größten ist,
wenn Sie beide dabei nackt sind.
Alles, was Sie dem Rücken Gutes tun, bereitet dem
anderen Vergnügen, und die Wärme, die durch
die Reibung der Hände entsteht, ist gut gegen
Schmerzen in diesem Bereich. Sie sollten aber die
Wirbel umgehen, denn diese könnten empfindlich
sein. Lassen Sie sich im übrigen von der Reaktion
Ihres Partners leiten. Machen Sie tiefe durchdrin-
gende Bewegungen mit zusammengelegten Fingerspitzen, gehen Sie mit einzelnen Fingern um die Muskeln
herum, und drücken Sie dabei fest auf (Bild rechts außen),
streichen Sie mit der flachen Hand lang und gleitend über
den Rücken, kneifen Sie die Haut mit Daumen und Zeigefinger und nehmen Sie ganze Schulterpartien fest zwischen
Daumen und mehrere Finger (Bild rechts). Zum Schluß
gehen Sie mit federleichten Berührungen über den ganzen
Rücken. Aber kitzeln Sie Ihren Partner nie, das stört den
Verständigungsfluß und die Entspannung.
Hören Sie beim Erlernen der Massage zu, wenn Ihr Partner
sagt, wobei er sich am wohlsten fühlt. Lassen Sie ihn das
mit einer Note zwischen eins und fünf bewerten, und versuchen Sie, sich so zu verbessern, daß Sie am Schluß die
beste Note erhalten. Wie erfahren Sie auch sein mögen,
versuchen Sie immer, die bestmöglichen Empfindungen
hervorzurufen.

Die Arme geschmeidig machen

Solange Ihr Partner noch auf dem Bauch liegt, ergibt es
sich, mit den Armen weiterzumachen. Ölen Sie zuerst einen Arm ein. Sie sitzen dabei kniend mit gespreizten Beinen auf der Hüfte oder knien zwischen den geöffneten Beinen. Lassen Sie die Hände auf beiden Armen gleichzeitig
von den Schultern bis zu den Fingerspitzen heruntergleiten
(Bild unten). Tun Sie das ganz langsam, Anfänger neigen
dazu, alles zu schnell zu machen.
Jetzt drehen Sie den Partner auf den Rücken; knien Sie neben ihm und massieren Sie einen Arm nach dem anderen,
und zwar wellenartig mit sich überlappenden Handbewegungen. Meistens wird diese Massage als äußerst wohl-
tuend empfunden.
Dann heben Sie einen Arm so an, daß der Unterarm einen
rechten Winkel zum Boden bildet. Während Sie abwechselnd das Handgelenk mit einer Hand abstützen, massieren
Sie die Muskeln des Unterarms mit der anderen Hand, indem Sie mit der Seite des Daumens fest hineindrücken
(Bild rechts außen).

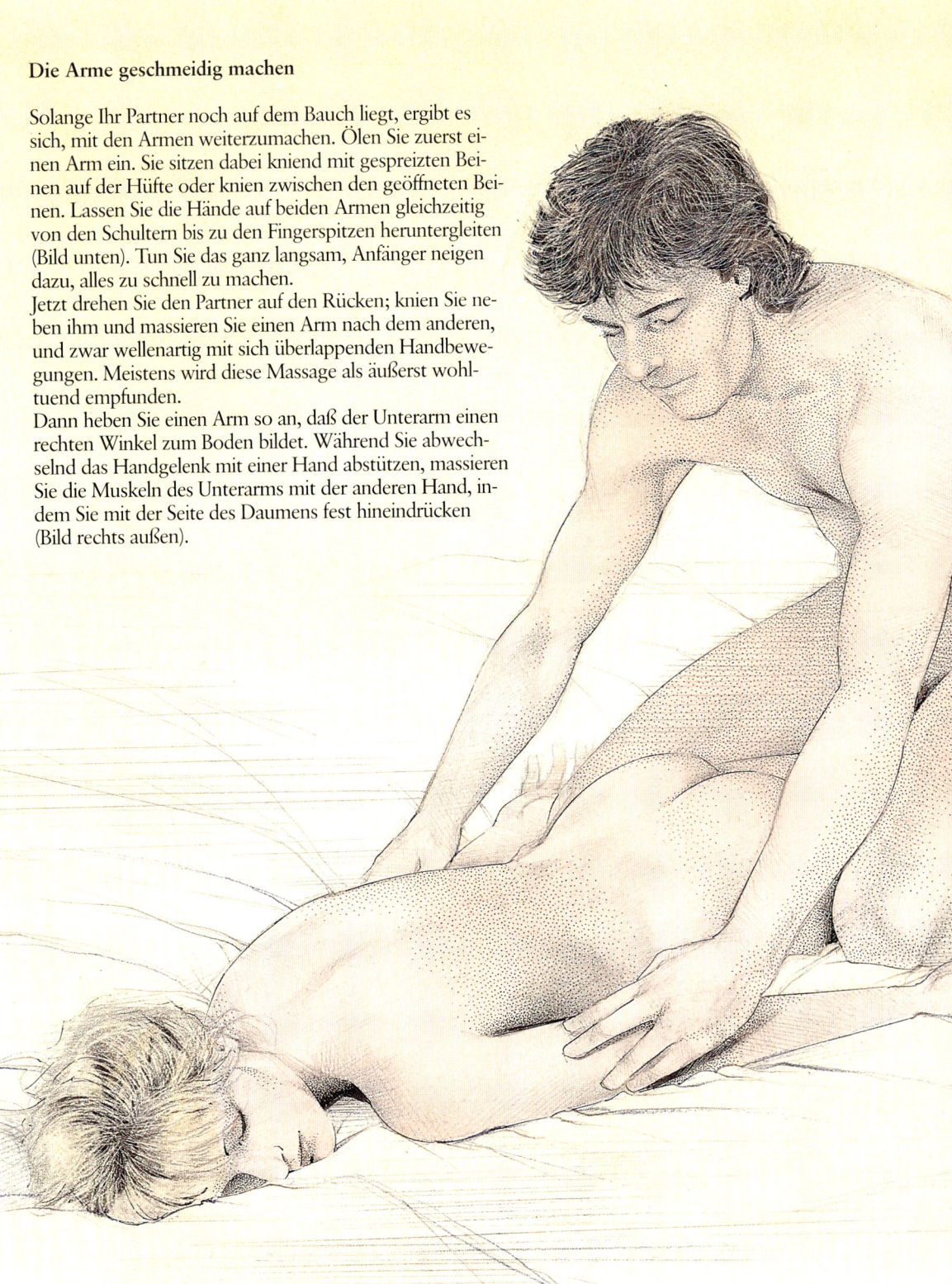

Wenn Sie noch Zeit haben, knien Sie sich mit gespreizten
Beinen über den Partner und massieren seine Schultern,
während er auf dem Rücken liegt. Das Körpergewicht un-
terstützt Sie beim Kneten der Schultermuskeln, das dann in
streichende Bewegungen die Arme hinunter übergeht.
Diese Kombination von Arm- und Schultermassage kann
sehr genußvoll sein.
Wie bei allen anderen Körperteilen beenden Sie auch hier
die Massage mit einigen abschließenden, langen, ruhigen
und gleitenden Bewegungen über den ganzen Arm, bis sich
am Schluß noch die Fingerspitzen sinnlich berühren.

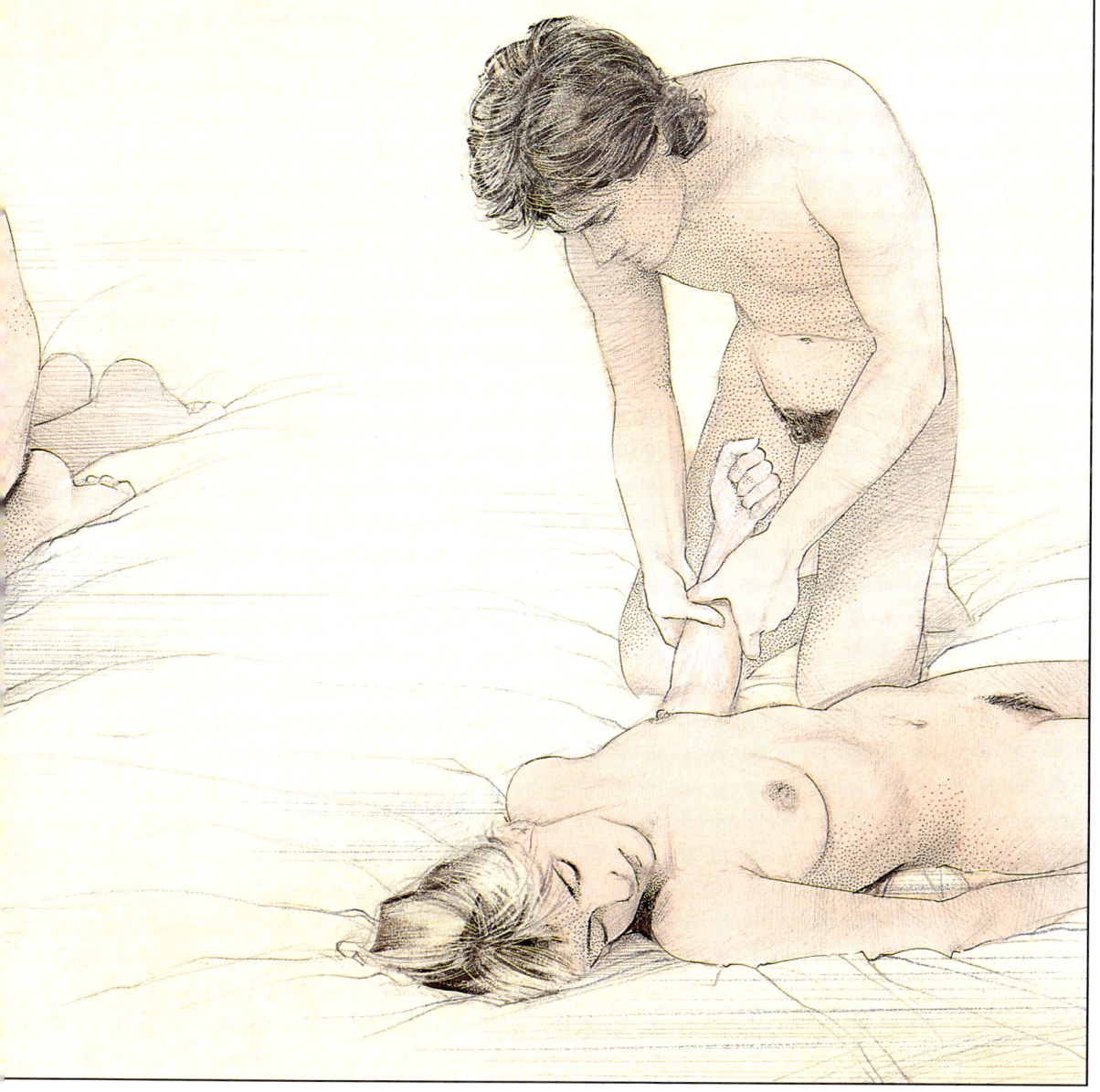

Hände

Hände sind sehr empfindsam und es lohnt sich, sie zu massieren. Bei vielen Menschen äußert sich innere Spannung durch das Herumspielen mit Gegenständen, durch Fingerklopfen, Rhythmustrommeln und ähnliches. Genau wie die Füße haben auch die Hände Reflexzonen, die im kleinen alle Körperteile abbilden und mit dem Gehirn in Verbindung stehen.

Lassen Sie Ihren Partner die Hand mit der Innenfläche nach oben auf den Boden legen. Halten Sie das Handgelenk fest, und massieren Sie mit der anderen Hand sanft, aber bestimmt die Innenfläche (Bild unten). Finden Sie den für den Partner angenehmsten Bereich, der bei jedem woanders liegen kann. Erforschen Sie die Hand so lange, bis Ihr Partner völlig zufrieden ist. Jetzt ziehen Sie zart an den einzelnen Fingern – aber Vorsicht, das mag nicht jeder. Halten Sie dabei das Handgelenk fest (Bild rechts). Legen Sie dann die Innenseite Ihrer Hand auf die Ihres Partners, so daß sich Handballen und Finger jeweils berühren. Lassen Sie Ihre Finger sanft zwischen die des Partners und wieder zurück gleiten, um die Innenseiten der Finger zu massieren.

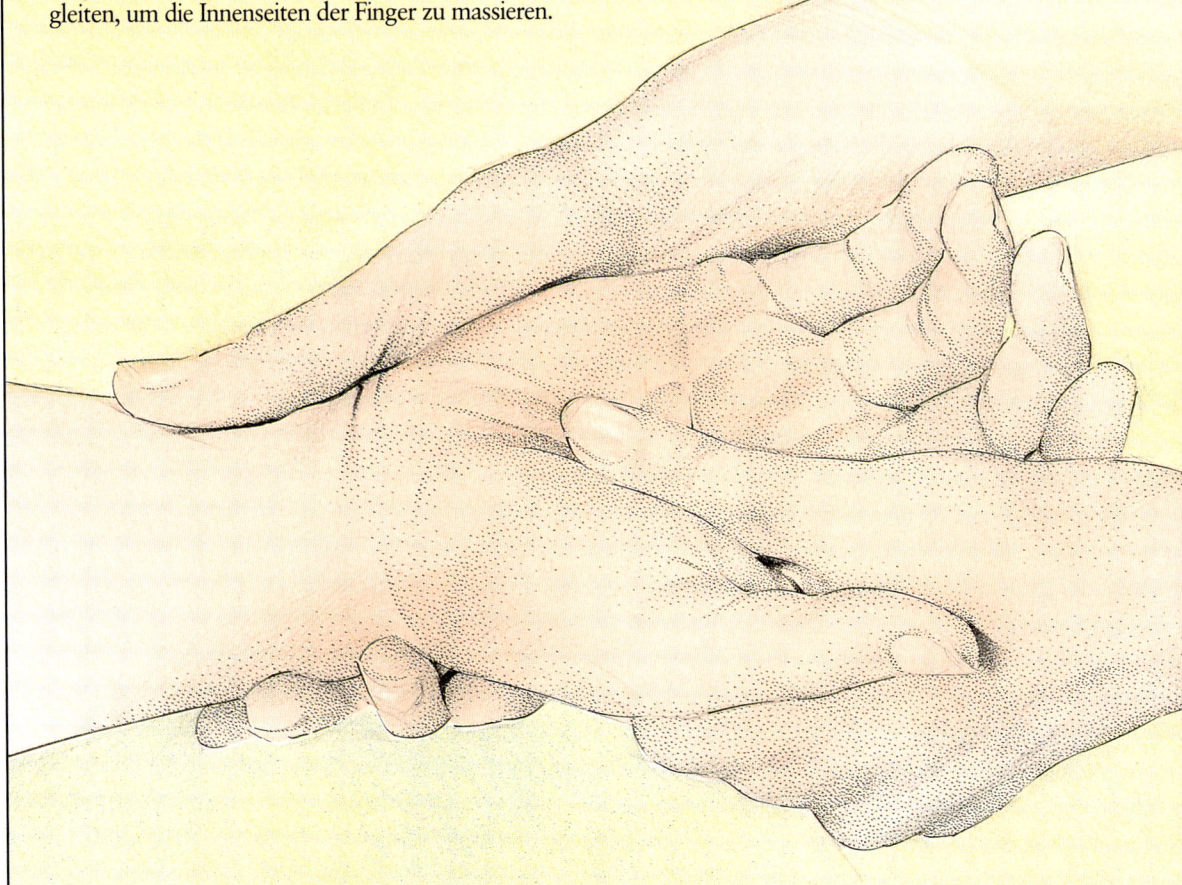

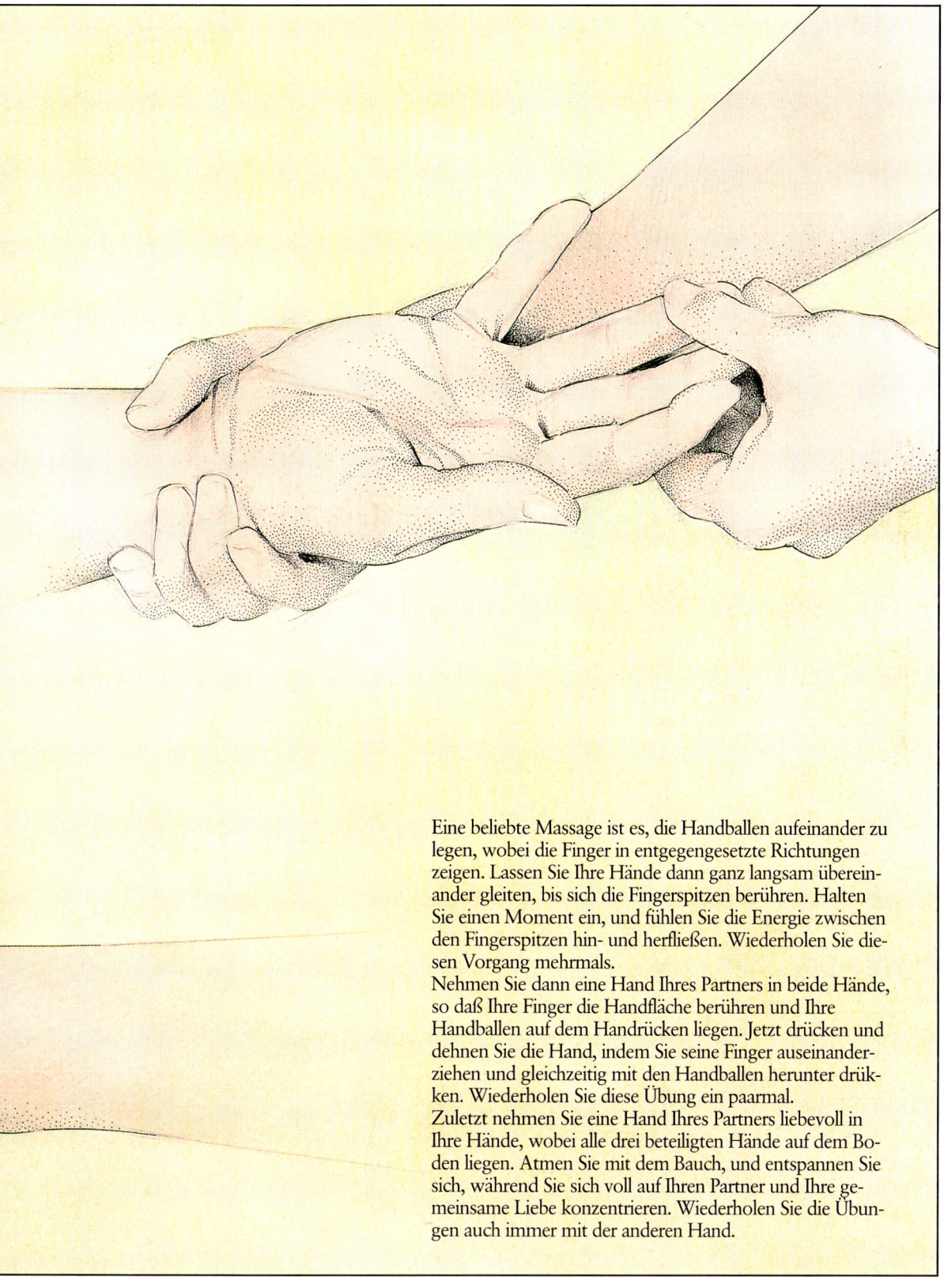

Eine beliebte Massage ist es, die Handballen aufeinander zu legen, wobei die Finger in entgegengesetzte Richtungen zeigen. Lassen Sie Ihre Hände dann ganz langsam übereinander gleiten, bis sich die Fingerspitzen berühren. Halten Sie einen Moment ein, und fühlen Sie die Energie zwischen den Fingerspitzen hin- und herfließen. Wiederholen Sie diesen Vorgang mehrmals.

Nehmen Sie dann eine Hand Ihres Partners in beide Hände, so daß Ihre Finger die Handfläche berühren und Ihre Handballen auf dem Handrücken liegen. Jetzt drücken und dehnen Sie die Hand, indem Sie seine Finger auseinanderziehen und gleichzeitig mit den Handballen herunter drükken. Wiederholen Sie diese Übung ein paarmal.

Zuletzt nehmen Sie eine Hand Ihres Partners liebevoll in Ihre Hände, wobei alle drei beteiligten Hände auf dem Boden liegen. Atmen Sie mit dem Bauch, und entspannen Sie sich, während Sie sich voll auf Ihren Partner und Ihre gemeinsame Liebe konzentrieren. Wiederholen Sie die Übungen auch immer mit der anderen Hand.

Oberschenkel, Waden, Füße und Zehen

Beginnen Sie mit der Vorderseite der Beine, wobei Ihr Partner auf dem Rücken liegt. Knien Sie vor dem zu massierenden Bein, so daß der Fuß zwischen Ihren Knien liegt. Nachdem Sie das Bein eingeölt haben, lehnen Sie sich vor und streichen Sie mit beiden Händen in langsamen, gleitenden Bewegungen von den Leisten abwärts zu den Füßen und sanft bis zu den Zehen. Führen Sie Ihre Hände am Fuß zusammen und beenden Sie die Bewegung bei den Zehen. Wiederholen Sie die Massage mehrmals bei beiden Beinen. Fahren Sie fort, die Beine zu massieren, indem Sie Ihre abwechselnden Handbewegungen sich wellenförmig überlappen lassen. Wiederholen Sie auch diese Massage mehrmals an beiden Beinen.

Rücken Sie dann ein Stück höher, so daß Sie das Knie Ihres Partners zwischen Ihre Knie nehmen. Drücken Sie die Muskeln fest mit beiden Daumen, die parallel zueinander über den Oberschenkel geführt werden. Dadurch bildet sich eine Art Wulst, der ziemlich kräftig zur Leiste hin hochgedrückt wird. Wiederholen Sie diese Übung mehrmals an beiden Oberschenkeln. Für den Unterschenkel ist diese Massage ungeeignet, weil das Schienbein zu dicht unter der Haut liegt und Schmerzen verursacht werden könnten.

Bevor sich Ihr Partner wieder auf den Bauch dreht, nehmen Sie seine Knöchel, lehnen sich zurück, und ziehen für einige Zeit kräftig am Bein. Das dehnt den unteren Rücken und ist sehr angenehm. Entspannen Sie sich ein paar Sekunden, dann wiederholen Sie die Übung. Manche Menschen, besonders Frauen, mögen gern eine Massage der Schenkelinnenseiten, da es dort einen Tunnel zwischen den Muskeln gibt. Beginnen Sie an der Innenseite des Knies. Gehen Sie mit der Hand aufwärts zur Leiste, aber berühren Sie nicht den Schambereich.

Jetzt drehen Sie den Partner um und ölen die Beine von hinten ein. Während sich ein Fuß an Ihrer Brust abstützt, massieren Sie wieder mit parallelen Daumen quer zum Bein die Unterschenkelmuskeln – genau wie vorher beim Oberschenkel (Bild rechts). Wiederholen Sie das in mehreren Wellen von den Knöcheln zum Knie.

Knien Sie sich zwischen die Oberschenkel, und massieren Sie deren Rückseiten, eventuell auch die Pobacken. Jetzt zu den Füßen. Das braucht nicht zu kitzeln, wenn Sie sicher und bestimmt und mit der ganzen Hand massieren und festhalten. Nehmen Sie jeden Fuß zuerst für ein paar Sekunden in die Hände. Setzen Sie sich in einem gewissen Abstand hin und ziehen Sie am Vorderfuß, wobei Sie sicherstellen sollten, daß eine Hand den Fuß immer hält, damit er nicht herunterfallen kann (Bild rechts außen). Fahren Sie damit mehrere Minuten fort, wenn Sie können.

Dann legen Sie den Fuß vorsichtig hin und lassen Ihre Hand darunter liegen. Massieren Sie mit dem Daumen der anderen Hand die Fußsohle. Versuchen Sie, die Stellen zu finden, die Ihrem Partner am angenehmsten sind, und massieren Sie sie, bis er zufrieden ist.

Zum Schluß ziehen Sie leicht an den Zehen und fahren mit den Fingern durch die Zwischenräume.

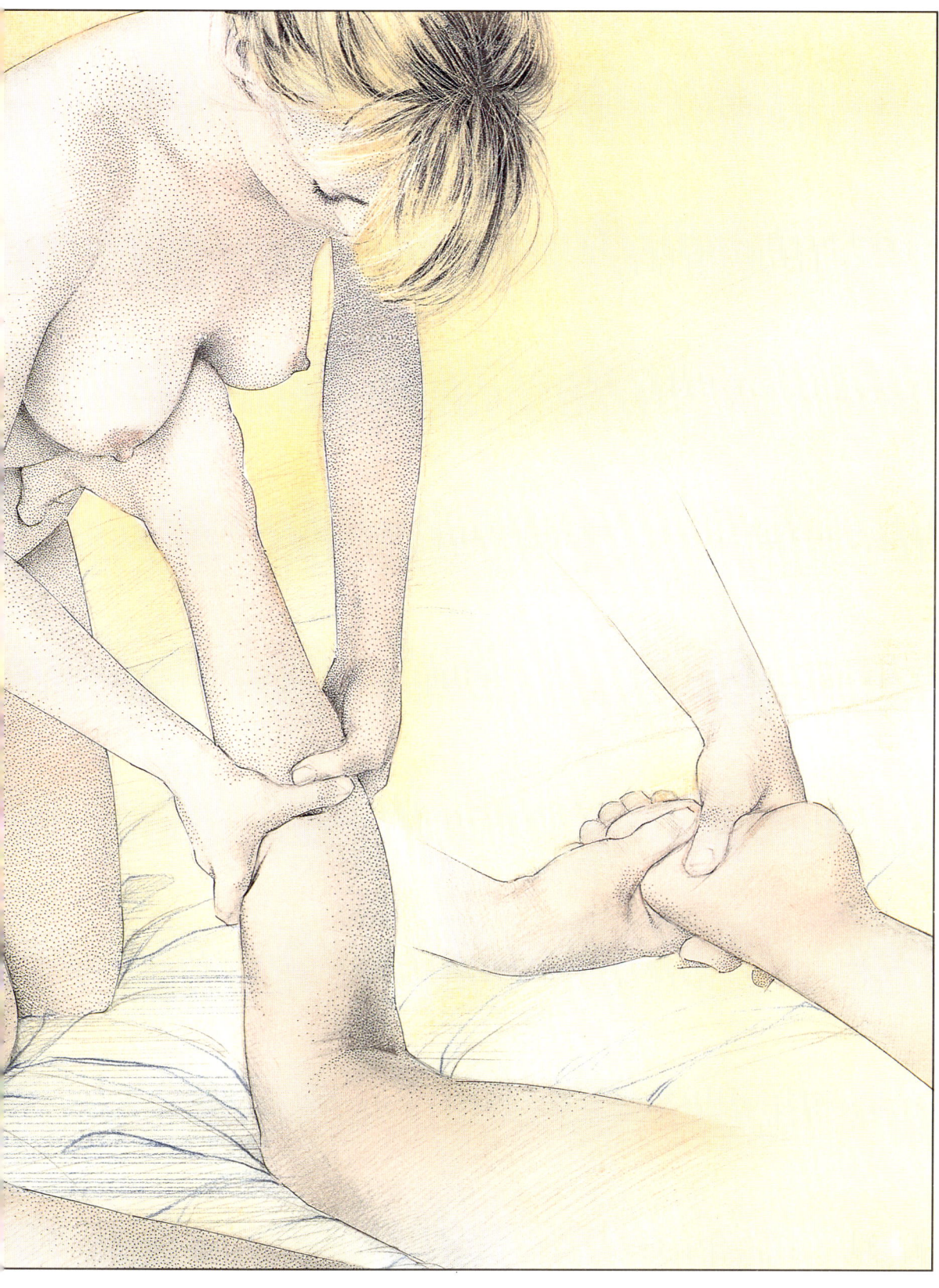

Bauchbereich

Die Gegend um den Magen herum ist oft kitzelig,
massieren Sie also vorsichtig, bis Ihr Partner sich sicher fühlt. Knien Sie entweder neben ihm, zwischen
den geöffneten Beinen oder halb sitzend über den
Schenkeln (Bild rechts), was immer für Sie am be-
quemsten ist. Ölen Sie den Bereich gründlich ein,
und fahren Sie dann mit flachen Händen rund um
den Bauch herum. Eine Hand beginnt in der er-
dachten Position von zwölf Uhr, die andere bei
sechs Uhr. Gehen Sie immer im Uhrzeigersinn vor,
sonst kann es unangenehm sein. Streichen Sie mit
beiden Händen gleichzeitig um den Bauch herum,
bis sich die Hände bei Viertel vor drei Uhr treffen
und damit den Kreis schließen. Wenn das für Ihren
Partner angenehm ist, wiederholen Sie diese kreis-
förmige Bewegung mehrmals. Der gleiche Vorgang
kann auch mit in sich kreisenden Handbewegungen
wiederholt werden. Tun Sie so, als sei das eine
Karussellfahrt auf dem Jahrmarkt, wenn Ihre Hände
in kleinen kreisenden Bewegungen dem Uhrzeigersinn folgen.
Als anschließende Massage ist es sehr angenehm,
wenn Sie mit beiden Händen einer Linie folgen von
der rechten Leistenbeuge aufwärts rechts bleibend,
ohne den Partner auf den Bauch zu drehen, bis ins
Kreuz und wieder aufwärts bis unter das Brustbein.
Von dort gehen Sie dann auf der linken Seite abwärts wieder ins Kreuz und enden in der linken
Leistenbeuge. Diese rautenförmige Linienmassage
ist sehr entspannend, wenn sie langsam durchgeführt wird.
Jetzt knien Sie sich neben den Partner und reiben
die gegenüberliegende Körperseite von der Brust bis
zum Schenkel mit Öl ein. Fassen Sie über den Körper, und beginnen Sie, vom Boden her die Haut
hochzuschieben, so daß Ihre Hände abwechselnd
auf die Vorderseite gelangen. Bewegen Sie die
Hände mit überlappenden Strichen nach unten zur
Hüfte, wobei eine Hand die Seite immer berühren
sollte. Wenn Sie gerade über die Hüfte hinweg sind,
beginnen Sie wieder am Brustkorb. Ziehen Sie die
Hände jedesmal fast bis zur Körpermitte, achten Sie
darauf, daß Sie immer nah am Boden beginnen, und
wiederholen Sie das Ganze auf der anderen Körperseite. Das bewirkt ganz wunderbare Empfindungen.

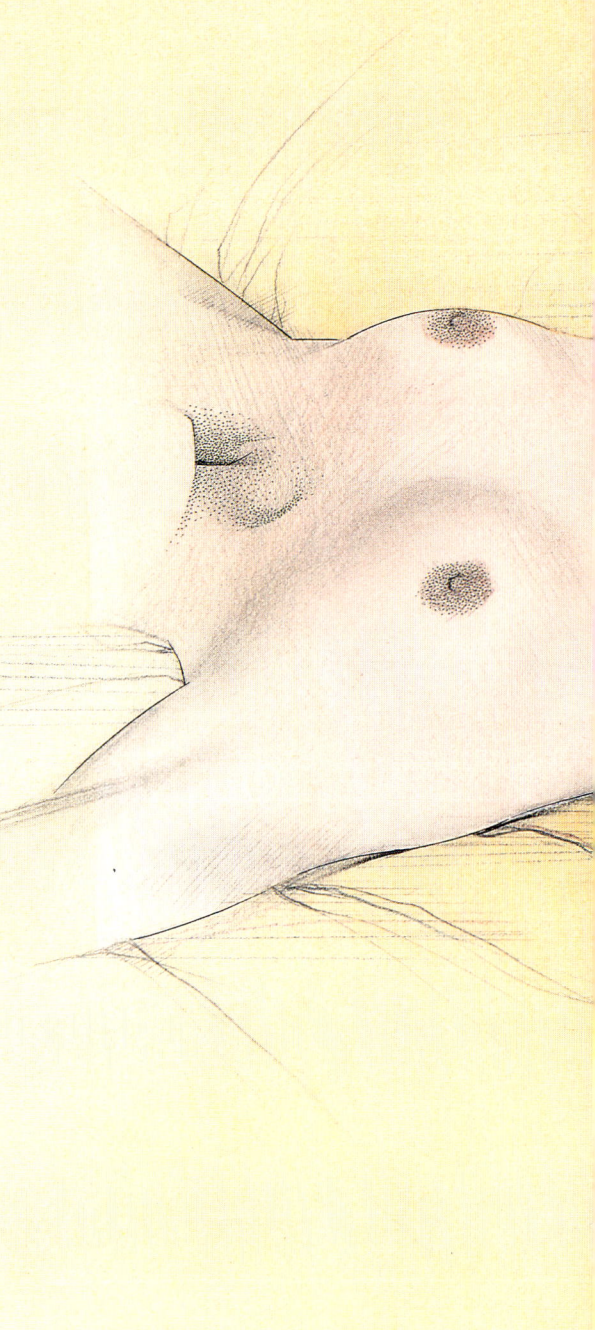

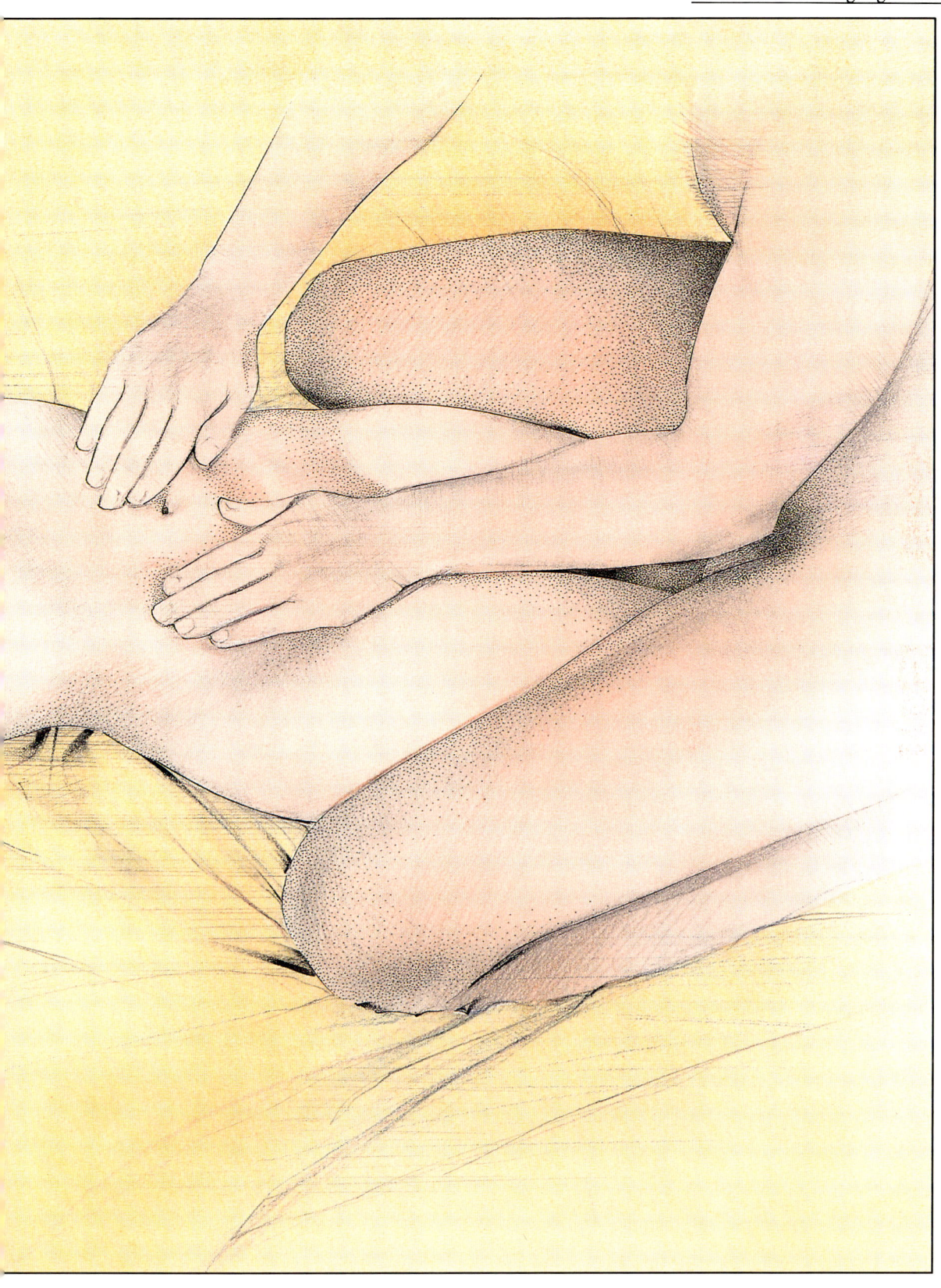

Das Gesicht beleben

Das Gesicht braucht nicht eingeölt zu werden, denn Ihre Hände sind jetzt schon ölig genug. Knien Sie am Kopf Ihres Partners, und bedecken Sie das Gesicht und die Augen vorsichtig mit beiden Händen (Bild rechts). Dies ist eine gute entspannende Stellung für den Anfang und das Ende der Massage. Jetzt legen Sie Ihre Fingerspitzen auf die Schläfen und streichen kräftig mit den Daumen in der Mitte über der Nase beginnend nach außen in Richtung Ohren. Führen Sie dieselbe Bewegung oberhalb der Augenbrauen aus (Bild unten). Gehen Sie dann weiter nach unten, und wiederholen Sie die gleiche Massage vorsichtig und sehr zart über den Wangenknochen.
Massieren Sie die Muskeln vor den Ohren, und fahren Sie zuletzt mit zusammengelegten Fingern fest auf beiden Seiten unter den Kiefernknochen entlang. Beenden Sie die Massage, indem Sie die Hände wieder auf das Gesicht legen, und verharren Sie so für einige Minuten.

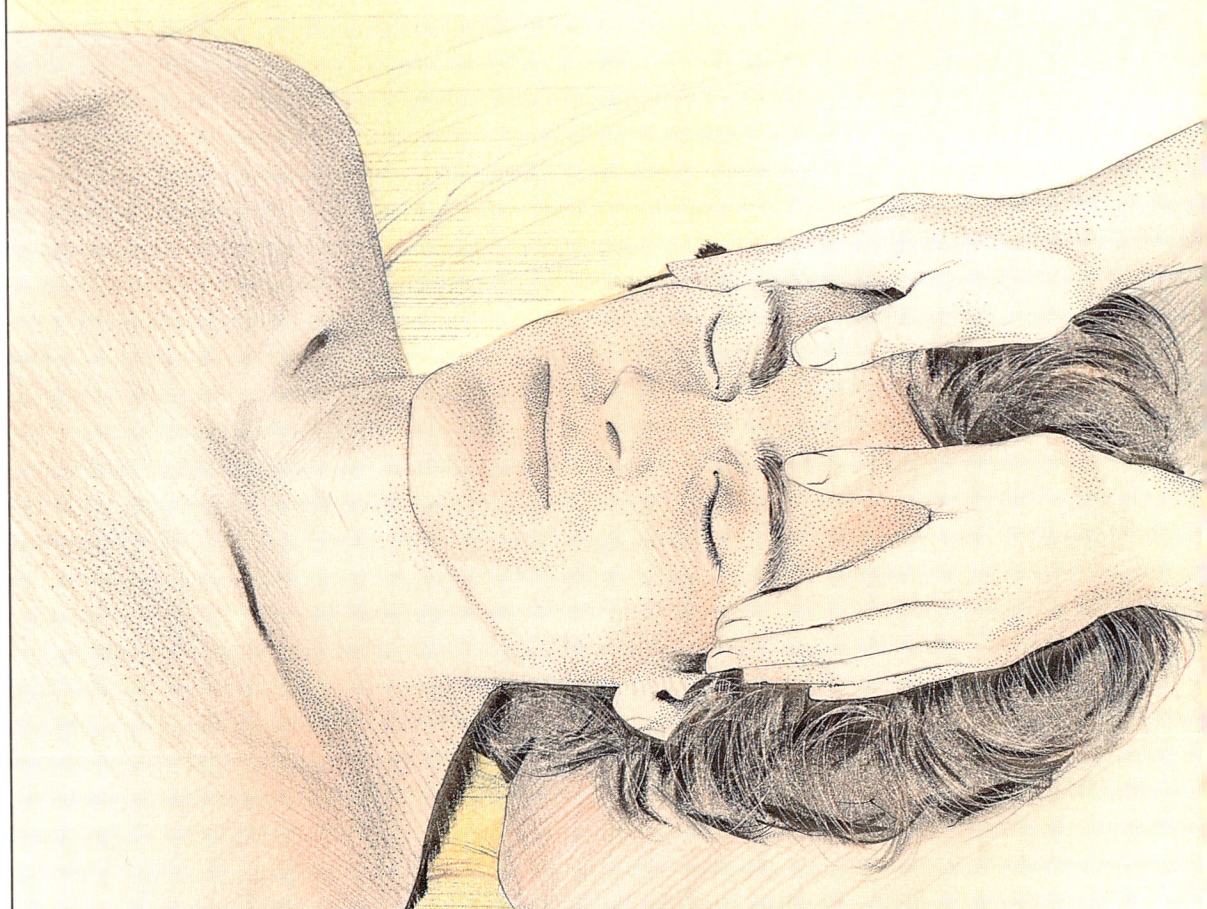

Zum Schluß das Wichtigste

Zum Abschluß der sinnlichen Massage setzen Sie sich neben Ihren Partner und fahren mit den Händen an der einen Körperseite hinauf und an der anderen wieder hinunter. Nach den Teilmassagen wird eine derartige Ganzkörperbehandlung, die den Kreis schließt, als sehr angenehm empfunden.

Danach legen Sie, immer noch in der gleichen Sitzposition, eine Hand auf den Unterbauch oberhalb der Schamhaare, und die andere auf die Stirn. Sitzen Sie entspannt, atmen Sie tief durch, denken Sie an das Wohlbefinden des Partners, und lassen Sie Ihre Liebe durch die Hände wirken. Diese letzte Stufe der sinnlichen Verständigung ist beruhigend und gibt Trost, heilt sogar und gibt Ihrem Partner das Gefühl, geschätzt und geliebt zu werden. Decken Sie ihn dann zu, und lassen Sie ihn dösen oder einfach entspannen. Wenn man genug Zeit hat, kann man sich dann in der Massage abwechseln, aber viele Paare finden es schöner, wenn während einer Behandlung immer nur einer gibt und der andere nimmt. Das muß sich bei mehreren Massagen natürlich ausgleichen.

Küssen und Schmusen

Die meisten Paare küssen und schmusen während der Liebe gern. Diese angenehme Beschäftigung führt uns zurück in die Kindheit und gibt uns das Gefühl von Sicherheit, Liebe und körperlichem Wohlbefinden. Es ist traurig, daß viele Paare vergessen, wieviel Zärtlichkeit und angenehme Erregung damit verbunden ist, obwohl sich zu küssen und miteinander zu schmusen zu jeder engen Liebesbeziehung gehört.

Wenn sich zwei liebende Menschen ihre gegenseitige Zuneigung zeigen wollen, werden sie sich als erstes küssen und miteinander zärtlich sein. Meist wird damit am Kopf, am Hals und im Gesicht begonnen, weil diese Stellen leicht zugänglich sind. Aus dem Babyalter und der Kindheit her sind wir es auch noch gewohnt, in diesen Bereichen berührt zu werden. Für Liebende, die einander erst entdecken, sind diese Körperteile auch noch relativ sicher und unverfänglich für beide, denn ein Kuß auf die Wange oder den Kopf wird fast überall gesellschaftlich akzeptiert und nicht unbedingt als Vorstufe zum Beischlaf gedeutet.

Wenn wir anfangen, unsere Zuneigung auszudrücken, sind die meisten von uns aus Angst vor Zurückweisung ziemlich vorsichtig. Mit dem Kopf zu beginnen erhöht die Wahrscheinlichkeit, daß man die Zärtlichkeiten fortsetzen darf. Das Gesicht eines geliebten Menschen zu küssen und vielleicht zärtlich zwischen den Händen zu halten ist ein guter Anfang. Küssen Sie das ganze Gesicht, auch die Augen und die Brauen, die Kehle sowie die Nasenspitze. Viele genießen einen Kuß auf das Ohr, andere finden das unerträglich kitzelig – also Vorsicht.

Warten Sie mit dem Kuß auf den Mund, bis Sie spüren, daß Ihr Partner entspannt und glücklich ist. Beginnen Sie mit winzigen Küßchen, bevor Sie mit der Zunge auf Entdeckungsreise gehen. Spielen Sie zärtlich mit den Lippen, um die Erwartung zu steigern. Küssen Sie kurz den Mund, dann wieder andere Stellen im Gesicht oder am Kopf. Vergraben Sie Ihr Gesicht sanft im Haar.

Ich weiß aus vielen Gesprächen, daß es ebenso viele Möglichkeiten und Vorlieben des Küssens wie Menschen gibt. Obwohl das eine Verallgemeinerung ist, kann man doch sagen, daß die meisten trockenere, festere Küsse den feuchten, schlüpfrigen vorziehen. Wie Sie auch immer küssen – die Höflichkeit verlangt einen frischen, angenehmen Mund. Halten Sie Ihre Zähne sauber, gehen Sie regelmäßig zum Zahnarzt, und wenn Sie schlechten Atem haben, liegt es vielleicht an dem, was Sie gegessen haben. Bürsten Sie einmal Ihre Zunge mit der Zahnbürste. Studien in den Vereinigten Staaten haben ergeben, daß Zähne- und Zungenputzen zusammen die meisten Ursachen für schlechten Atem beseitigen. Wenn Sie Raucher sind, denken Sie daran, daß das beim Küssen von einem Nichtraucher als unangenehm empfunden werden könnte, und unterlassen Sie das Rauchen einige Zeit vorher. Wenn Sie beide etwas Aufregendes möchten, versuchen Sie einmal, auf andere Weise zu küssen. Fahren Sie mit der Zunge über die Innenseite der Lippen Ihres Partners. Vielleicht massieren Sie seine Zunge mit Ihrer eigenen und fahren dann tief darunter. Gegenseitig an der Zunge zu saugen, kann auch Spaß machen. Probieren Sie alles aus, was Ihnen Freude macht. Wenn man sich intensiv küßt, sind natürlich auch die Körper eng beisammen. Streicheln und berühren Sie mit Ihren Händen so viel, wie der andere mag, entsprechend dem Stand Ihrer Intimität. Es ist ein schönes Gefühl, sich gegenseitig in die Arme zu nehmen, und eine Umarmung muß durchaus nicht immer leidenschaftlich sein.

Durch zärtliche Berührungen mit seiner Zunge kann er sie bereits in höchste Erregung versetzen, ganz ohne ihre Genitalien überhaupt einzubeziehen.

Selbst wenn man sonst nichts tut, ist es wunderbar, sich einfach nur umschlungen zu halten.

Wenn Sie jetzt weitermachen, ob in einer neuen Beziehung oder nach bekanntem Muster in einer bestehenden, werden Sie schon eine erste angenehme Erregung feststellen und möchten dann sicher auch mehr vom Körper Ihres Partners spüren. Es kann selbst für erfahrene Liebhaber sehr erotisch sein, angezogen zu schmusen und mal verführerisch eine Hand unter die Kleidung zu schieben.

Eine positive Reaktion ist jetzt wichtig, um Ihrem Partner zu zeigen, daß Sie mit seiner Zärtlichkeit einverstanden sind. Sie brauchen dabei nicht zu reden – ein Seufzer, ein leichtes Stöhnen und entgegenkommende Körperbewegungen sagen mehr als alle Worte. Gewöhnen Sie es sich an, auf diese kleinen Anzeichen zu achten.

Die meisten Frauen werden durch Zärtlichkeiten, die den ganzen Körper einbeziehen, stärker angeregt als Männer. Aber auch für den Durchschnittsmann gibt es weitaus mehr angenehme Bereiche, als er sich klar macht. Körperstellen, die man beim Streicheln oft übersieht, sind zum Beispiel die Kniekehlen, die Innenseiten der Schenkel, die Schultern, die Ohrläppchen, Finger und der Po.

Während Sie sich streicheln und zärtlich sind, haben Sie vermutlich das Bedürfnis nach ein bißchen Liebesgeflüster und möchten Ihrem Partner Ihre Liebe und Zuneigung mitteilen. Liebevolle Worte sind sehr wirkungsvoll – nur wenige von uns sind immun gegen Schmeicheleien oder verführerische Anregungen. Manche Partner sind eher zurückhaltend mit Lob, zum Teil, weil sie sich schon zu gut kennen, zum Teil aus Schüchternheit – dennoch ist dies die ideale Gelegenheit, ganz persönliche intime Empfindungen gemeinsam zu erleben. Wenn Sie in der Umarmung ganz gelöst sind und eins werden mit Ihrem Partner, wenn Sie sich hingeben und keine Hemmungen mehr haben, werden Sie auch fähig, sich Dingen zu öffnen, die nicht in direktem Zusammenhang mit dem derzeitigen Geschehen stehen. Manche Menschen weinen dann vor Freude oder Schmerz, manche reden über ein Problem, das sie beschäftigt, manche sagen dem Partner zum Beispiel, wie wichtig er ihnen ist – etwas, das sie am Frühstückstisch nie fertigbrächten. Diese Offenheit miteinander sollte der Kern jedes Liebesaktes sein, denn sie ist die Grundlage für wahre körperliche Intimität.

Aber was auch immer und wie auch immer Sie etwas tun – vergessen Sie nie, auf die Körpersprache Ihres Partners zu achten, entsprechend seinen Reaktionen zu handeln und den Harmoniefluß aufrechtzuerhalten. Sichtbare oder hörbare Zeichen Ihres Vergnügens machen auch Ihrem Partner Spaß, regen ihn vielleicht sogar an, den Genuß noch zu steigern. Seien Sie rücksichtsvoll beim Experimentieren. Ein zu deutlicher Knutschfleck kann peinlich sein. Fügen Sie dem anderen nie einen Schmerz zu, es sei denn, Sie wissen genau, was ihm in dieser Hinsicht gefällt. Zärtliches Knabbern und Beißen kann sehr erregend sein, aber zuviel davon wird leicht unangenehm und lästig. Stimmen Sie sich ein auf den Körper Ihres Partners, und streicheln und schmusen Sie mit ihm während des Küssens. Jetzt sind Sie beide sicher schon ziemlich erregt und möchten noch einen erotischen Schritt weiter gehen.

Erotisierende Massage

Dieses Kapitel befaßt sich mit dem Übergang von sinnlicher Massage zum eigentlichen Geschlechtsverkehr. Viele Paare gehen direkt vom Schmusen, Umarmen und Küssen über zur körperlichen Vereinigung, aber wir werden sehen, daß es hier noch ein aufregendes Zwischenstadium gibt. Wenn ein Paar aber – aus welchem Grund auch immer – keinen Beischlaf vollziehen möchte, bietet die erotisierende Massage eine verlockende Alternative, die dann in die Selbstbefriedigung mündet.

Es ist gleichgültig, ob Sie dieses Stadium der Liebe mit oder ohne sinnliche Massage erreicht haben, auf jeden Fall liegen wunderbare Stunden vor Ihnen, in denen Sie die Wirkungen der erotisierenden Massage erforschen können. Das Besondere liegt in ihrer Zielsetzung – sie soll anregen und erregen, vielleicht als Einstimmung zur körperlichen Vereinigung. Sie ist der Beginn des Vergnügens, das die meisten Menschen Vorspiel nennen. Das Vorspiel ist natürlich schon genauso ein Teil der körperlichen Liebe wie der Beischlaf selbst, dennoch wird es von vielen abgekürzt oder wie ein Hindernis behandelt, über das man hinweg muß, bevor man sich dem Eigentlichen zuwenden kann.

Wenn Ihnen und Ihrem Partner die erotisierende Massage wirklich Freude machen soll, müssen Sie sich beide der empfindsamsten Stellen des anderen bewußt sein. Der ganze Körper ist mit Nervenenden versehen, die Informationen zum Gehirn transportieren, aber bestimmte Zonen sind reichlicher damit bestückt als andere. Bei beiden Geschlechtern sind Finger, Zehen und Lippen besonders empfindlich und können äußerst erotisch sein, wenn sie geküßt oder zärtlich gestreichelt werden. Auch die Brustwarzen sind – zur Überraschung der meisten Männer – Zonen wunderbarer Empfindungen. Natürlich ist das Stimulieren der Genitalzone besonders geeignet, sexuelle Erregung her-

vorzurufen. Leider konzentrieren sich viele Paare zu früh darauf und lassen die phantastischen Möglichkeiten des übrigen Körpers ganz außer acht.

Für die sinnliche Massage ist zweifellos der Fußboden der geeignete Ort. Viele Paare finden ihn jedoch für die erotisierende Massage zu unromantisch. Ziehen Sie sich aus, gehen Sie ins Bett und versuchen Sie, so kreativ wie möglich herauszufinden, wie Sie mit Ihrem Körper den Partner am besten »massieren« könnten. Natürlich können Sie die Hände benutzen, aber warum nicht auch mal etwas anderes, zum Beispiel die Haare, den übrigen Körper oder erotisierende Kleiderstoffe?

Wenn Sie mit den Händen massieren, wirkt es am erregendsten, wenn Sie langsam und genußvoll über den Körper streichen. Nehmen Sie eine Körperstellung ein, die den Partner schon von sich aus erregt. Setzen Sie sich zum Beispiel mit gespreizten Beinen hin, so daß Ihr Schamhaar die Haut Ihres Partners berührt. Wenn Sie mit den Händen langsam über die erotischen Zonen streichen, wird Ihr Partner sein Vergnügen daran zeigen. Diese gleitenden Bewegungen können dadurch ausgedehnt und variiert werden, daß Sie ein bißchen Kneten einschließen. Das funktioniert besonders gut bei den Pobakken. Nehmen Sie die Pohälften richtig in die Hand und drücken Sie ziemlich kräftig. Zur Abwechslung berühren Sie den anderen dann federleicht mit den Fingerspitzen – aber auf keinen Fall kitzeln.

Auch sanfte Schläge können anregen und Spaß machen. Legen Sie Ihren Partner übers Knie und schlagen Sie ihn zärtlich, aber doch kräftig, auf den Po. Dies wird von vielen, besonders von Frauen, als äußerst erregend empfunden. Vielleicht küssen Sie dann den Bereich, den Sie gerade geschlagen haben. Massieren Sie Ihren Partner dann sanft mit dem Haar, falls es lang genug

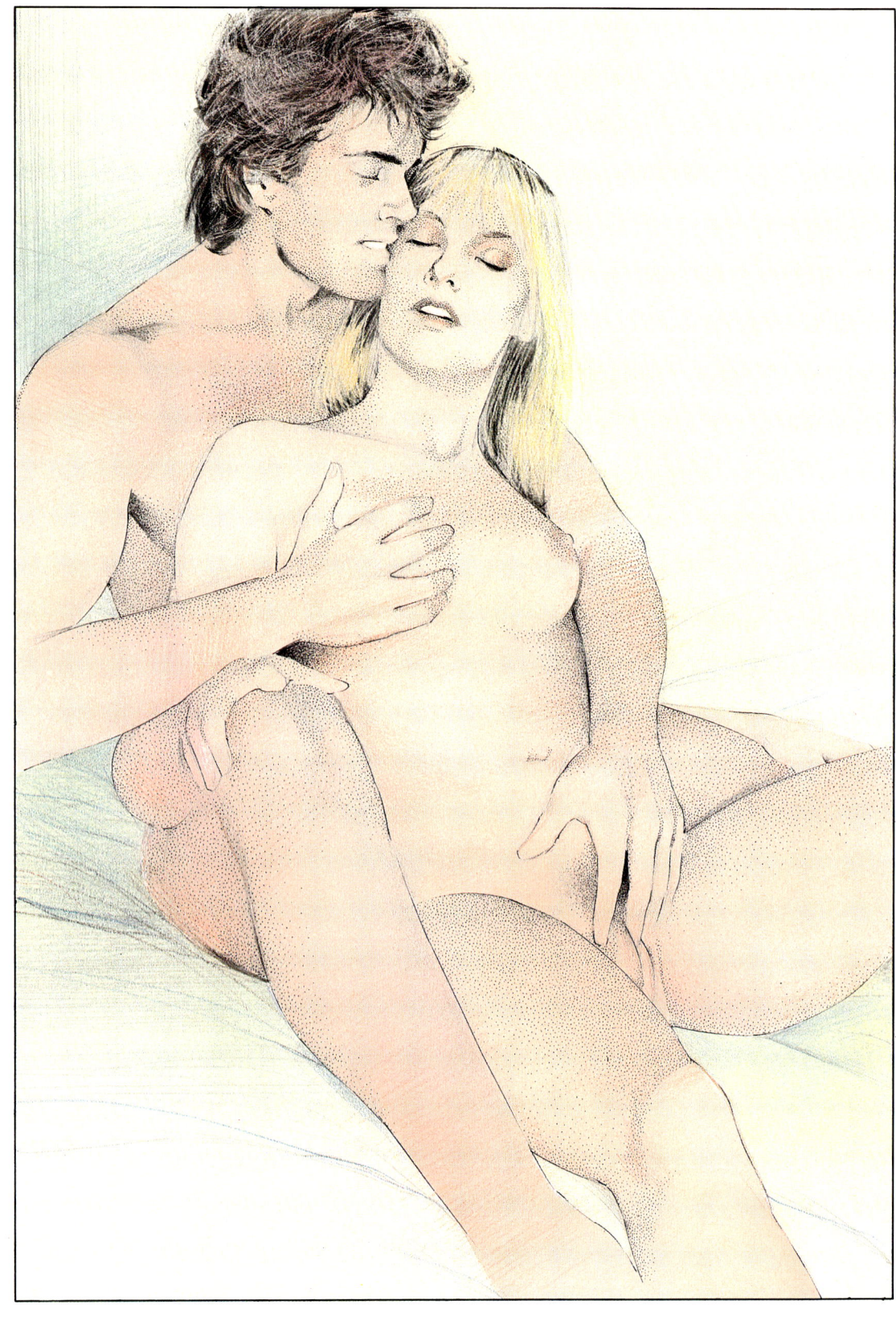

ist. Lassen Sie Ihre Haare über den ganzen Körper und besonders die Genitalien streifen.

Jetzt sollten Sie beide schon in kribbelnder Erregung sein. Wie wäre jetzt eine gegenseitige Massage mit sinnlichen oder erotisierenden Stoffen? Alles, was Sie gerade zur Hand haben wie Seide, Pelz, Gummi, Federn oder ähnliches kann auf überraschende Weise anregend wirken. Manche Liebespaare reiben sich mit Eßbarem ein: Zum Beispiel könnte er ihre Brust mit Joghurt oder Sahne eincremen und dann langsam ablecken. »Warmes« Eis, das schon einige Zeit vorher aus dem Kühlschrank genommen wurde, kann köstliche Empfindungen auslösen. Versuchen Sie einmal, ein bißchen davon in den Mund zu nehmen und dann am Körper Ihres Partners zu saugen. Die Wirkung kann umwerfend sein.

Benutzen Sie Ihren ganzen Körper, um den anderen zu massieren. Als Frau können Sie sich mit den Brüsten und Brustwarzen an ihm reiben, und wenn er sich Zeit nimmt, kann er Sie mit einer empfindsamen Brustmassage erregen. Dann lassen Sie die Innenseite eines Schenkels über seinen ganzen Körper gleiten einschließlich der steif gewordenen Brustwarzen. Das wird bei beiden Lustgefühle hervorrufen. Massieren Sie ihn mit den Füßen, den Arminnenseiten, mit dem Rücken und so weiter. Experimentieren Sie so lange, bis Sie wissen, was Ihnen beiden gefällt.

Wenn die erotische Spannung steigt, werden Sie wahrscheinlich vom normalen Küssen dazu übergehen, sich mit der Zunge zu massieren. Natürlich wollen Sie besonders die erogenen Zonen Ihres Partners küssen und erregen, aber Sie können Ihren Mund auch noch in anderer Weise benutzen. Mit den Lippen zärtlich über die empfindlichen Bereiche zu gehen löst eine elektrisierende Wirkung aus; machen Sie einen Bereich etwas naß und blasen Sie dann zärtlich darüber; knabbern Sie an der Haut mit winzigen Bissen; saugen Sie intime Stellen in den Mund und massieren Sie sie mit der Zunge. Wie wäre

Nachdem er sie über und über mit Küssen bedeckt hat, beginnt er, ihre Geschlechtsteile mit einzubeziehen.

eine Zungenwäsche für Ihren Partner? Lecken Sie ihn mit der Zunge, als ob Sie ihn waschen wollten. Für viele Paare ist es eine natürliche Fortsetzung, sich auf diese erotische Weise die Handflächen, Fingerspitzen und Zehen zu küssen. Nehmen Sie einen Finger nach dem anderen in den Mund und beobachten Sie die Reaktion. Sex mit dem Mund wird von den meisten viel zu eng gesehen und nur auf die Genitalien beschränkt. Aber der ganze Körper Ihres Partners kann zur erogenen Zone werden und vor Vergnügen zittern, wenn Sie Ihren Mund gekonnt einsetzen.

Viele Paare mögen auch elektrische Massagegeräte. Die besten passen in eine Hand und vibrieren, sobald sie den Körper berühren. Weitere Massagegeräte und Vibratoren werden im Verlauf dieses Kapitels beschrieben.

Mit der Zeit und nach einiger Übung wissen Sie selbst am besten, was Sie wie tun möchten, denn diese Dinge müssen ja auf Sie beide abgestimmt sein. Machen Sie aber nicht den Fehler, das, was dem einen Spaß macht, automatisch auf einen anderen Partner zu übertragen. Natürlich gehen wir alle von früheren Erfahrungen aus, aber seien Sie dabei vorsichtig und einfühlsam. Schließlich möchte ich Ihnen noch einige besondere Techniken erotisierender Massage vorstellen, die direkt zum gegenseitigen Masturbieren überleiten. Sowohl Männer als auch Frauen könnten mehr von einer Massage der Genitalzonen haben, wenn sie erfindungsreicher wären. Beim Streicheln eines Mannes ist es natürlich schön, sich auf den Penis zu konzentrieren, aber denken Sie auch an die Zone von der Peniswurzel zum Po hin und zwischen Anus und Geschlechtsteil. Viele Männer mögen es auch, wenn man die Analzone massiert, vielleicht im Zusammenhang mit dem Streicheln der Pobacken. Drücken Sie seine Hoden zärtlich, aber bestimmt mit den Händen, und erkunden Sie darüber hinaus den Hodensack intensiv mit der Zunge. Nehmen Sie einen Hoden in den Mund und massieren Sie ihn mit der Zunge. Streicheln Sie die Leistengegend und drehen Sie ihn dann auf den Bauch. Auf beiden Seiten der Wirbelsäule im Bereich des Steißbeins gibt es, wenn sie richtig stimuliert werden, sehr erogene Zonen. Massieren Sie diese Punkte mit einem Finger jeder Hand in kleinen, kreisenden, vibrierenden Bewegungen. Durch Probieren werden Sie die empfindlichsten Stellen herausfinden. Lassen Sie diese Massage einige Minuten andauern, und seien Sie offen für seine Reaktion.

Zum Massieren einer Frau drehen Sie sie erst auf den Bauch und streicheln und kneten einige Zeit ihren Po. Für viele Frauen ist dies allein schon erregend. Lassen Sie einen Finger zwischen die Pohälften gleiten, und streicheln Sie eventuell sogar den Anus, wenn sie das mag. Jetzt führen Sie den Finger tiefer, so daß Sie den Bereich zwischen Anus und Vagina massieren können. Dann machen Sie die gleiche Vibrationsmassage zu beiden Seiten der unteren Wirbelsäule wie oben für den Mann beschrieben.

Drehen Sie Ihre Partnerin jetzt auf den Rücken und streicheln Sie zärtlich die ganze Vulva, die Zone um die Scheidenöffnung, vielleicht nachdem Sie etwas mildes Massageöl aufgetragen haben. Streicheln Sie ihre Leistengegend, wenn Sie wissen, daß ihr das gefällt, und lenken Sie dann wieder Ihre Aufmerksamkeit auf die Vulva. Lassen Sie die Finger an den äußeren Schamlippen auf- und abgleiten, die Sie sanft zwischen Daumen und Zeigefinger halten. Dann ziehen Sie eine der äußeren Schamlippen vorsichtig nach außen und lassen wieder los. Gehen Sie von einem Ende zum anderen, immer nach außen ziehen und wieder loslassen, dann das gleiche auf der anderen Seite. Viele Frauen empfinden dies als sehr lustvoll. Beenden Sie die Massage mit dem Streicheln der Scheidenöffnung, besonders am unteren Ende.

Für manche Paare stellt die innere Massage den Höhepunkt dar. Versuchen Sie, den Scheideneingang Ihrer Partnerin kräftig zu streicheln. Die Finger nehmen dabei eine Stellung ein, die auf dem Ziffernblatt acht Uhr oder halb sechs entspricht, wenn man sich die Klitoris auf zwölf Uhr vorstellt. Das sind zwar besonders beliebte Stellen, aber vergewissern Sie sich, daß das auch auf Ihre Partnerin zutrifft und daß sie bereits sehr feucht ist, bevor Sie jede Art der inneren Massage versuchen. Wenn Sie sie stark erregt haben, wird bereits genügend Feuchtigkeit da sein, wenn nicht, nehmen Sie sich mehr Zeit oder verwenden Sie ein Gel oder sogar Massageöl. Weitere Hinweise zur inneren Massage finden Sie im Lauf dieses Kapitels unter dem Thema orale Liebe.

Manche Männer mögen das Eindringen in den Anus und empfinden die Massage der Prostata als besonders erregend. Wie man den männlichen »G-Spot« am besten stimuliert, sehen wir später.

Schon dieser kurzen Beschreibung können Sie entnehmen, daß ein kreatives Liebespaar sich mit ein bißchen Zeit und etwas Nachdenken eine ganz neue Erotik schaffen kann. Viele von uns sind entweder zu schüchtern, zu vorsichtig oder zu schnell bei der körperlichen Liebe, um die unendlichen Möglichkeiten gegenseitigen Vergnügens zu erforschen. Ist es unter diesen Umständen wirklich überraschend, daß so viele Menschen die Liebe langweilig finden und damit glauben, sie hätten das »Recht«, einen anderen Partner zu suchen? Meine Erfahrung zeigt, daß für die meisten Paare die bestmöglichen Liebeserlebnisse zu Hause zu holen sind, wenn sie nur etwas mehr Zeit und Mühe aufwenden würden, sie zu entdecken und zu fördern.

Masturbieren – ein Vergnügen zu zweit

Die meisten von uns lernen schon früh im Leben, wie man sich selbst befriedigt, aber das ist nur ein Vorgeschmack darauf, was danach kommt. Wir erfahren schon in frühester Kindheit, was uns Freude macht und angenehm ist, und diese Erfahrung prägt uns und unsere sexuellen Beziehungen für das ganze Leben.

Die ersten Erfahrungen mit dem Masturbieren machen viele von uns schon in der Wiege oder als Kleinkind. In diesem Alter entdecken wir wie zufällig unsere Genitalien, finden heraus, daß es Spaß macht, damit zu spielen, und wir lernen Empfindungen zu erzeugen, die uns Vergnügen bereiten. Einigen Kindern, vor allem Mädchen, wird das Masturbieren von da an zur Gewohnheit. Ein Drittel aller Frauen kann sich nicht erinnern, je ohne Selbstbefriedigung ausgekommen zu sein. Wer jedoch zwischendurch aufhört, fängt meist in der Pubertät wieder damit an. Dann entwickeln beide Geschlechter Techniken, die sie ihr Leben lang beibehalten.

Es wurde in der Vergangenheit schon viel über Selbstbefriedigung geschrieben, aber in einem Buch wie diesem, das der Bereicherung des Sexuallebens gewidmet ist, wollen wir das Masturbieren nur im Zusammenhang mit liebevollen Zweierbeziehungen betrachten.

Für manchen wird das nicht zusammenpassen, er glaubt irrtümlich, daß Selbstbefriedigung in einer funktionierenden Partnerschaft nichts zu suchen hat. Das stimmt aber nicht. Der größte Teil auch glücklich verheirateter Männer und Frauen befriedigt sich oft selbst, und sei es auch nur, wenn der Partner sexuell nicht zur Verfügung steht. Zu masturbieren ist erregend, und man erlebt dabei eine andere Art von Orgasmus. Und wer würde uns etwas absprechen, das uns Freude macht, niemandem schadet und sogar das gemeinsame Liebesleben um einiges bereichert?

Nur wenige Paare können behaupten, daß ihre Beziehung alles bietet, was sie sich sexuell wünschen. Phantasie und Selbstbefriedigung zusammen können dieses Defizit ausgleichen. Auch wenn man allein masturbiert, muß das keine einsame Beschäftigung sein, für die es oft gehalten wird. Man kann durchaus allein sein, muß sich deswegen aber nicht einsam fühlen. Nur weil zwei Menschen miteinander leben, heißt das noch lange nicht, daß sie deswegen ihre eigenständige Sexualität aufgeben und sich dem Partner unterordnen müssen.

Normalerweise ist das Masturbieren ein Teil jeder Zweierbeziehung, mag diese in anderer Weise auch noch so erfüllt sein. Ein normales, ausgeglichenes Paar erkennt dies auch, und kein Partner fühlt sich bedroht, wenn der andere masturbiert – immer vorausgesetzt, daß die Selbstbefriedigung nicht völlig an die Stelle der gemeinsamen Sexualität getreten ist.

Aber man sollte durchaus nicht immer nur allein masturbieren. In einer guten Beziehung kann man die Selbstbefriedigung auch zu zweit genießen, entweder als Zuschauer oder als Teilnehmer. Es kann sehr lehrreich sein, den Partner dabei zu beobachten, was ich allen Paaren empfehle, die Probleme in ihrer Beziehung haben. Viele mögen es, den anderen beim Masturbieren zu betrachten – besonders Männer finden das erregend. Die genaue Beobachtung dessen, was Sie tun, wenn Sie sich befriedigen, gibt dem Partner großen Aufschluß über den Ablauf Ihrer Erregung. Das kann für den gemeinsamen Liebesakt sehr nützlich sein, und Ihr Partner lernt genau, wie er Sie am besten stimulieren und Ihnen Befriedigung verschaffen kann. Das kann man nicht aus Büchern lernen – das ist sehr persönlich und bei jedem anders.

Die folgenden Dinge sollten Sie besonders beobachten, wenn Ihr Partner masturbiert: die Körperstellung und was er mit den Körperteilen

macht, die nicht zum Geschlechtsbereich gehören; die Körperhaltung kurz vor dem Höhepunkt; den Gesichtsausdruck und ob die Atmung sich ändert; wie die Genitalien stimuliert
werden (Tempo, Länge der Bewegungen, Druck
usw.); die Anzeichen des bevorstehenden Orgasmus; was dabei genau passiert – zum Beispiel,
wie weit und wie oft Samen ausgestoßen wird.
Ein Mann kann natürlich genauso verfolgen, wie
seine Partnerin zum Höhepunkt kommt.

Was man dabei lernt, ist für jedes durchschnittliche Paar sehr wertvoll, denn man fühlt sich nicht
nur wohler und entspannter in Gegenwart des
anderen, sondern man macht sich auch keine falschen Vorstellungen mehr, die sich ja oft so ver-
hängnisvoll auswirken.
Der nächste Schritt ist, den Partner so stimulieren zu lernen, daß er mindestens ebensoviel
Vergnügen dabei empfindet, als wenn er es
selbst täte. Nur Übung macht den Meister, und

**Beide sind entspannt, und er
teilt ihr sein Vergnügen mit. Sie
umschließt seinen Penis fest mit
der Hand, genau, wie er es bei
der Selbstbefriedigung macht.
Das Stimulieren seiner
Brustwarzen und ihr nackter
Körper an seinem erregen ihn
zusätzlich, und ihre
Sexunterwäsche ist Stoff für
seine Phantasie.**

es braucht eine Menge Übung, wenn Sie die einzigartigen Selbstbefriedigungstechniken Ihres Partners, wenn auch nur ansatzweise, nachahmen wollen. Das ist eine echte Herausforderung, die – einmal gemeistert – für Ihr gemeinsames Liebesleben von großem Wert sein wird. Nach meiner Erfahrung geben sich zwar viele Paare sehr viel Mühe, aber sehr oft weiß der eine gar nicht, was dem anderen gefällt, und keiner von beiden kann ohne Angst vor Zurückweisung,

Verlust oder Lächerlichkeit darüber sprechen. Es gibt eine Reihe von Punkten, die Sie beachten sollten, wenn Sie versuchen, sich gegenseitig zu befriedigen. Es lohnt sich, daran zu denken, denn so viele Paare bemühen sich, dem anderen auf diese Weise Vergnügen zu bereiten, scheitern aber an kleinen Schwierigkeiten, die man mit ein bißchen Überlegung verhindern könnte. Dazu gehört zum Beispiel die Körperstellung. Wenn Sie Ihren Partner befriedigen, sollte er

Dies ist eine außergewöhnlich
gute Stellung für die
gegenseitige Befriedigung. Die
beiden haben viel
Körperkontakt, sie können die
Geschlechtsteile des anderen
gut erreichen, er kann sie
küssen und sein Gesicht in ihr
Haar drücken, während er ihre
Brüste streichelt. Sie hat eine
Hand frei, um seine dahin zu
führen, wo sie es am liebsten
hat. Gleichzeitig kann sie ihn
da stimulieren, wo es ihm am
besten gefällt.

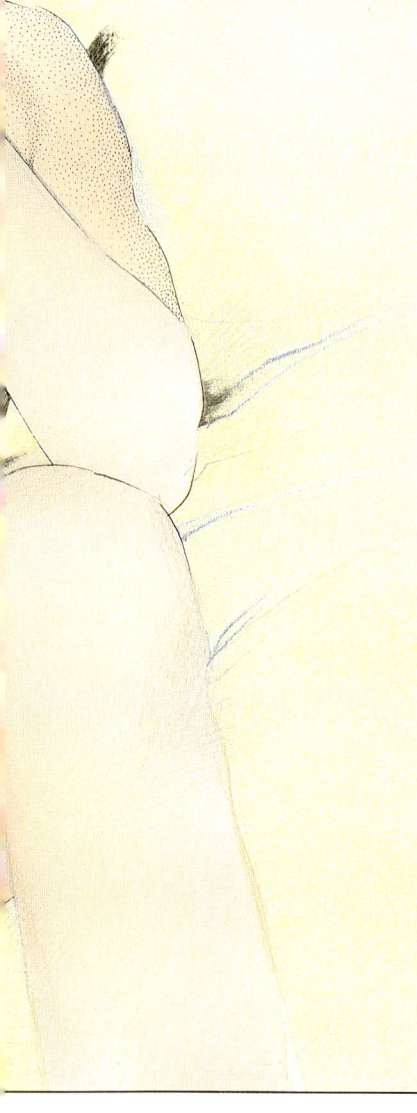

genau so bequem liegen wie Sie selbst. Bei den besten Positionen sind sich die Geschlechtsteile beider Partner so nah wie möglich.

Es hilft auch sehr, für die richtige Atmosphäre und Stimmung zu sorgen. Gedämpftes Licht, ein bißchen Alkohol, gute Musik, erotische Literatur oder ein Sexvideo können dazu beitragen. Lassen Sie das Licht an, damit Sie die Gefühlsäußerungen Ihres Partners sehen können. Das allein kann schon sehr erregend sein.

Benutzen Sie reichlich Gleitmittel für Penis und Klitoris, denn Trockenheit schadet dem Erfolg jeder Selbstbefriedigung. Es gibt gute Gels oder Öle, für einen Mann ist auch Talkum geeignet, das aber bei einer Frau nicht angebracht ist.

Am Anfang ist es auch sehr wichtig, miteinander zu reden. Man kann ja nicht wissen, was der andere denkt, und die meisten brauchen trotz gegenseitiger genauer Anleitungen die Beobachtung. Sie sollten sich dabei auch mitteilen, wie Sie am übrigen Korper berührt werden möchten. Viele Frauen ziehen es vor, immer wieder auf dieselbe Weise befriedigt zu werden. Sie genießen es am meisten, wenn sie wissen, was auf sie zukommt. Das gilt auch für manche Männer, aber die meisten lieben doch mehr die Abwechslung. Wenn Sie alles besprochen, ausprobiert und erreicht haben, können Sie sich selbst oder einander gegenseitig befriedigen, wann immer Sie Lust dazu haben. Manche Frauen mögen keinen Sex nach der Geburt, andere nicht während der Regel oder kurz davor, und es gibt Zeiten, in denen Sex unmöglich ist, zum Beispiel nach einer Operation oder einer Geschlechtskrankheit. Häufiger noch möchte zwar ein Partner Sex, aber der andere hat aus irgendeinem Grund keine Lust. Partner, zu deren Repertoire auch die gegenseitige Befriedigung gehört, werden daher nie unerfüllt oder frustriert bleiben, und sie können sich darauf verlassen, daß der andere seine sexuellen Wünsche erfüllt, auch wenn man nicht miteinander schlafen kann.

Wenn Sie nicht wissen, ob Ihr Partner andere sexuelle Beziehungen hat und sich vielleicht mit einer Geschlechtskrankheit angesteckt hat, haben Sie in der erotischen Massage, dem Masturbieren sowie der gegenseitigen Befriedigung erregende und erfüllende Alternativen zum Liebesakt. Für ein Paar jedoch, das einander treu ist und ein erfülltes Liebesleben hat, ist die Masturbation eine zusätzliche Technik, die schon allein der Abwechslung wegen Spaß macht.

Mit dem Mund lieben

Den Körper eines geliebten Menschen mit dem Mund zu berühren ist etwas ganz Natürliches. Die meisten Paare küssen sich gern, nicht nur auf die Lippen, und mögen es auch, mit Mund und Zunge am Körper berührt zu werden. Leider bezieht sich der Begriff orale Liebe heute oft nur einseitig auf die Stimulierung der Genitalien mit dem Mund – aber diese Einschränkung muß nicht sein.

Schon in den ersten Lebenstagen lernen wir, wie außergewöhnlich empfindsam und genießerisch unser Mund sein kann. Als Baby saugen wir an der Mutterbrust oder an der Flasche, und zweifellos bleibt uns das bis ins Erwachsenenalter hinein in angenehmer wenn auch unbewußter Erinnerung.

Der Mund ist sozusagen die erste erotische Körperstelle. Dies mag für manche Leser überraschend sein, aber nur wenige werden abstreiten, daß beim Stillen mehr vor sich geht als nur Nahrungsaufnahme. Das Baby genießt die Nähe der Mutter, ihren tröstlichen Herzschlag, ihre Wärme und Liebe und vielleicht sogar ihr Lächeln, ein Lied oder liebevolle Worte.

All dies hinterläßt bei dem Baby einen unauslöschlichen Eindruck, und es scheint, als ob ein Kind, das mit viel Liebe gestillt wurde, auch weiterhin ordentlich ißt, nicht am Daumen lutscht, keinen Schnuller braucht und als Erwachsener nicht so leicht zum Raucher wird. Mit anderen Worten, seine oralen Bedürfnisse wurden im wesentlichen durch eine liebevolle Mutter befriedigt, die ihm immer, wenn es wollte, die Brust oder die Flasche gab, und zwar nicht nur zum Trinken, sondern auch, um Trost und Geborgenheit zu vermitteln.

Unabhängig davon, wie wir als Kinder versorgt und betreut wurden, haben die meisten von uns eine angenehme Erinnerung an diese orale Phase psychosexueller und erotischer Entwicklung, deren Vergnügen wir auch als Erwachsene nicht missen wollen. Erotische Entwicklung beinhaltet dabei nicht unbedingt geschlechtliche Aktivitäten oder Erregung, obwohl das natürlich vorkommt, wie jede erfahrene stillende Mutter weiß. So manches männliche Baby hat schon an der Brust eine Erektion, wenn das Stillen besonders entspannt und liebevoll erfolgt. Das gleiche trifft auch für Mädchen zu, ist bei ihnen nur weniger offensichtlich. Daraus kann man ersehen, daß der Mund sich zu einer der wichtigsten erogenen Zonen entwickelt. Die Sinneseindrücke, die das Gehirn vom Mund empfängt, sind viel intensiver als die Signale von fast allen anderen Körperteilen.

Oraler Sex ist also einfach jede sexuell anregende und erregende Tätigkeit, die mit dem Mund ausgeführt wird. Das Küssen ist dabei die einfachste und selbstverständlichste, aber wie wir bereits gesehen haben, kann der Mund noch ganz anders und einfallsreicher eingesetzt werden, um erotische Empfindungen hervorzurufen. Für die meisten ist aber orale Liebe immer mit den Geschlechtsteilen verbunden. Sie ist für viele Paare oft noch tabu, weil die Genitalien so höchst privat sind und der Gedanke an einen derart intimen Kontakt selbst für sexuell sehr aufgeklärte Menschen vielfach abwegig ist. Für viele, besonders für Frauen, ist es das allerintimste, wenn der Partner Mundkontakt zu den Genitalien aufnimmt. Viele meiner Patientinnen finden den Geschlechtsverkehr im Vergleich dazu einfach. Das ist das Ergebnis einer Erziehung, die vor allem Mädchen vermittelte, daß die Geschlechtsteile schlecht riechen, schmutzig oder sonstwie unangenehm sind.

Jeder, der solche Ängste hat, wenn auch unbewußt, findet es natürlich schwierig, sich für oralgenitalen Sex richtig zu entspannen. Wenn es aber doch einmal gelingt, sind viele überrascht und erfreut über die schönen Empfindungen, die sie dabei erleben.

Sex mit dem Mund ist völlig unschädlich. Die einzige Gefahr besteht bei Geschlechtskrankheiten und Infektionen. Auch bei einer Herpesentzündung am Mund sollte man die Geschlechtsteile des Partners nicht mit den Lippen berühren, denn die Herpesviren könnten auch auf die Genitalien übergreifen. Wenn es auch nur den geringsten Verdacht auf Aids oder eine durch Geschlechtsverkehr übertragene Krankheit gibt, sollten Sie keinen oralen Sex betreiben, solange der Arzt nicht grünes Licht gegeben hat.

Vorausgesetzt also, keiner von Ihnen hat eine Geschlechtskrankheit oder Herpesinfektion, gilt der nächste Gedanke der Sauberkeit. Auch wenn viele Menschen Sex mit dem Mund sehr gern mögen – bei vielen Umfragen über sexuelles Verhalten ist er Nummer Eins der »Hitliste« – so mag doch keiner Mundkontakt mit unsauberen Genitalien. Sowohl die Vagina als auch der Penis entwickeln durch die natürlichen Ausscheidungen Körpergeruch, wenn sie einen Tag nicht gewaschen werden. Für die Liebe mit dem Mund sollte man also auf peinlichste Sauberkeit achten, das heißt mindestens einmal am Tag baden oder duschen oder sich direkt vor dem Geschlechtsverkehr waschen. Zusammen zu baden oder zu duschen kann viel Spaß machen und sich gegenseitig die Genitalien zu waschen kann man schon als Teil des Vorspiels betrachten. Vorsicht beim Waschen der Vagina: Von innen ist keine Säuberung nötig. Seien Sie auch vorsichtig mit parfümierter Seife und Intimdeodorants, die bei vielen Frauen Hautreizungen hervorrufen. Warmes Wasser und einfache Seife reichen völlig.

Es gibt ein paar Punkte, die Sie bedenken sollten, bevor Sie anfangen. Als erstes vereinbaren Sie bestimmte Regeln. Zum Beispiel mag es eine Frau vielleicht, den Penis in den Mund zu nehmen, aber nicht, wenn er zu tief eindringt oder der Mann in den Mund hinein ejakuliert. Sprechen Sie vorher darüber, damit es nicht im letzten Moment unangenehm wird. Kein Partner sollte sich über diese Vereinbarungen hinwegsetzen. Ein Mann, der seinen Penis tief in den Rachen der Partnerin stößt, wenn er zum Höhepunkt kommt, ist nicht nur rücksichtslos, sondern kann bei ihr auch einen Erstickungsanfall auslösen. Aus diesem Grund mögen die meisten Frauen lieber am Glied saugen, damit sie das Eindringen selbst unter Kontrolle haben.

Beißen Sie auch nie in die Geschlechtsteile, auch nicht liebevoll oder spielerisch. Ein verletzter Penis blutet wie wahnsinnig. Und blasen Sie niemals, unter keinen Umständen, in die Genitalien. Das kann für den Mann schon gefährlich sein, für die Frau aber tödlich, wenn die Luft in die Gebärmutter und hoch in die Eileiter gepreßt wird. Viele Frauen, die die Liebe mit dem Mund mögen, halten ihr Schamhaar kurz. Manche Paare machen daraus sogar ein Sexspiel, indem der Mann die Haare der Partnerin kürzt, sie rasiert oder Enthaarungscreme anwendet, je nachdem, was beiden gefällt.

Jetzt lassen Sie uns sehen, wie ein Mann eine Frau mit dem Mund am besten erregen kann. Zunächst ist eine günstige Körperhaltung wichtig, denn wenn sie liegt, sind ihre Genitalien weit unten und zu nah am Bett, so daß es, egal für wie lange, für ihn zu anstrengend sein kann, sie mit dem Mund anzuregen. Legen Sie ihr vielleicht ein Kissen oder zwei unter das Becken, oder knien Sie vor ihr auf dem Boden, zwischen ihren Beinen, wobei ihr Po ganz nah an der Bettkante liegen sollte.

Bevor Sie anfangen, ihre Geschlechtsteile zu küssen, berühren Sie sie eine Weile mit der Hand. Ihre Hände sollten ständig den übrigen Körper streicheln. Schmusen Sie mit ihrer Vulva und küssen Sie die Leistengegend. Lassen Sie die Zunge in dem ganzen Bereich spielen, um sie anzuregen und ihre Spannung zu steigern. Jetzt küssen Sie die äußeren Schamlippen und nehmen jeweils eine in den Mund. Fahren Sie mit der Zunge über die Innenseite, von der Spitze an der Klitoris bis nach unten zur Vagina. Saugen Sie zärtlich an den inneren Lippen, und fahren Sie mit der Zunge und mit den Lippen so darüber, wie Sie es bei den äußeren Schamlippen gemacht haben.

Dann berühren Sie mit der Zungenspitze die Gegend um die Scheidenöffnung, gehen aber noch nicht hinein. Lassen Sie die Zunge zwischen Vagina und Anus wandern und lecken Sie kräftig rundherum. Lassen Sie Ihre Zunge auf aufreizende Weise kurz in die Vagina gleiten, und ziehen Sie sie wieder zurück, als ob Sie Ihre Partnerin necken wollten. Sie wird ihren Unterkörper dabei hochwölben, um Ihnen entgegen zu kommen, wenn sie erregt ist.
Ihre Klitoris schwillt jetzt an und wird hart. Küssen und lecken Sie sie zärtlich rundherum.

Wenn Ihre Partnerin schon soweit ist, daß sie die Klitoris selbst geküßt haben möchte, fahren Sie ganz behutsam mit der Zunge über Spitze und Schaft. Achten Sie genau darauf, was Ihrer Partnerin zusagt. Manche Frauen können es nicht ertragen, wenn ihre Klitoris mit den Fingern berührt wird, finden es jedoch zauberhaft, dort eine Zunge zu fühlen. Wenn Ihre Partnerin stärker erregt ist, fahren Sie mit zwei Fingern in die Scheide. Einige Frauen mögen es gern, wenn die Scheide weit gedehnt wird – dadurch werden sie am stärksten erregt. Streicheln Sie sie weiter,

Er hat gelernt, was für sie am besten ist, indem er ihr beim Masturbieren zugeschaut hat. Jetzt macht er ihr mit dem Mund alles nach.

vielleicht mit einer Hand die Brust, mit der anderen die Scheide. Einige Frauen mögen lieber einen Vibrator statt der Finger, und auch ein künstlicher Penis (Dildo) kann sehr angenehm sein. (Die Anwendung wird im nächsten Kapitel beschrieben.) Probieren Sie verschiedenes aus, und sprechen Sie mit ihr, um herauszufinden, was sie am liebsten mag. Halten Sie den ganzen Bereich mit Speichel feucht, steigern Sie die Erwartung, indem Sie zwischendurch aufhören, und lassen Sie sich immer von ihren Wünschen leiten.

Jetzt wollen wir betrachten, wie eine Frau den Mann mit dem Mund oral erregen kann. Wenn Sie sich dem Penis nähern, achten Sie darauf, ihn nicht zu weit herunter zu biegen. Ein erigierter Penis zeigt von Natur aus eher nach oben. Vielleicht fangen Sie an, ihn einfach zu küssen. Oraler Sex ist eigentlich nur die Fortsetzung anderer Zärtlichkeiten mit dem Mund, und je mehr Erfahrung Sie haben, desto natürlicher sollte Ihnen das Ganze erscheinen. Bedecken Sie den Penis mit Küssen, und lassen Sie die Zähne aus dem Spiel. Es ist wichtig, daß Sie es sich bequem ma-

chen, sonst bekommen Sie Nackenschmerzen. Wenn Sie den Penis intensiver küssen, nehmen Sie ihn in den Mund wie einen Lutscher. Fahren Sie mit der Zunge kreisförmig um die Eichel, und schenken Sie dabei der kleinen Kante an der Unterseite, wo die Eichel in den Schaft übergeht, besondere Aufmerksamkeit. Dieses sogenannte Frenum ist außerordentlich empfindlich, und seine Berührung kann einen Mann in Sekunden zum Höhepunkt bringen. Wenn Sie das nicht wollen, passen Sie auf, daß Sie es nicht zu sehr reizen. Jetzt lecken Sie mit der ganzen Zungenbreite über den Penisschaft, bis zu den Hoden. Vielleicht fahren Sie auch mit der Zunge um den Hodensack herum, und drücken sie tief hinein. Nehmen Sie einen Hoden zärtlich in den Mund, und saugen Sie daran, pressen Sie ihn mit dem Mund zusammen, aber beißen Sie nicht. Jetzt gehen Sie wieder hinauf zur Eichel, nehmen die Spitze in den Mund und massieren sie mit der Zunge – lassen Sie dabei Ihre Phantasie spielen. Steigern Sie seine Lust, indem Sie den Penis aus dem Mund heraus und in die Hand nehmen, ihn saugen, zärtlich küssen und auch sonst alles damit machen, was Ihrem Partner gefällt. Wenn er äußerst erregt zu sein scheint, lutschen Sie wieder fest an seinem Penis und stoßen ihn dann in den Mund hinein, so tief Sie es mögen. Lassen Sie ihn dann wieder herausgleiten, und bringen Sie Ihren Partner auf diese Weise zum Orgasmus, wenn es das ist, worauf Sie sich geeinigt haben. Wenn einem Partner das so nicht gefällt, können Sie den Penis weiter stimulieren, bis zum Samenerguß vielleicht über Ihre Brust oder in ein Papiertaschentuch. Wenn Sie nichts gegen Sperma im Mund haben, können Sie es problemlos schlucken, das ist völlig ungefährlich, und davon kann man natürlich auch nicht schwanger werden.

Bleiben Sie mit den Händen immer auf seinem Körper, streicheln Sie vielleicht die Geschlechtsteile, den Anus, den Po, die Brustwarzen oder was er sonst gern hat. Nehmen Sie sich viel Zeit für die Zärtlichkeiten, die er am liebsten mag, und tun Sie nicht nur das, was vielleicht schon früher einem anderen Mann gefallen hat.

Partner, die sich für die Liebe mit dem Mund soviel Zeit nehmen und sich bemühen, dem anderen auf diese Weise Vergnügen zu bereiten, stellen fest, daß ihr Liebesleben dadurch bereichert wird. Für viele Paare ist oraler Sex auch eine völlig akzeptable Alternative zum Eindringen des Penis in die Scheide, wenn das aus bestimmten Gründen mal nicht geht, vielleicht weil ein Partner eine Operation hinter sich hat, unter einer Infektion leidet oder der Verkehr schmerzhaft wäre.

Es gibt nur wenige Paare, die die Liebe mit dem Mund als Ersatz nicht erregend finden, auch wenn ihnen eigentlich nicht nach Sex zumute war. Viele kommen dadurch sogar zu einem zweiten oder weiteren Höhepunkt, was vielleicht auf andere Weise nicht möglich gewesen wäre. Die Stimulierung mit dem Mund ist auch gut geeignet, einen Mann kurz nach dem ersten Höhepunkt wieder zu erregen.

In dieser Haltung kann die Frau das Eindringen leicht mit der Hand selbst kontrollieren, und er kann sie streicheln, während er von ihr erregt wird.

Wenn man Sexspielzeug
benutzt, ist es wichtig, es ganz
auf den Liebespartner bezogen
zu gebrauchen.

Zeit zum Spielen

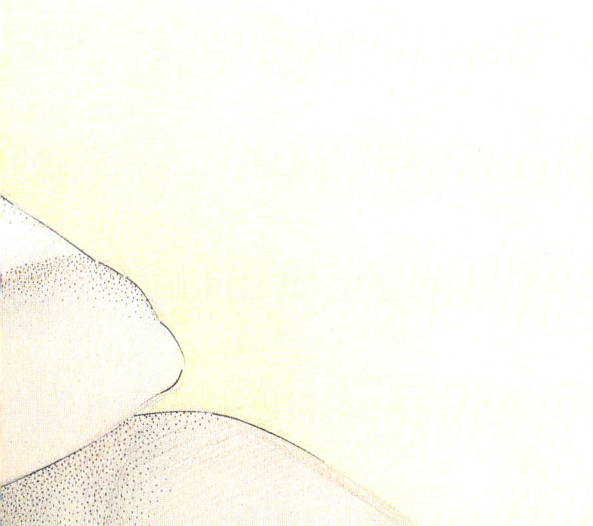

Seit undenklichen Zeiten finden Paare Gefallen daran, Liebesspielzeuge zu benutzen. Sie können das sexuelle Vergnügen auf erstaunliche Weise steigern und machen einfach Spaß. Sie bieten dem normalerweise wenig experimentierfreudigen Liebespaar ganz neue Erfahrungen und sind besonders für gelangweilte oder gehemmte Partner nützlich. Es gibt keinen Grund, solche Spielzeuge als merkwürdig abzulehnen. Sie sind leicht über Versandhäuser zu beziehen, und ihr Gebrauch macht nicht süchtig!

Es gibt viele verschiedene Arten von Sexspielzeug oder Liebeshilfen, von denen der größte Teil dafür gedacht ist, das Liebesleben zu bereichern. Bestseller ist immer noch der phallusförmige Vibrator. Dieser Plastikartikel soll die Vulva, die Brustwarzen, die Klitoris oder den Anus anregen. Manche Frauen lieben die Vibration außen am Körper, manche mögen es mehr von innen, eventuell sogar an der vorderen Scheidenwand beim G-Spot. Auch Männern kann ein Vibrator Spaß machen, aber er ist eher ein Lieblingsspielzeug für Frauen.

Vibratoren sind entweder batteriebetrieben oder haben Netzanschluß. Wenn Sie einen batteriebetriebenen Vibrator kaufen, vergewissern Sie sich, daß die Batterien neu sind. Energiemangel ist natürlich bei Netzanschluß kein Problem, aber manche Frauen lehnen ein Elektrogerät in so engem Kontakt mit ihren Geschlechtsteilen ab. Es gibt jedoch keinen Grund zur Besorgnis. Bei einem Mann sollte man den Penis am besten an der Spitze über dem Frenum anregen. Drükken Sie den Vibrator auf den Penis, und beobachten Sie die Wirkung. Manche Männer kommen schon allein dadurch zum Höhepunkt.

Für den Vibrator gilt als einzige Vorsichtsmaßnahme, wie übrigens auch für alle anderen Sexartikel, die in den Körper eingeführt werden, daß er peinlich sauber gehalten werden muß. Besonders, wenn der Vibrator mit dem Anus in Kontakt gekommen ist, sollte man ihn säubern, bevor er in die Scheide eingeführt wird. Und wenn wir schon dabei sind: Lassen Sie Ihre Sexartikel nie von einem Dritten benutzen, es sei denn, Sie sind sicher, daß derjenige frei von Infektionskrankheiten ist. Es ist nicht gefährlich, den Vibrator in den Anus einzuführen, solange Sie ihn gut festhalten können: Wenn er allerdings zu tief hineingerät, kann er verlorengehen. Das zweitbeliebteste Sexspielzeug ist der Dildo, der künstliche Penis. Er besteht meist aus festem Latex, und es gibt ihn in vielen Größen. Wenn Sie sich als Frau einen aussuchen, werden Sie vermutlich eine zu kleine Größe wählen, denn man unterschätzt leicht die Dehnbarkeit der Scheide während der Erregung. Ein Mann dagegen kauft für seine Frau oft einen zu großen Dildo. Ich rate Ihnen, suchen Sie ihn zusammen aus, und nehmen Sie ihn eine Nummer größer, als Ihre Partnerin ihn kaufen würde. Dann wird er ein Maximum an Reizen bieten, auch wenn die Vagina weit geöffnet ist.

Sie können einen Dildo auf verschiedenste Weisen benutzen. Manche Frauen verwenden ihn bei der Selbstbefriedigung, allein oder gemeinsam, andere mögen es, wenn der Mann ihn beim Liebesspiel in die Scheide einführt. Als Mann werden Sie feststellen, daß Sie selbst sehr erregt werden, wenn Sie Ihre Partnerin befriedigen und gleichzeitig den Dildo benutzen. Außerdem hat sie beide Hände frei, um selbst ihren Körper zu streicheln, besonders die Brüste.

Was Frauen bei der Anwendung eines Dildos vorziehen, ist sehr unterschiedlich. Manche führen ihn tief ein und lassen ihn dort, andere stoßen ihn hinein und ziehen ihn heraus wie einen echten Penis. Einige führen ihn auch nur schräg ein, so daß er zwar die Scheidenöffnung vergrößert, aber nicht weiter in die Vagina der Frau eindringt.

Nicht nur mehr Männer, als man sich vorstellt, lieben Berührungsreize am Anus – tatsächlich finden beide Geschlechter an der Analstimulation oft unverhofftes Vergnügen. Es gibt speziell dafür kleine Dildos und auch Vibratoren. Auch größere Dildos, die den Anus stärker dehnen, sind bei manchen Männern und Frauen gleichermaßen beliebt. Ich habe schon die Vorsichtsmaßnahmen erwähnt, die bei der Benutzung von Liebesspielzeug für den Analbereich zu beachten sind. Darüber hinaus gibt es keinen Anlaß zur Besorgnis, denn die Verwendung von Sexartikeln für anale Stimulation kann von sich aus kein Aids hervorrufen. Das kann nur bei Sexspielen mit jemandem passieren, der bereits infiziert ist.

Viele Paare verwenden auch Gleitmittel beim Liebesspiel. Das beste und sicherste ist ein einfaches wasserlösliches, keimfreies Gel, das abgesehen davon, daß es bei der Verwendung direkt aus der Tube ziemlich kühl ist, ein angenehmes und nützliches Hilfsmittel darstellt. Es gibt andere Gleitmittel, die sich natürlicher anfühlen, unter anderem eines, das der Scheidenflüssigkeit ziemlich ähnlich ist.

Man verwendet Gleitmittel, um das Eindringen zu erleichtern, wenn die Frau noch nicht so erregt ist, daß sie von selbst feucht wird. Außerdem brauchen Sie ein Gleitmittel für Vibratoren und Dildos, insbesondere dann, wenn sie in den Anus eingeführt werden. Dildos müssen immer angefeuchtet werden, da sie aus nicht geschmeidigem Material bestehen. Bei behinderten Frauen, die einen Dildo oder Vibrator benutzen, ist ein Gleitmittel fast immer nötig, da sie oft nur wenig Vaginalflüssigkeit absondern.

Auch Kondome können Spaß machen. Sie werden zwar hauptsächlich als Schutz gegen Aids, Geschlechtskrankheiten oder zur Schwangerschaftsverhütung benutzt, aber man kann sie auch als Sexspielzeug sehen. Ihre Verwendung wird im nächsten Kapitel ausführlich beschrieben. Sie können zum Beispiel ein gerieffeltes oder strukturiertes Kondom über den Vibrator oder über den Penis ziehen, um einmal eine andere

Empfindung zu erleben. Die meisten Frauen empfinden zwar keinen Unterschied bei Kondomen, die ungewöhnlich geformt sind, aber der Spaß und der Neuheitswert bringen Abwechslung in ein Routine-Liebesleben – probieren Sie es aus.

Ich möchte jetzt noch eine Sorte von Sexartikeln erwähnen, die bei vernünftigem Gebrauch viel Spaß machen, im Grunde jedoch ziemlich frivol sind und deren Wirkung nicht bewiesen ist. Da viele Männer ihren Penis für zu klein halten, gibt es einen Bedarf für »Penisvergrößerer«. Die einfachsten davon sind Ringe, die am Penisschaft getragen werden. Sie schnüren das Glied ab und hindern den Blutrückfluß. Das Ergebnis ist meistens eine harte Erektion. Es ist sehr wichtig, hier nur Markenprodukte zu verwenden, denn alles, was zu starr ist und sich nicht sofort abziehen läßt, kann außerordentlich gefährlich sein.

Eine andere Möglichkeit, den Penis zu vergrößern, ist ein kondomartiger Vorsatz, der das Glied ein paar Zentimeter verlängert. Er wird über den Penis gestülpt und kann einem Mann mehr Selbstvertrauen geben, aber vielleicht auf Kosten der Empfindung für beide. Die wenigsten Frauen haben Probleme mit der Penislänge, es sei denn, das Glied ist extrem kurz, aber wenn es dem Mann hilft und die Frau nicht stört, was macht es dann aus? Aber darüber hinaus sind alle Cremes, Spezialgleitmittel und Mixturen, die außerordentliche sexuelle Fähigkeiten versprechen, eine völlige Zeit- und Geldverschwendung. Erotisierende Unterwäsche für beide Geschlechter ist nach den Vibratoren der größte Verkaufserfolg in Sexshops, und sie kann das Liebesspiel in der Tat beleben. Die Auswahl reicht von phantasievollen, knappen Artikeln, die zu Zärtlichkeiten anregen sollen, bis zu anspruchsvollsten Wäschestücken, die es auch in guten Warenhäusern und Fachgeschäften gibt.

Für mehr Experimentierfreudige verkaufen die Sexshops auch Liebesspielzeug der sado-masochistischen Richtung. Ich habe das am Anfang bereits erwähnt. Hier genügt es, noch einmal darauf hinzuweisen, daß immer mehr Paare ihr Liebesspiel abwechslungsreicher gestalten und leichter zur Erregung und zum Höhepunkt kommen, wenn sie Züchtigungen und sogar einen gewissen Schmerz mit einbeziehen. Die Mehrzahl dieser Menschen betrachtet sich nicht als pervers und sieht nicht ein, was daran so schlimm sein soll. Sie haben, vielfach unbewußt, schlicht das Bedürfnis, »Schmerzen« zu verursachen und zu erdulden, die eher symbolisch zu sehen sind. Einfache Freuden in diesem Bereich können zum Beispiel darin bestehen, daß man sich mit irgend etwas gegenseitig fesselt, aber für Menschen, die die Abwechslung lieben, gibt es eine Fülle von Spezialartikeln, die das Liebesleben bereichern können.

Bücher, Zeitschriften und Videos sind ebenfalls beliebte Liebeshilfen. Nur wenige Paare haben sich noch nie ein erotisches Magazin gekauft, und es gibt Anhaltspunkte, daß Pornofilme hauptsächlich von eher bürgerlichen Ehepaaren gekauft oder geliehen werden. In der Tat ist das ein stark wachsender Markt in allen westlichen Ländern.

Am Schluß möchte ich noch einige Scherzartikel erwähnen, die keinen sexuellen Nutzen haben, sondern einfach nur zum Lachen bringen und erotischen Spaß machen. Schon seit Jahrzehnten besonders beliebt sind zum Beispiel phallusförmige Kerzen, erregende Sternzeichendarstellungen, freche Spielkarten und so weiter.

Sexartikel waren und sind besonders beliebt bei phantasievollen Liebhabern, die ihr Liebesleben bereichern und ihre Lust steigern möchten. Sie sind gut gegen Langeweile, bringen uns zum Lachen, schaffen neue Empfindungen, die beim herkömmlichen Sex nicht hervorgerufen werden, sie sind für ältere und behinderte Menschen nützlich, und sie sind meistens ihr Geld wert. Besonders für Partner, die sich nicht sicher sind, ob der andere vielleicht von einer Infektionskrankheit betroffen ist, können sie ein reichhaltiges und anregendes Liebesleben schaffen helfen, besonders dann, wenn ein direkter Geschlechtskontakt, aus welchen Gründen auch immer, unklug wäre.

Verhüten und Schützen

Bei jedem Liebesakt, der zum Orgasmus führt, besteht, zumindest theoretisch, die Möglichkeit, ein Kind zu zeugen. Aber die meisten sexuellen Begegnungen haben keinen Nachwuchs zur Folge, da Sex immer weniger nur der Fortpflanzung dient und immer mehr als Freizeitvergnügen gesehen wird. In diesem Kapitel werden Verhütungsmethoden und Vorsichtsmaßnahmen zur Verhinderung von Infektionen – Stichwort »safer sex« – angesprochen.

Die meisten modernen Paare wären entsetzt über das Geschlechtsleben ihrer Urgroßeltern. Vor hundert Jahren wurde eine Frau ständig von dem Gedanken an ungewollte Schwangerschaften gequält, durch die sie noch mehr Mäuler zu stopfen und noch mehr Kinder zu betreuen hatte, die ihre Gesundheit ruinierten, und ohne Zweifel auch keinen guten Einfluß auf die sexuelle Beziehung zu ihrem Ehemann hatten. Mit dem Aufkommen der modernen Empfängnisverhütung hat sich die Situation entscheidend geändert, und obwohl es immer noch genug ungewollte Schwangerschaften gibt, sind sie doch heute keine Gefahr mehr für Zweierbeziehungen. Heute können die Frauen wählen, ob und wann sie schwanger werden wollen, und das hat die menschliche Sexualität, auch in der Öffentlichkeit, stark beeinflußt.

Früher war die Verhütung Sache des Mannes. Die beliebteste Methode bis zur Einführung der Pille in den späten 60er Jahren war das Kondom. Verhütungsmaßnahmen durch Männer sind auch immer noch am weitesten verbreitet, sieht man einmal ab von der weltweit häufigsten Form der Verhütung, dem Stillen. Eine durchschnittliche Frau, die ohne Einschränkung stillt, wann immer sie oder ihr Kind danach verlangen, hat bis zu vierzehn Monate lang keinen Eisprung. Daher bekommen die meisten Frauen auf der Welt ihre Kinder in natürlichen Abständen von zirka zweieinhalb Jahren, während sie sich im gebärfähigen Alter befinden.

Die Möglichkeiten der Empfängnisverhütung änderten sich mit der Einführung der Pille. Frauen konnten jetzt die volle Verantwortung für die Fortpflanzung übernehmen, und die Männer waren ausgeschlossen bis auf ihren Anteil an der Entscheidung ihrer Frauen. Es gibt Anzeichen, daß Paare heute wieder gemeinsam über Verhütung entscheiden, aber trotzdem riskieren Menschen, die miteinander schlafen und nicht auf Verhütung achten, immer noch ungewollte Schwangerschaften sowie durch Geschlechtsverkehr übertragene Krankheiten. Leider fühlen sich die meisten jungen Leute unter zwanzig zu sicher: Ihrer Meinung nach sind Schwangerschaft und Krankheit Dinge, die nur anderen passieren. Gegen diese Haltung läßt sich zunächst wenig ausrichten. Junge Menschen, die in der Mehrzahl sexuell aktiv sind, sind oft recht spontan bei der Verwendung von Verhütungsmitteln, wenn sie überhaupt welche benutzen. Das macht das Kondom so beliebt.

Wenn zwei Menschen dann zusammen sind und ein reguläres Liebesleben führen, wird die Pille zum beliebtesten Mittel. Die Pille hat viele Vorteile und wird von unzähligen jungen Frauen genommen, bevor sie eine Familie gründen. Man sollte sie ein halbes Jahr vor einer gewünschten Schwangerschaft absetzen, damit sich vor der Empfängnis der Stoffwechsel wieder in Ruhe normalisieren kann.

Viele junge Paare, die schon Kinder haben, denken wieder über die Pille nach, greifen aber lieber zu anderen Mitteln, zum Beispiel zum Diaphragma, der Muttermundkappe oder natürlich zum Kondom. Früher war das Intra-Uterin-Pessar (IUP) sehr beliebt, es ist aber inzwischen umstritten wegen möglicher innerer Entzündungen, die eine spätere Empfängnis gefährden könnten. Besonders in den Vereinigten Staaten

der Herzkranzgefäße sowie Schlaganfälle und Thrombosen auftreten, besonders bei Raucherinnen und übergewichtigen Frauen. Ob ein Zusammenhang zwischen Pille und Brust- oder Gebärmutterhalskrebs besteht, ist nicht eindeutig bewiesen. Zunehmende Erfahrungen mit niedrigdosierten Medikamenten oder mit der neueren Dreiphasenpille erfordern jedoch, daß die Forschungsergebnisse über die unerwünschten Nebenwirkungen der Pille überdacht werden. Bis dahin raten viele Ärzte reiferen Frauen zu anderen Verhütungsmethoden oder zur Minipille, die nur Progesteron enthält.

Die einzige andere Verhütungsmethode, die den gleichen Schutz ohne Nebenwirkungen bieten könnte, ist eine empfängnisverhütende Impfung, die zur Zeit in den Vereinigten Staaten getestet wird. Auch ein Kondom für die Frau, das in die Scheide und über den Schambereich gezogen wird, ist derzeit in mehreren Ländern im Test. Es sieht aus wie ein zu groß geratenes Kondom für den Mann, das mit dem geschlossenen Ende mit Hilfe eines Ringes in der Vagina gehalten wird. Ein zweiter Ring am offenen Ende verhindert ein Abrutschen in die Scheide. Männer, die bei dem Test mitgemacht haben, fanden es besser als ein Kondom für den Mann, und einige Frauen kamen sogar besser zum Höhepunkt, vielleicht weil der äußere Ring an der Klitoris reibt und sie stimuliert.

Das Intra-Uterin-Pessar, auch Spirale genannt, ist seit vielen Jahren eine bei Frauen sehr beliebte Verhütungsmethode, denn nach dem Einsetzen in die Gebärmutter braucht man sich für längere Zeit nicht mehr darum zu kümmern. Es stört nicht bei der Liebe und ist für manche Frauen sehr gut geeignet. Man weiß nicht genau, wie die Spirale funktioniert, aber ihre Anwesenheit in der Gebärmutter verhindert das Einnisten des Eies und somit die Entwicklung eines Fötus. Obwohl es beim Verkehr nicht weiter auffällt, fühlen manche Männer doch den herabhängenden Faden, der zur späteren Entfernung der Spirale dient. Wenn der Faden zum Problem wird, kann er vom Arzt gekürzt werden.

Andererseits löst die Spirale bei vielen Frauen stärkere Monatsblutungen aus, und sie kann ausgestoßen werden, ohne daß die Frau es merkt. Es ist nicht bekannt, ob eine Spirale die Gebärmutter langfristig schädigt, aber es treten vermehrt Bauch- und Eileiterschwangerschaften bei Frauen auf, die ein Intra-Uterin-Pessar benutzen. Es muß immer von einem Arzt eingesetzt werden und kann nicht zuletzt Gebärmutter- und Eileiterinfektionen hervorrufen.

Diese Infektionen werden bei einer Untersuchung oft gar nicht festgestellt, können eine Frau aber unfruchtbar machen. Wie ich am Beginn dieses Kapitels schon erwähnt habe, sind vorsichtigere Ärzte zurückhaltend bei der Verschreibung von Spiralen für Frauen, die noch Kinder haben möchten.

Samenabtötende Scheidentabletten, -schaumpräparate oder -gels sind nützlich, aber allein angewandt zu unsicher. Sie müssen vor dem Verkehr in die Vagina eingeführt werden und sollten nur zusammen mit einem Kondom oder Diaphragma verwendet werden. Diese Hilfsmittel sind einfach in der Anwendung, preiswert und wirksam. Aber viele Frauen finden sie zu schmierig, und sie sind nicht gerade angenehm bei oralem Sex. Es ist außerdem ratsam, sich etwa sechs Stunden danach nicht zu waschen oder zu baden, um die Schutzwirkung nicht zu gefährden.

Meiner Meinung nach wird das Diaphragma, die Muttermundkappe, als Verhütungsmethode viel zu wenig beachtet. Es ist nicht teuer, einfach zu benutzen und braucht nur dann eingesetzt zu werden, wenn die Frau tatsächlich sexuellen Verkehr haben will. Es hat keine Nebenwirkungen, ist fast so sicher wie die Pille und dient auch als Barriere für das Monatsblut, wenn Paare auch während der Menstruation miteinander schlafen möchten. Nachteilig ist das Diaphragma nur für eine Frau, die nicht gern ihre eigenen Genitalien berührt, und es beeinträchtigt auch die Empfindlichkeit der vorderen Scheidenwand in der Nähe des G-Spots – das ist unangenehm für eine Frau, die gerade dort stimuliert werden möchte. Da das Diaphragma vor dem Verkehr eingesetzt werden muß, erfordert die Methode ein bißchen Planung. Außerdem sollte man das Diaphragma regelmäßig auf eventuelle Löcher untersuchen. Aber trotz dieser Nachteile ist es ein sehr gutes Verhütungsmittel für ein Paar, das den Abstand zwischen den Geburten der Kinder vergrößern möchte sowie für eine Frau, die die Gebärphase abgeschlossen hat.

Ein Liebespaar kann das Einsetzen des Diaphragmas durchaus als Vorspiel betrachten, und am Anfang, wenn man sich erst mit der Benutzung vertraut machen muß, kann es durchaus witzig sein, wenn es einem aus den Fingern rutscht und quer über das Bett rollt. Frauen mit einem aktiven Liebesleben setzen das Diaphragma jeden Abend ein, so regelmäßig wie das Zähneputzen, denn dann ist es egal, ob sie mit ihrem Partner schlafen oder nicht. Auf der anderen Seite ist ein Diaphragma auch besonders dann geeignet, wenn Sex nur selten stattfindet, denn dann braucht man in der Zwischenzeit kein anderes Mittel im oder am Körper anzuwenden.

Es gibt darüber hinaus verschiedene natürliche Methoden der Geburtenkontrolle, die es erfordern, den Scheidenausfluß oder die Körpertemperatur oder beides genau zu beobachten. Wenn man das einmal gelernt hat, sind diese Methoden sehr leicht auszuführen und bei großer Gewissenhaftigkeit auch sehr verläßlich. Einer der größten Vorteile der natürlichen Methoden liegt meiner Meinung nach darin, daß ein Paar dadurch dem weiblichen Zyklus sehr viel mehr Aufmerksamkeit schenkt. Mit diesen Methoden gut vertraute Paare können schon allein durch das Befühlen des Muttermundes feststellen, in welchem Stadium des Zyklus eine Frau ist, also wie empfängnisbereit sie ist. Andere Paare wiederum sind Experten in der Diagnose des vaginalen Schleims. Dieses Wissen hilft dem Mann mehr als alles andere, sich des körperlichen Zustands seiner Partnerin bewußt zu werden, und viele Paare empfinden das allein schon als Gewinn an Gemeinsamkeit und Verständnis. Während der fruchtbaren Tage, wenn der Lie-

besakt zu einer Schwangerschaft führen könnte, werden dann eben andere Liebesmethoden angewandt. Das erfordert Phantasie und Kreativität, die wiederum eine Beziehung weniger langweilig machen.

Die Sterilisation einer Frau, bei der die Eileiter durchtrennt, abgebunden oder abgeklemmt werden, so daß kein Ei zur Gebärmutter gelangt und deshalb keine Befruchtung stattfinden kann, ist eine Prozedur, die praktisch nicht mehr rückgängig gemacht werden kann. Eine Frau mit verschlossenen Eileitern ist hundertprozentig vor einer Empfängnis geschützt, und es gibt außer geringfügigen Veränderungen der Menstruation keine Nebenwirkungen. Die durch die Sterilisation gewonnene Freiheit wiegt alle Nachteile auf, und der weitaus größte Teil aller Männer und Frauen sind sehr zufrieden mit dieser Methode. Genau wie bei der Sterilisation des Mannes verschafft sie einem Paar die Möglichkeit, sich jederzeit und überall zu lieben und trägt so zur Spontaneität in der Sexualität bei.

Natürlich ist Empfängnisverhütung ein Thema, das von jedem Menschen mit einem aktiven Geschlechtsleben bedacht werden sollte, besonders aber von unverheirateten Paaren und jungen Leuten. Die Zeit bis zum Alter von 25 Jahren ist zwar die der sexuellen Entdeckungsreisen auf der Suche nach einem Partner, aber gerade heutzutage sind viele junge Leute um ihre sexuelle Gesundheit und die ihres Partners besorgt.

Da es praktisch unmöglich ist festzustellen, ob jemand in bezug auf Aids oder andere durch Geschlechtsverkehr übertragene Krankheiten für Sex in Frage kommt, sollte man am besten sicher gehen und jedesmal ein Kondom benutzen, auch zusätzlich zu anderen Mitteln. Das gilt auch für ältere Menschen, die sich ihres Partners nicht sicher sind. Die meisten Untersuchungen zeigen, daß junge Leute immer noch zurückhaltend im Umgang mit Kondomen sind. Vielleicht ändert sich diese Haltung, wenn Kondome mehr in Mode kommen und auch mehr Frauen die Initiative ergreifen.

Im allgemeinen sieht man die Verhütung nur im Zusammenhang mit ungewollten Schwangerschaften. Die meisten Menschen haben vergessen, daß ältere Verhütungsmethoden – wie das Kondom – ursprünglich als Schutz vor Geschlechtskrankheiten entwickelt wurden. Krankheiten, die durch Sex übertragen werden, sind heute viel verbreiteter. Für ein Paar, das nicht gedankenlos lebt, wäre es klug, sich selbst nicht nur gegen ungewollte Schwangerschaft, sondern auch gegen Aids und andere Krankheiten zu schützen – es sei denn, sie sind sich der Treue

und Gesundheit ihres Partners ganz sicher. So wird das Kondom immer beliebter werden, denn es ist das einzige Mittel, das gegen beide »Gefahren« wirksam schützt. Keine andere Methode hilft gegen Infektionen, die durch Verkehr übertragen werden. Für ein Paar, das sich jedoch sicher ist, gibt es eine größere Auswahl an Verhütungsmethoden. Wie groß diese Auswahl als Ergebnis zukünftiger Forschungen wirklich sein wird, sei dahingestellt – meiner Meinung nach müssen wir uns noch eine Weile mit den vorhandenen Mitteln begnügen.

Kummerkasten

Als Briefkastenonkel erhalte ich immer mehr Briefe, in denen nach Einzelheiten über den Aidsvirus gefragt wird. Auch auf andere verbreitete Sorgen und Bedenken werde ich nachfolgend eingehen.

»Ich habe schreckliche Angst vor Aids. Kann ich mich beim Küssen anstecken?«
Das weiß keiner genau, aber neuere Untersuchungen lassen vermuten, daß Aids nicht durch Küsse auf den Mund übertragen wird. Ich bin aber sicher, daß es unklug wäre, den Penis eines Mannes zu küssen, von dem Sie nicht genau wissen, wer seine früheren Sexualpartner waren. Man sollte sich auch vor oralem Sex nicht gerade die Zähne putzen, denn der Virus kann in kleinste Zahnfleischverletzungen eindringen, wenn der Partner infiziert ist, so daß die Gefahr einer Ansteckung gegeben ist.

»Mein Mann will keinen Vibrator bei mir benutzen, weil er glaubt, ich würde davon abhängig und wollte dann nichts mehr von ihm wissen. Passiert das tatsächlich?«
Mir scheint, er hat einen Minderwertigkeitskomplex in bezug auf seine Fähigkeit, Sie zu befriedigen. Kaum eine Frau wird süchtig nach einem Vibrator und den dadurch ausgelösten Empfindungen, selbst wenn sie ihn regelmäßig benutzt. Ein Vibrator ruft aber sehr zuverlässige und überaus erregende Gefühle in einer Frau hervor. Der beste Weg, das Problem mit Ihrem Mann zu lösen, ist, ihn mit Ihrem Spielzeug vertraut zu machen und ihn zu lehren, wie es Ihnen am meisten Freude macht.

»Mir macht analer Sex mit meiner Partnerin, mit der ich seit sieben Jahren zusammen bin, viel Spaß. Sie macht sich Gedanken wegen Aids, aber wir sind einander treu und ich glaube nicht, daß es da ein Problem gibt. Was meinen Sie?«
Sie haben Recht. Es gibt kein Problem, wenn Sie beide treu sind. Analer Sex ist seit undenklichen Zeiten beliebt, und es ist ein Jammer, daß so viele Paare heute auf etwas verzichten, was viel Freude macht, nur weil sie glauben, Aids würde dadurch verursacht. Das stimmt aber nicht. Es ist nur gefährlich, wenn einer von Ihnen eine durch Sex übertragbare Krankheit hat, besonders wenn er HIV-positiv ist. Wenn nicht, sollte analer Sex ein schöner Bestandteil Ihres Liebeslebens bleiben.

»Meine Freundin hat phantastische Orgasmen, wenn ich ihren G-Spot stimuliere, und sie scheidet dabei auch Flüssigkeit aus. Was passiert denn da?«
Einige Frauen stoßen tatsächlich während des Höhepunkts eine Flüssigkeit aus ihrer Harnröhre aus. Das ist wahrscheinlicher, wenn ihr G-Spot gereizt wird. Über das Thema wird schon seit Jahren diskutiert, und es gibt keinen Zweifel mehr, daß auch Frauen tatsächlich ejakulieren. Die Flüssigkeit wurde im Labor untersucht, und es handelt sich eindeutig nicht um Urin, sondern um ein Sekret, das dem männlichen Prostataausfluß ähnelt. Es ist fast sicher, daß dieses Sekret von Drüsen in der Harnröhre ausgeschieden wird. Da das auch die Zone um den G-Spot ist, die von Ihnen gestreichelt wird, ist es nicht überraschend, wenn Sie dort die Flüssigkeit am ehesten bemerken. Es stellt aber kein Problem dar, und Sie brauchen sich deswegen keine Sorgen zu machen.

»Wir spielen alle möglichen Spiele, indem wir Gegenstände in die Scheide meiner Frau stecken. Ist das gefährlich?«
Nein, das ist es nicht, vorausgesetzt, Sie nehmen nichts, was zerbrechen kann. Besser sind Artikel, die extra zu diesem Zweck hergestellt werden. Industriell gefertigte Sexartikel sind ungefährlich, solange sie sauber sind, aber geben Sie acht bei

»selbstgemachtem« Spielzeug. Viele Paare probieren es mit Obst wie Mango- oder Bananenscheiben, das kann köstlich sein. Seien Sie aber vorsichtig mit zuckerhaltigen Sachen wie Marmelade oder Süßigkeiten. Zurückbleibende Reste können das Klima in der Scheide verändern und Infektionen hervorrufen. Waschen oder spülen Sie die Vagina immer hinterher.

»Mein Mann hat gehört, daß die Stimulierung seiner Prostata angenehm sein soll. Wie mache ich das und ist es ungefährlich?«
Es wurde schon viel über den G-Spot bei Frauen geschrieben, aber auch vielen Männern bereitet es Vergnügen, wenn ihr G-Spot gestreichelt wird. Dieser Bereich liegt ungefähr 5 cm innerhalb des Anus an der Vorderwand des Darmausganges. Dort sitzt die Prostata. Wenn der Mann mit angezogenen Beinen auf dem Rücken liegt, ist sie leicht zu erreichen.
Seien Sie am Anfang sehr behutsam, wenn Sie den G-Spot ertasten. Reiben Sie Ihren Finger gut mit Gleitmittel ein und wenn Sie Bedenken haben, benutzen Sie Wegwerfhandschuhe aus Plastik oder einen Fingerling. Führen Sie vorsichtig einen Finger ein, und wenn Ihr Mann sich entspannt, suchen Sie den besten Bereich für eine Stimulierung. Eine Art »Komm-her«-Bewegung mit einem oder zwei Fingern wirkt meist am besten. Gemäß mehrerer Studien haben Männer, die diese Art von Reiz lieben, die besten Orgasmen, wenn gleichzeitig der Penis gestreichelt wird.
Nach einer solchen analen Stimulierung waschen Sie sich auf jeden Fall die Hände, bevor Sie damit in die Nähe Ihrer Scheide kommen.

»Meine Freundin hat es gern, daß ich mehrere Finger in ihre Scheide stecke, wenn sie erregt ist. Was kann ich in dem Moment tun, um es für sie besonders anregend zu machen?«
Frauen unterscheiden sich sehr bei dem, was sie mögen, wenn es um Finger in der Vagina geht. Für manche ist es am schönsten, wenn ein Finger relativ stillgehalten wird, aber die meisten mögen es, wenn die Vagina beim Nahen des Höhepunkts weit gedehnt wird. Frauen, die schon geboren haben, vertragen drei Finger in der Erregung und manche mögen noch mehr.
Wenn Ihre Finger in der Scheide sind, bewegen Sie sie hin und her oder hinein und hinaus wie den Penis. Sie können auch ausprobieren, den Muttermund tief in der Scheide zu berühren. Man kann diese knopfartige Wölbung sehr gut erfühlen, wenn die Frau entweder ihre Beine bis zur Brust anzieht oder sich kniend mit den Händen abstützt. Für manche Frauen ergeben sich aus der Berührung des Muttermundes köstliche Empfindungen, die sie ganz allein zum Höhepunkt bringen können. Anderen wiederum bereitet es Schmerzen. Nur durch Erfahrung können Sie lernen, was für Ihre Partnerin gut ist.

»Ich habe es gern, wenn mein Freund bei meinem Orgasmus meine Brustwarzen fest zusammenpreßt. Bin ich eigenartig oder ist das normal?«
Sie sind wahrscheinlich völlig normal. Viele Frauen genießen diesen Druck, und einige lieben sogar den Schmerz, wenn sie zum Orgasmus kommen. Die meisten Männer sind dabei viel zu vorsichtig. Das Geheimnis liegt darin, daß Sie ihm zeigen, wann und wie er Ihre Brustwarzen pressen soll.

Vereinigung der Körper

Für viele Menschen bedeutet körperliche Liebe das gleiche wie Geschlechtsverkehr, aber wieviel Spaß ihnen auch andere sexuelle Handlungen machen mögen, so erscheint doch den meisten der Liebesakt immer noch als die natürlichste Fortsetzung des gemeinsamen Vergnügens. Er ist die höchste Form körperlicher und manchmal auch spiritueller Verständigung zwischen Mann und Frau, und er hat die Kraft, aus einer normalen Beziehung etwas Besonderes zu machen, das beide Partner schätzen und ernst nehmen.

Liebesstellungen

Die meisten von uns beginnen ihr Sexualleben recht bescheiden, aber mit der Zeit, mit etwas Sorgfalt, Mühe und echter Verständnisbereitschaft können wir aus diesem einfachen biologischen Ablauf einen wundervollen Akt der Gemeinsamkeit und Anteilnahme machen.

Jeder, der bis hierher gelesen hat, weiß jetzt, daß der Liebesakt nicht der Beginn der Reise eines Paares ins Liebesleben ist, sondern die Erfüllung einer liebenden Partnerschaft. Dieses Buch ist nicht eigentlich ein Sexbuch, denn viele andere Bücher gehen sehr viel mehr ins Detail der körperlichen Vereinigung als ich in diesem Kapitel, aber der Vollständigkeit halber – und auch für das Paar, das sich seiner Treue und sexuellen Gesundheit sicher ist und wirklich die Absicht hat, die körperliche Liebe und die Gemeinsamkeit zur Vollendung zu bringen – bildet dieser kurze Abschnitt sozusagen eine Einführung.
Jeder Mann und jede Frau können Geschlechtsverkehr ausüben. Die rein physische Paarung eines Mannes mit einer Frau geschieht schnell und mechanisch. Aber der Leser dieses Buches wird das kaum als die lohnende Erfahrung bezeichnen, wie ich sie hier beschrieben habe. Worin besteht also der Unterschied zwischen der wahren körperlichen Vereinigung und einer hastigen Kopulation?
Der Liebesakt ist vermutlich die tiefste Verständigungsmöglichkeit, die zwischen Mann und Frau existiert. Alles dreht sich dabei um den Partner: Der Liebesakt ist rein partnerbezogen und erfordert völlige Hingabe; er ist voll in die Lebensweise eines Paares integriert, das die Bedürfnisse des jeweils anderen vorrangig behandelt; er erfordert Verständnis und Phantasie, wird mit der Zeit immer schöner und erhöht die gegenseitige Wertschätzung; er kann entsprechend den Umständen verändert werden; er kennt keine Schranken und verkraftet gelegentliche Tief-

punkte; er sichert die zwischenmenschliche Verständigung, regt zu Verbesserungen an und ist eine Investition in die Zukunft.
Vor soviel Begeisterung werden die einzelnen Stellungen ziemlich unwichtig. Obwohl die Sexgurus der 60er und 70er Jahre viel davon hermachten und viele Bücher die Positionen ausführlich beschreiben, gibt es doch für die Mehrzahl aller Paare nur drei oder vier Stellungen, die sie während ihres ganzen Liebeslebens verwenden. Es tauchen nur dort Probleme auf, wo sich einer von beiden mit der gleichen Position jahraus, jahrein langweilt, aber bei Paaren, die miteinander reden können, wird dieses Problem meist gelöst.
Veränderungen wirken in gewisser Weise immer bedrohlich, wie wir in diesem Buch gesehen haben, und eine vertraute Stellung zu wechseln, ist oft beängstigend. Besonders Frauen sind häufig gehemmt bei Positionen, die sie für schamlos oder wenig schmeichelhaft halten. Es gibt immer noch viele Frauen, die alles außer der üblichen Missionarsstellung für unnatürlich oder pervers halten. Wenn das auch für Sie ein Problem ist, dann sollten Sie vielleicht mit einem Therapeuten reden oder auch mit Ihrem Partner.
Auf den ersten Blick sieht es so aus, als ob es beim Liebesakt nur um das Einführen des Penis in die Scheide geht. Und für viele ist es auch nicht mehr. Aber eine richtige körperliche Vereinigung beinhaltet viel mehr als das und bereitet eine innere Freude, die alles durchdringt, was zwei Menschen miteinander tun.
Der Winkel, in dem der Penis in die Vagina eindringt, hat großen Einfluß auf die Empfindungen, die dadurch ausgelöst werden. Durch eine geänderte Stellung kann der Penis jeweils andere Unterleibsorgane stimulieren. Je höher die Frau ihre Beine zurückzieht, desto tiefer kann das Eindringen sein, obwohl das zu bestimmten Zeiten des Zyklus unter Umständen schmerzhaft oder un-

angenehm ist. Einige Frauen haben mir berichtet, daß sie um so mehr fühlen, je tiefer der Penis eindringt – das meinten sie auch symbolisch. Sie fühlen sich erst bei ganz tiefem Eindringen wahrhaft weiblich und empfangend. Andere Frauen wiederum genießen ein leichtes Eindringen mehr, sie halten ihre Beine dabei fast gerade ausgestreckt.

Stellungen, bei denen die Frau kniet und sich mit den Händen abstützt, erlauben dem Penis, die vordere Scheidenwand dort anzuregen, wo der G-Spot sitzt. Das ist für manche Frauen die einzige Möglichkeit, während des Liebesaktes zum Orgasmus zu kommen.

Paare, die der körperlichen Vereinigung höchstes Vergnügen abgewinnen, bewegen dabei ständig ihre Körper, um durch geringfügig veränderte Positionen die schönsten Gefühle hervorzurufen. Aber diese Bewegungen sind nicht nur auf den ganzen Körper beschränkt, sondern beide Partner können auch ihre Genitalien in sehr erregender Weise bewegen. Als Frau können Sie zum Beispiel Ihre unteren Beckenmuskeln zusammenziehen und wieder entspannen, um den Penis bei den rhythmischen Stößen festzuhalten und wieder loszulassen. Bei einem Mann ist nicht nur das Stoßen sehr aufregend für ihn selbst und seine Partnerin, sondern er kann auch sein Glied stillhalten und durch das Zusammenziehen seiner Beckenmuskeln mit der Eichel die Scheide von innen reizen.

Während der Liebe sind viele verschiedene Rhythmuskombinationen von schnellen zu langsamen, von gleichmäßigen zu ungleichmäßigen Stößen möglich. Bei einer besonderen chinesischen Methode muß der Mann zum Beispiel neunmal ganz leicht den Eingang der Scheide be-

rühren und dann das zehnte Mal richtig tief zustoßen. Die wiederholte Kombination eines spielerischen Rhythmus am Scheideneingang und dem darauf folgenden unausweichlichen tiefen Eindringen bietet einer Frau die allerhöchste Befriedigung.

Ein phantasievolles Paar bereitet sich gegenseitig Vergnügen auf die vielfältigste Weise, auch während der eigentlichen Vereinigung. Das bedeutet, Sie sollten jede Position, die Sie ins Auge gefaßt haben, auch unter dem Aspekt betrachten, ob sie ein Mehr an Vergnügen bietet. Man sollte vielleicht die folgenden Dinge dabei bedenken: Kann sich die Frau leicht bewegen? Ist die Stellung für ein tiefes Eindringen geeignet? Auch für leichtes Eindringen? Ist sie auch während einer Schwangerschaft noch bequem? Kann der Mann die Brüste seiner Partnerin erreichen? Kann er leicht ihre Klitoris stimulieren? Kann er ihren Schambereich sehen? Kann sie seinen Hodensack halten und seinen Penis streicheln? Stimuliert der Penis die vordere Scheidenwand um den G-Spot? Können Sie sich küssen? Wie gut ist die Stellung zum Schmusen geeignet? Ist sie ermüdend? Welche Bewegungsfreiheit läßt sie den Partnern?

Ein gutes Mittel, um die Liebe abwechslungsreicher zu gestalten, besteht darin, sich mitzuteilen, was man gern mal als Teil des Liebesakts ausprobieren möchte. Dann überlegen Sie, welche grundsätzlichen Dinge – wie die oben aufgeführten Beispiele – Sie erleben möchten. Dann werden Sie bald in der Lage sein, die für Sie besten Stellungen herauszufinden.

Lassen Sie uns jetzt einige der bei allen Liebenden der Welt beliebtesten Positionen näher ansehen.

Einander zugewandt

Die Missionarsstellung ist bei
den meisten Paaren die
beliebteste. Diese liebevolle,
wenig anstrengende Position
erlaubt ihr durch das
unterschiedliche Anwinkeln der
Beine die Tiefe des Eindringens
zu steuern. Das Paar sieht sich
an, kann sich küssen und
unterhalten, und wenn er sein
Gewicht auf die Hände oder
Ellenbogen verlagert, kann die
Stellung gut eine Weile
gehalten werden.

Einander zugewandt

Mit ihren Beinen über seinen
Schultern ist das Eindringen
besonders tief. Das erregt ihn
sehr, und sie genießt das
Gefühl, den Penis an ihrem
Muttermund zu spüren. Ein
Kissen unter ihrem Becken
dient der Bequemlichkeit.
Dieses ist eine besonders gute
Stellung für ein Paar, das ein
Kind zeugen möchte.

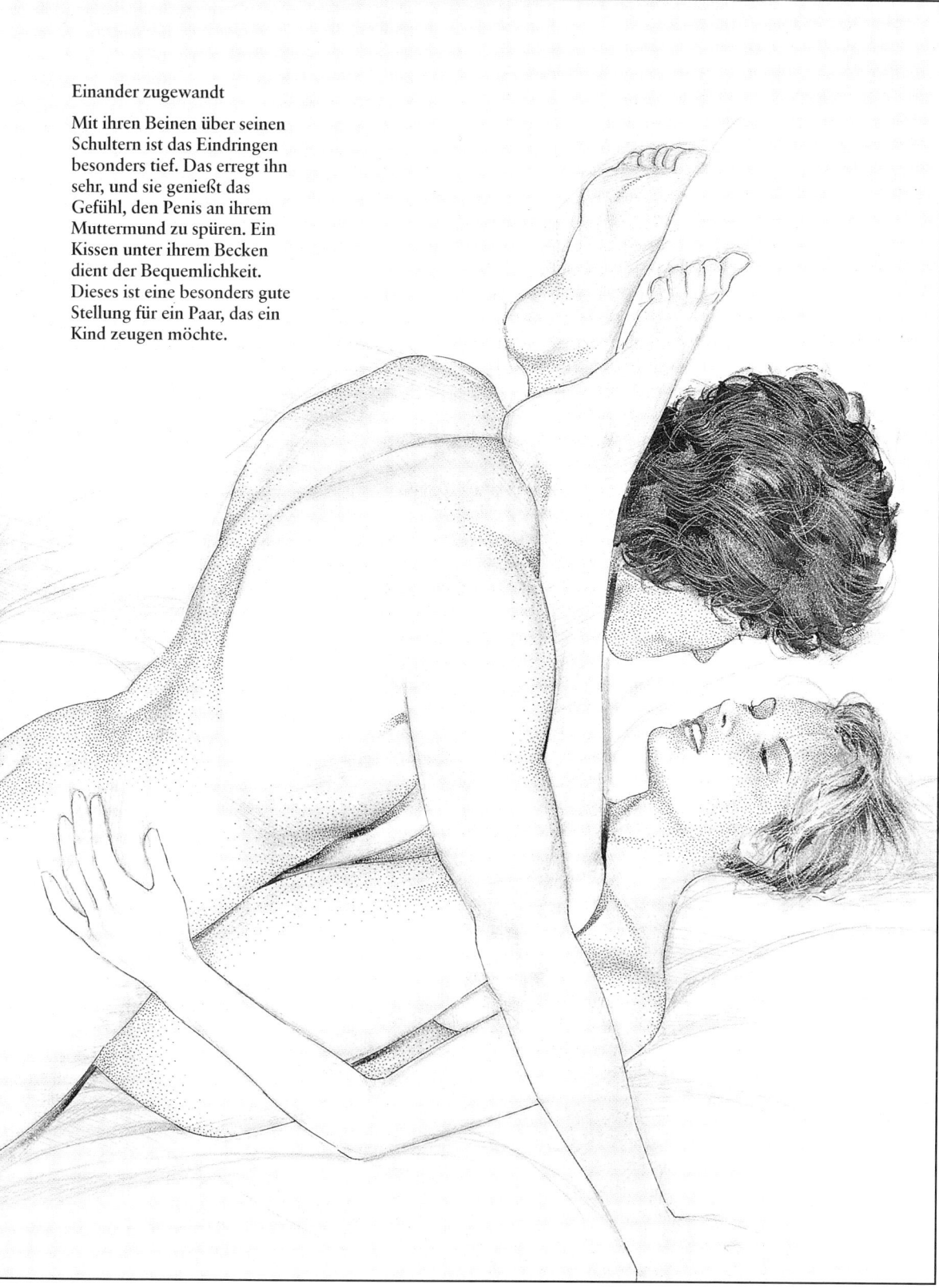

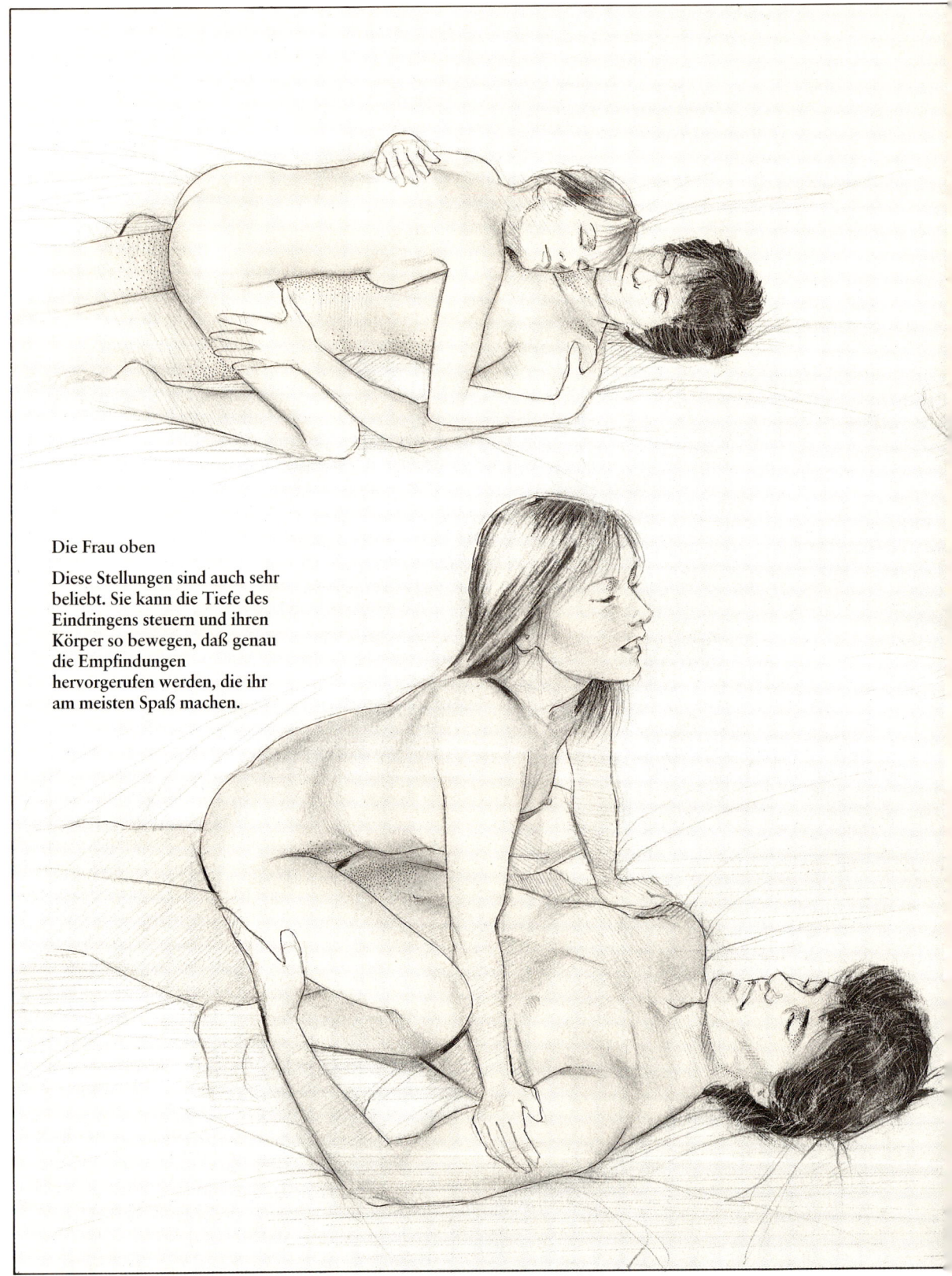

Die Frau oben

Diese Stellungen sind auch sehr
beliebt. Sie kann die Tiefe des
Eindringens steuern und ihren
Körper so bewegen, daß genau
die Empfindungen
hervorgerufen werden, die ihr
am meisten Spaß machen.

Die Frau oben

Dies ist für beide eine erregende Stellung. Die Frau kann ihren Sitzwinkel so bestimmen, daß sein Penis die vordere Scheidenwand stimuliert. Er sieht genau, wieviel Vergnügen es ihr macht, und ihr Schambereich ist weit offen für ihn sichtbar. Er kann ihren Körper und besonders ihre Klitoris streicheln und liegt doch entspannt auf dem Rücken.

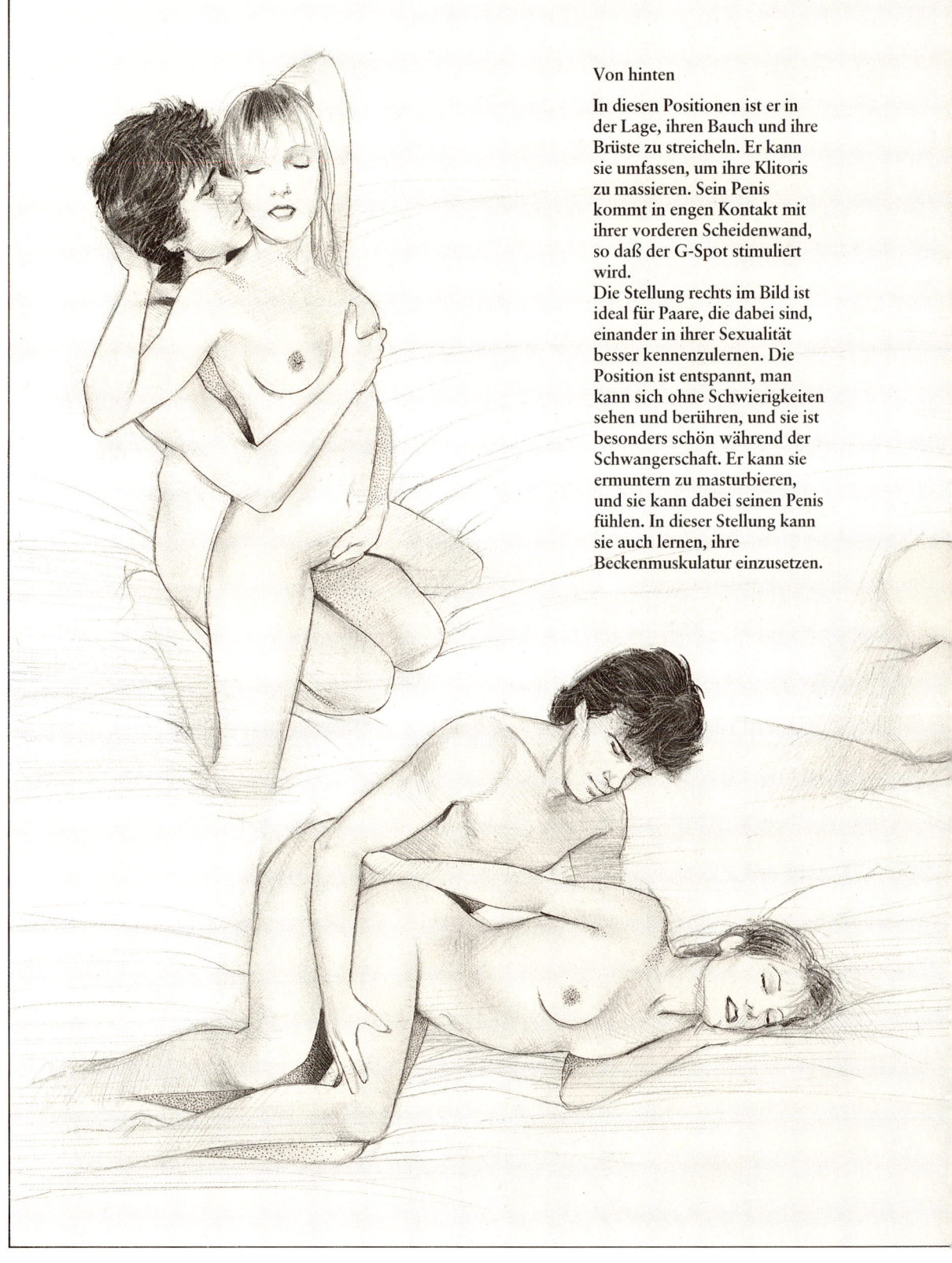

Von hinten

In diesen Positionen ist er in der Lage, ihren Bauch und ihre Brüste zu streicheln. Er kann sie umfassen, um ihre Klitoris zu massieren. Sein Penis kommt in engen Kontakt mit ihrer vorderen Scheidenwand, so daß der G-Spot stimuliert wird.

Die Stellung rechts im Bild ist ideal für Paare, die dabei sind, einander in ihrer Sexualität besser kennenzulernen. Die Position ist entspannt, man kann sich ohne Schwierigkeiten sehen und berühren, und sie ist besonders schön während der Schwangerschaft. Er kann sie ermuntern zu masturbieren, und sie kann dabei seinen Penis fühlen. In dieser Stellung kann sie auch lernen, ihre Beckenmuskulatur einzusetzen.

Auf dem Stuhl

Wenn sie mit gespreizten
Beinen auf ihm sitzt, können
sie sich küssen und miteinander
schmusen. Er kann um sie
herumfassen, ihren Po und
Anus streicheln, und ihre
Klitoris kann dabei mit dem
Penisschaft in Kontakt kommen. In der Position im Bild
unten kann er tief eindringen.
Er kann ihre Körpervorderseite
und den Schambereich gut
sehen und streicheln. Sie kann
sich zwar nur wenig bewegen,
aber hinuntersehen, wie der
Penis in sie eindringt.

Auf dem Stuhl

Diese Stuhlstellung ist nicht
anstrengend und erlaubt ihm,
ihre Brüste zu streicheln. Auch
ihre Klitoris ist leicht
erreichbar, aber da man sich
kaum bewegen kann, muß er
seine Erektion auch ohne viele
Stöße für eine Weile halten
können.

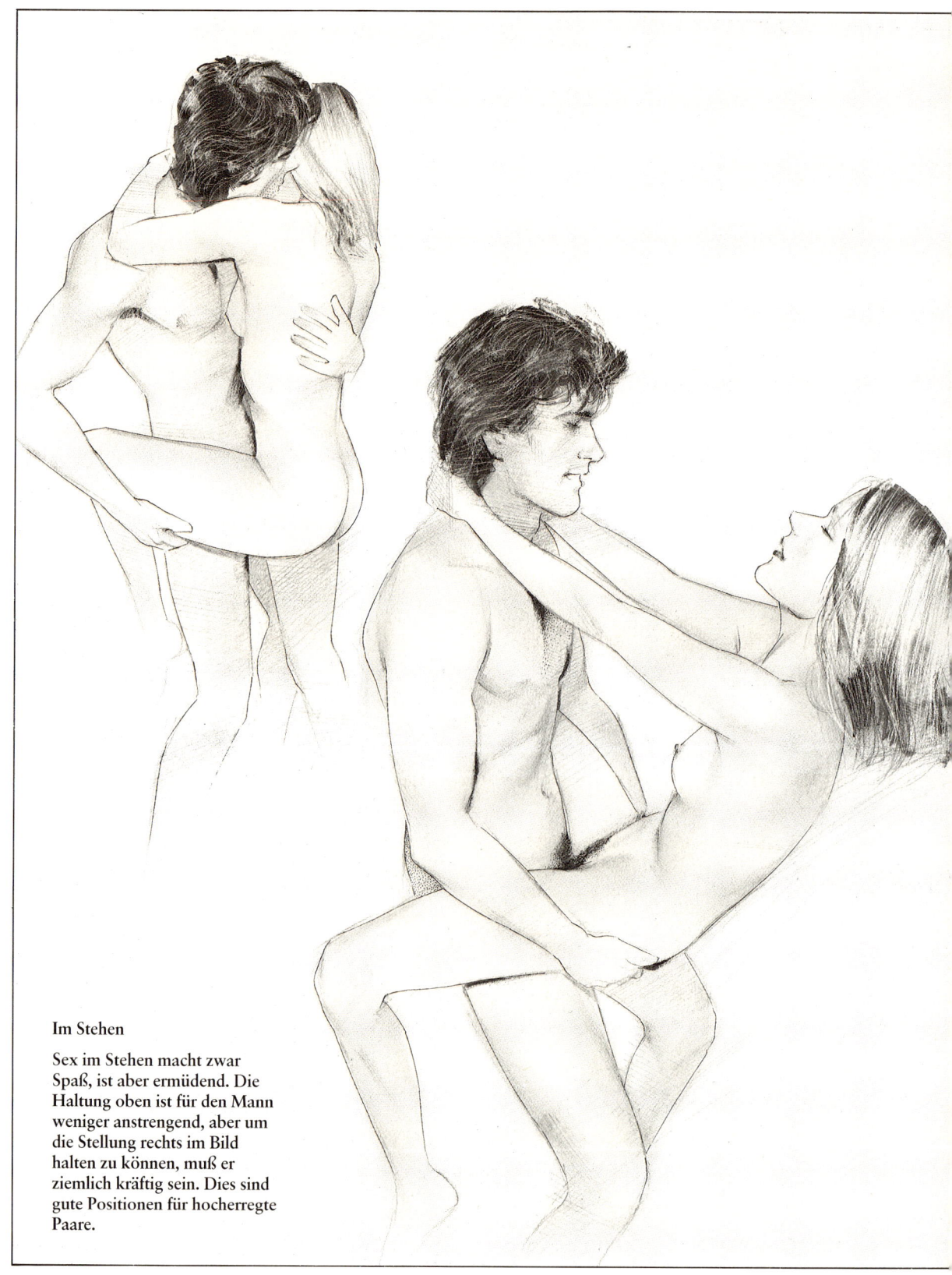

Im Stehen

Sex im Stehen macht zwar Spaß, ist aber ermüdend. Die Haltung oben ist für den Mann weniger anstrengend, aber um die Stellung rechts im Bild halten zu können, muß er ziemlich kräftig sein. Dies sind gute Positionen für hocherregte Paare.

Im Stehen

Wie hier von hinten
einzudringen ist nicht
anstrengend. Die Stellung ist
sehr erregend und erlaubt ein
tiefes Eindringen. Ich empfehle
diese Position Männern, die
gern den Po und Anus ihrer
Partnerin anschauen oder
Frauen, die in Wirklichkeit
oder in ihrer Phantasie gern
analen Sex hätten. Um ein
noch tieferes Eindringen zu
ermöglichen, könnte sie sich
am Boden abstützen.

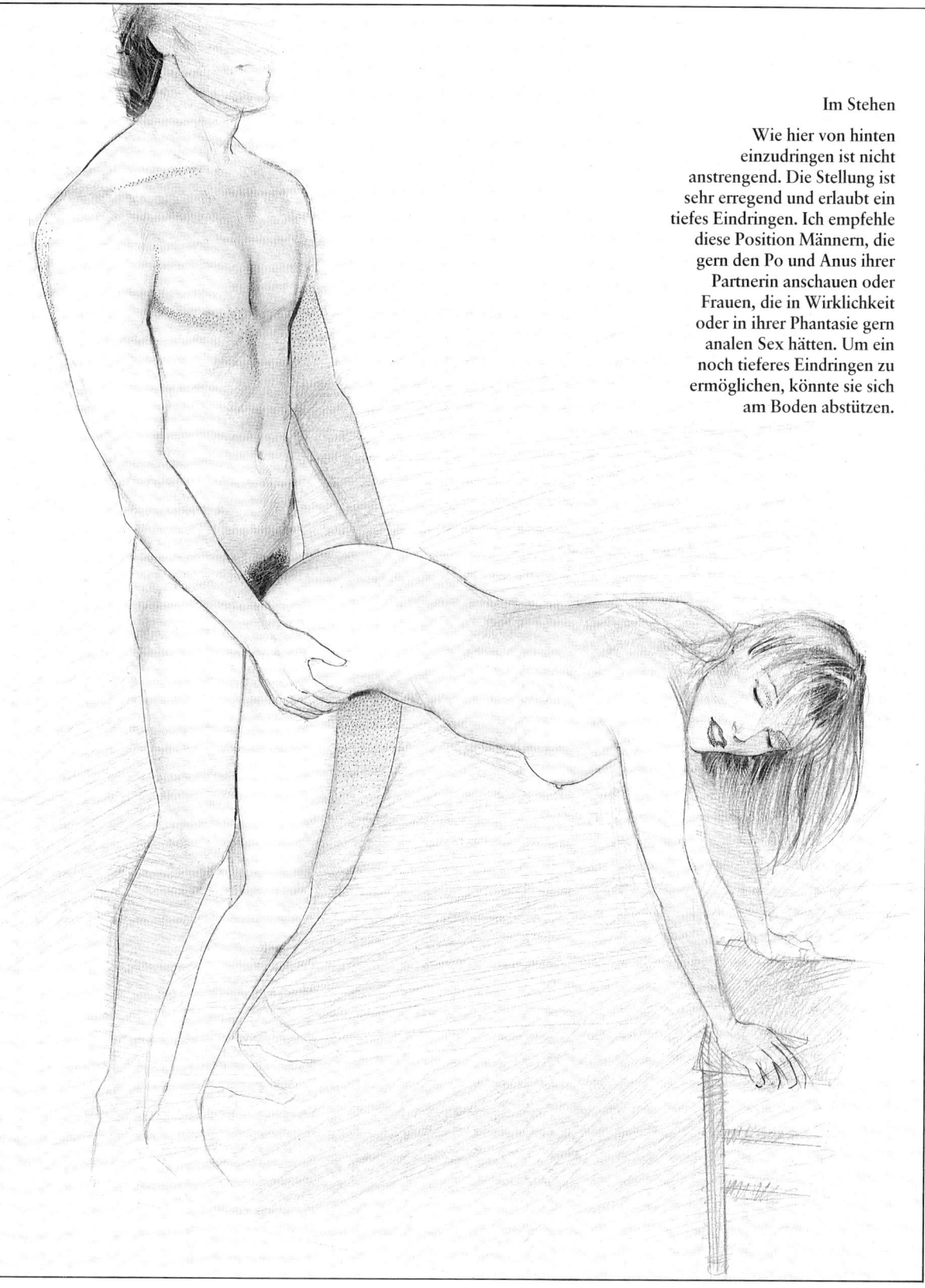

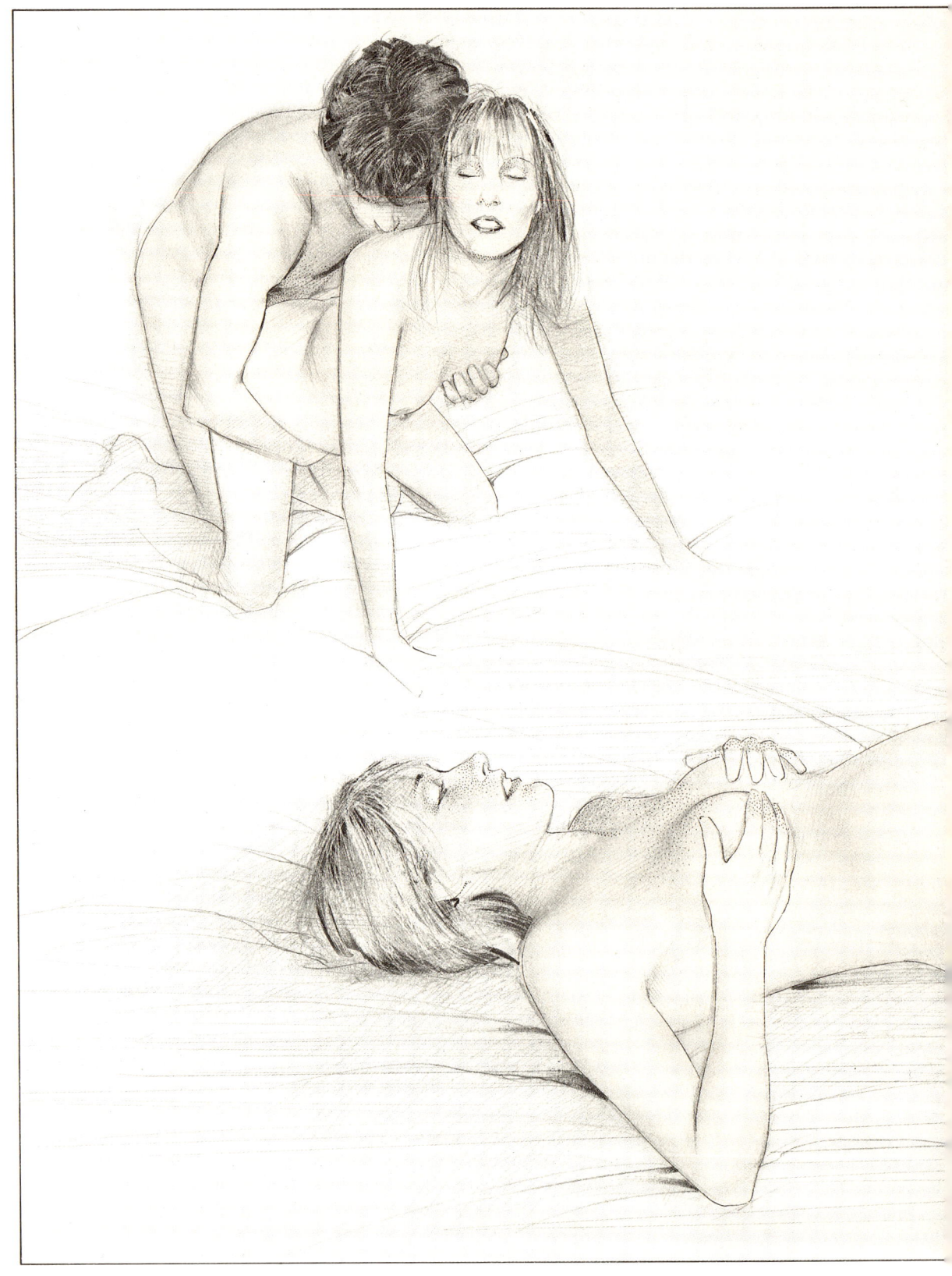

Während der Schwangerschaft

Auch während der Schwangerschaft ist Sex ungefährlich und macht Spaß, aber man muß neue Stellungen ausprobieren, um mit dem dicken Bauch zurechtzukommen. Zu knien und dabei die Hände abzustützen ist für sie bequem und bietet eine Menge Hautkontakt. Selbst bei sehr weit fortgeschrittener Schwangerschaft kann sie noch auf dem Rücken liegen, entweder auf der Couch oder einem niedrigen Tisch. Wenn das Baby schon kommen soll, kann diese Haltung die Wehen auslösen, besonders wenn die Frau dabei zum Höhepunkt kommt. Für die meisten Paare ist das angenehmer als künstliche Wehenmittel oder andere Behandlungen. Vergessen Sie aber nicht, daß Sie während der Schwangerschaft Stellungen einnehmen müssen, die keinen Druck auf die Brust ausüben, denn diese wird mit der Zeit immer größer und empfindlicher.

Literaturverzeichnis

Die folgenden Bücher zum Thema Sexualität geben weitere Informationen und Anregungen:

L. Barbach: For Yourself. Die Erfüllung weiblicher Sexualität. Berlin 1977

L. Barbach: Für einander. Das gemeinsame Erleben der Liebe. Reinbek 1985

I. Chang: Das Tao der Liebe. Unterweisungen in altchinesischer Liebeskunst. Reinbek 1978

I. Chang: Das Tao für liebende Paare. Leben und Lieben in Einklang mit der Natur. Reinbek 1983

A. Comfort: Joy of Sex. Freude am Sex. Berlin 1976

A. Comfort: More Joy of Sex. Noch mehr Freude am Sex. Berlin 1978

N. Douglas/P. Slinger: Das große Buch der Tantra. Sexuelle Geheimnisse und die Alchimie der Ekstase. Basel 1985

N. Friday: Die sexuellen Phantasien der Frauen. Reinbek 1980

N. Friday: Die sexuellen Phantasien der Männer. Reinbek 1983

J. Heiman/J. LoPiccolo: Gelöst im Orgasmus. Entwicklung des sexuellen Selbstbewußtseins für Frauen. Frankfurt 1978

S. Hite: Hite-Report. Das sexuelle Leben der Frau. München 1988

S. Hite: Frauen und Liebe. Der neue Hite-Report. Gefühle im Wandel, Bestandsaufnahme, Analyse, Perspektiven. München 1988

S. Kitzinger: Sexualität im Leben der Frau. München 1986

A. Montagu: Körperkontakt. Die Bedeutung der Haut für die Entwicklung des Menschen. Stuttgart 1984

D. O'Connor: Lust auf Sex – Spaß an der Treue für ein erfülltes Sexualleben mit einem Partner. Berlin 1988

Register

Halbfette Seitenzahlen verweisen auf eine ausführliche Erläuterung des Begriffs.

Meiner geliebten Frau Penny,
der ich verdanke, was ich andere lehre,
selbst genießen zu können.

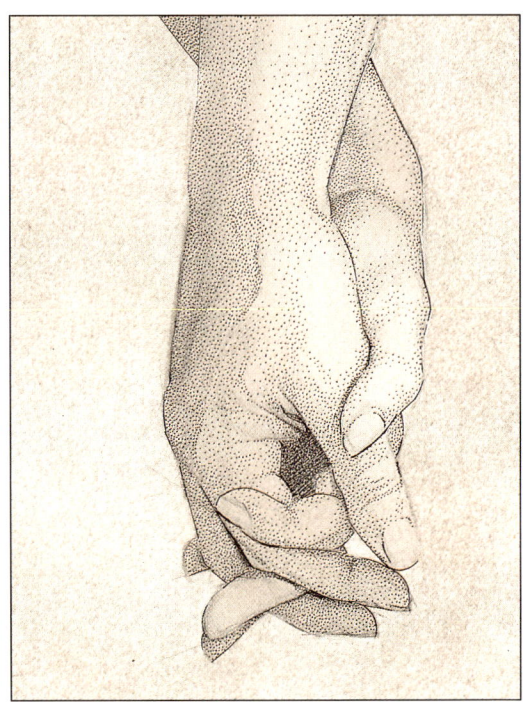